教育部哲学社会科学研究重大项目成果

教育部人文社会科学重点研究基地
（厦门大学高等教育发展研究中心）
重大项目"现代大学制度原理与中国大学模式探索"
（项目号：11JJD880021）最终成果

中国大学模式探索

中国特色的现代大学制度建构

王洪才 ◎ 著

教育科学出版社

·北　京·

自　序

从我接触"现代大学制度"专题开始，距今已有15年了。最初的动机是想探讨当高等教育走向大众化之后大学制度该如何设计，但马上发现这涉及大学制度的现代转型问题，于是现代大学制度研究就此提上了日程。然而最初还缺乏充足的精力开展这一探索，因为当时的主流话语仍然是探讨从计划体制向市场体制转轨的问题。尽管从计划体制向市场体制转轨与从精英体制向大众体制转轨存在某种程度的重合，但在旨趣上是不同的，因为前者是一种管理方式的变革，而后者则代表了高等教育精神的变化。于是我把从精英体制向大众体制转轨的问题研究作为我的博士论文选题，由此对现代大学制度问题有了更深刻的认识。

2004年之后，随着我被调入厦门大学教育研究院工作，我也开始把主要精力正式投入了现代大学制度研究，并陆续发表了一系列的专题研究论文。2010年《国家中长期教育改革和发展规划纲要（2010—2020年）》的颁布是我系统地开展现代大学制度研究的一个契机，于是我申请了人文社科基地重大项目"现代大学制度原理与中国大学模式探索"课题并顺利获得批准。2010—2012年是我探讨现代大学制度研究投入精力最集中的年份，这一阶段不仅深化了之前的研究主题，而且与之前的研究构成了一个系列，我感觉出版专著的时机越来越趋向于成熟，于是我把以前的研究成果系统地整理出版，听候学界的批评检阅。

不得不说，我的博士论文《高等教育大众化的文化——个性向度研究》为我研究现代大学制度奠定了稳固的理论基础，因为我对现代大学制度思考的理论框架就是博士论文所奠定的，我在博士论文中构建了一个"国家—大学—社会—个体"四元结构理论模型，发现它具有广泛的解释力，能够阐释从传统大学制度向现代大学制度转变中的所有问题（王洪才，2003a，2004）。

在这十余年的探讨中，我发表了30余篇有关现代大学制度研究的论文，覆盖并超出了我课题申请时的研究计划范围。这些研究成果也引起了学界的广泛关注。2011年10月，中国高等教育管理学专业委员会年会在厦门大学召开，所探讨的主题就是现代大学制度问题。当时著名的民办高校研究专家齐齐哈尔职业技术学院院长曹勇安先生在做主题演讲时报告了他对现代大学制度研究的文献研究结论，他发现截止到2010年年底，我是在该主题发表论文最多的作者。他还评价说，我不仅是该主题发表论文最多的学者，而且每一篇都有新意。会下他开玩笑要我付广告费，我则反诘他报道不实，因为他仅以"现代大学制度"为主题词进行搜索，而现代大学制度内涵下所包括的具体内容则不在搜索范围，这样的结果就严重地打了折扣，我说他报道的数量不到我实际发表数量的1/3。这个插曲也说明，我在现代大学制度研究方面是用力最勤的一个人。

事实也是如此。自2004年5月来到厦门大学后，我就把自己的研究定位在两个方向上：一是教育研究方法论，另一就是现代大学制度。前一个主题研究是与教学紧密结合在一起开展的，还参加了中国高等教育学会的一本教材的撰写工作，2008年出版了一部教材；后一个主题则是我的研究兴趣，最后以博士生研讨班的形式与教学结合起来，并指导了几位研究生将其作为博士论文选题。在这两个研究主题上，所取得的成绩基本相当。我在研究方法方面发表了10余篇CSSCI论文，其中有3篇论文被《新华文摘》全文转载，2篇被《新华文摘》要点摘编，而被《人大复印资料》转载的有6篇。在现代大学制度研究方面，我发表了近20篇CSSCI论文，其中有2篇被《新华文摘》全文转载，2篇被《中国社会科学文摘》转载，1篇被《高等学校文科学报文摘》摘编。最值得庆贺的是，有1篇论文既被《新华文摘》全文转载，又被《高等学校文科学报文摘》转载。我的一位正任一所新建本科高校校长的同事开玩笑地说我是2012年学术排行榜的最热门人选。这或许说明，对现代大学制度的研究，我已渐入佳境。

在近十年的现代大学制度探讨中，我的研究触角已经涉及大学制度的方方面面，但重心仍侧重于原理探讨，认为"现代大学制度"的最终归宿就是构建"中国大学模式"，这也是我提出本书研究主题的根本原因。现在回想起来，当初在申报教育部人文社会科学重点基地重大研究课题时几乎是下意识填报了"现代大学制度原理与中国大学模式探索"这个题目，这多少有点鬼使神差，似乎申请这一课题就是为了完成自己多年来的一个心愿。课题申报成功也算是"天遂人愿"了。这似乎应了"功夫在诗外""积累在平常"的含义。届此，我也非常乐意与同行们分享我的探索经验，也希望得到同仁们的批评指正。

可以说，现代大学制度研究是我为自己制作的一次学术盛宴，因为探讨过程融入了我许多情感寄托，代表了我对理想大学制度的期盼，所以在这一探究过程中我几乎是在"理想中畅游"。在其中，我没有苦心孤诣地想表达什么，我一直是在自由地言说，把自己的心愿说出来。我也知道，事实上我所做的都是对高等教育发展现实的批判反思，都是在生活中生成的，都是我自己关于理想大学制度的真情流露。因此，这是一个完全享受的过程。更令我感动的是，尽管我没有设想过从中获得什么，但回过头来却发现收获是如此丰硕，这也让我进一步领略到"无心栽柳却成荫"的意蕴了。

我突然在想，如果我没有做出人生转型的重大决定，没有从繁华的大都市来到这个相对偏僻的小城，没有对自己的学术发展方向进行重新定位，没有依靠这个人文社会科学研究基地平台的话，将会怎样？我知道自己是个迂阔的人，只向往过一种平静的生活，从而也是一个不太入流的人，没有这个下意识的决定，似乎一切都是不可想象的。这似乎也说明，命运注定我要来到厦大，要在这里开始新的创业，在这里成就自己的学术辉煌。

因此，我特别感谢厦大，感谢厦大高等教育发展研究中心为我提供了这个平台，感谢以潘懋元先生为代表的厦大高教研究群体接纳了我，从而让我能够在这里发现新的人生价值，并在此处开辟了一个新的学术天地。

王洪才

2012 年 11 月 4 日初稿

2012 年 12 月 6 日第二稿

2012 年 12 月 28 日第三稿

2013 年 1 月 6 日第四稿

目　　录

1

前　言

我个人对现代大学制度研究的兴趣由来已久。记得在 20 世纪 90 年代中后期时，国内经济改革进入一个关键时刻，当时经济界开始尝试进行现代企业制度改革试点，也就是此时，我头脑中萌生了关于现代教育制度、现代学校制度的概念。长期以来，我一直关注社会现代化和教育现代化问题，我觉得现代化不仅需要器物方面的现代化，更需要观念的现代化和制度的现代化，因为我认为，现代化的根本是人的现代化，而人的现代化的核心是观念的现代化，这是现代化过程中最根本、最难的部分，因为人只有真正认识到，才能形成一种价值观念，才可能变成行动，如果没有认识到，或是被灌输的，这些都难以产生真正的行为动力。但观念要变成实际行动绝不是一件简单的事情，它需要全社会的动员，需要有一个可靠的制度保障，如果制度不支持的话，无论什么样的新观念也都很难变成具体的行动。对于少部分精英而言，无论什么样的制度都无法阻止他们的行动，但对大多数人而言，他们都是制度的产物，或者说他们是按照制度的引导和规范去行动的，如果没有制度保障的话，他们很难产生行动的自觉性。所以，制度是一种非常重要的文化，它能够把核心的价值观念反映出来，引导人们形成比较稳固的行为方式，渐渐成为一种行为习惯。

我自己切身感到，我们大学的传统行为方式是落后的，因为它是被动的，不能主动地反映社会要求，所以必须建立一种激励机制去激发大学主动反映社会需要的自觉性，否则，大学就不可能是高效率的，也不可能是高质量的，而封闭的大学办学模式将阻碍大学与社会的适应。这意味着，必须创立一种制度来牵引大学的行为，保证大学有反映社会需要的自觉性。这种制度就是新型的大学制度，我把它称为现代大学制度。

1

　　当我开始博士论文研究的时候，这个意识才非常清楚，因为我感觉中国建立现代大学制度的时机已经来了。随着高等教育大众化的推进，传统的高等教育体制已明显不适应了，因此必须建立新的大学制度才能应对高等教育发展的需要。特别是在进入21世纪之后，全球化的环境促使大学必须开放，以新的姿态适应高等教育国际化的要求。如果没有新的制度牵引和保证的话，靠大学自发地摸索和适应是不可想象的。而"985工程"的稳步推进，也让人感到建立现代大学制度的需要非常急迫。因为不按照新的大学制度来实施"985工程"的话，很可能许多投入都是无效的，甚至是浪费的。我们深信，靠传统的体制是无法建立世界一流大学的，因为传统大学体制是一种计划命令型的制度，这种制度无法发挥大学自身的创造性，它主要是在执行上级的意志和命令。虽然上级的意志和命令不乏英明之处，但总体而言是不适应的，因为高等教育是一个整体，大学是一个庞大的群体，大学内部的情况非常不同，不可能按照一个命令和意志运转，如果靠一个命令和意志来运转的话，大学总体上是无效的。这就是我研究现代大学制度的动力。所以，在我参加一个教育创新的课题研究时，就开始勾画现代大学制度建设的基本思路。但那次是面向整个教育制度进行的，现代大学制度是隐含于其中的，没有凸显出来。而正是这次系统的考察，使我明确了自己近十几年的研究方向。

　　但我真正系统地从事现代大学制度研究则是从进入厦门大学之后。在来厦门大学之前，我在天津大学做博士后研究，研究主题就是大学校长选拔制度。该研究的动机是天津市教育卫生工作委员会委派的一个调研课题，主题是天津市高校校长任期考评。该题目下达之后我感到很有压力，因为自己没有校长工作的经历。但在教育卫生工作委员会干部处同志的支持下，我展开了一系列工作。该工作也得到了天津市教育科学规划办领导的支持，并得到了合作导师韩文秀老师的支持。就这样在这个三合一的机制下，经过两年多时间，我完成了该研究。正如我在后续研究中所说的，大学校长选拔制度是现代大学制度中最为重要的一个环节，甚至是撬动整个大学制度改变的关键。因为我有一个信念，即大学制度的创造性是通过大学校长的创造性表达出来的，如果大学校长没有创造性的话，就很难使整个制度具有创造性。我认为现代大学制度不是一个现成制度，没有一个现成模型可以套用，因此它必然是在参照国外大学制度的基础上根据中国国情特色进行的创造活动，而创造的主体首先是大学校长，然后才是大学，最后才是整个大学系统或高等教育体系。没有这一步步的积累过程，现代大学制度不可能建设成功。而这一思路也是我从事现代大学制度研究的总体思路。所以，我进入厦门大学之后第一个攻克的难点就是完善大学校长选拔制度研究，同时将现代大学制度研究全面铺开，并着重进行理论探索，为中国现代大学制度研究主题的展开及实践探索进行理论上的准备。

我从 2005 年正式以"现代大学制度"为题发表文章以来，累计已经发表相关主题论文近 30 篇，已经构成了现代大学制度探索的系列。其间出现了几次大的转变：

第一个重要事件是 2009 年 10 月加拿大著名比较教育学者、中国高等教育问题专家许美德教授来厦门大学做学术报告，她报告了她的"中国大学模式"研究探索成果，她采用实地调查的方法进行研究，这样的研究思路对我的启发非常大，特别是她的"中国大学模式"命题对我的触动非常大，因为我发现我们可以进行广泛对话。

第二个重要事件是《国家中长期教育改革和发展规划纲要（2010—2020 年）》的颁布。它的颁布使我感觉自己长期以来的努力终于尘埃落定，即现代大学制度探索可以从理想走向现实。我参与了《纲要》制定的大讨论，对《纲要》制定的背景非常熟悉，从而确信《纲要》是影响中国高等教育未来发展方向的重要文献。

第三个重要事件是 2011 年申报教育部人文社会科学重点研究基地的重大项目。正是在《纲要》颁布的大背景下，我申请的项目才顺利得以批准。这给了我一个很大的推力，也促使我将多年来的探索系统地整理出版。2011 年我发表了一系列新作，并有 2 篇文章被《新华文摘》全文转载，产生了较大的社会反响。

所以，本研究的设计是从高等教育强国的战略高度出发的，是在中国高等教育面临从大国向强国转变的背景下展开的，真正的问题则是许美德教授提出的"中国大学模式"命题。我认为，中国大学模式问题的实质就是建立现代大学制度，于是"中国大学模式研究"就成了本书主题，对现代大学制度的探讨则是本书的副题。全书是按照以下逻辑建构的：

导论：提出建立现代大学制度是建设高等教育强国的使命要求；

第一章：探讨"中国大学模式"命题。首先，分析中国高等教育的发展背景（第一节）；其次，正式提出中国大学模式命题（第二节）；再次，剖析中国大学模式的真实蕴含（第三节）；最后，提出现代大学制度研究的基本思路（第四节）。

第二章：探索现代大学制度的基本原理。首先，分析现代大学制度的缘起（第一节）；其次，探讨现代大学制度的价值导向（第二节）；再次，探讨现代大学制度内涵及其规定性（第三节）；复次，探索现代大学制度的雏形（第四节）；复其次，探讨现代大学制度的建构逻辑（第五节）；最后，探讨现代大学制度的结构特征（第六节）。

第三章：进行历史借鉴与反思。首先，思考现代大学精神究竟是什么（第一节）；其次，追忆洪堡留下的精神遗产（第二节）；再次，探讨如何继承书院精神问题（第三节）；最后，探讨西南联大对现代大学制度建设的启示（第四节）。

第四章：探索大学治理的逻辑，这也是现代大学制度探讨的核心内容。其中，首先，分析大学治理与和谐社会建设的关系（第一节）；其次，探讨大学治理模式的中位原则（第二节）；再次，揭示大学治理的内在逻辑和模式选择问题（第三节）；复次，阐述在大学治理中扮演重要角色的大学评估与排名问题（第四节）；最后，分析大学排行榜面临的问题并对其未来进行了展望（第五节）。

第五章：对中国现代大学制度探索实践进行分析。首先，对纪宝成的去行政化难题进行了分析（第一节）；其次，探讨了南方科技大学进行改革实验的经历（第二节）；再次，揭示了北京大学人事制度改革的启示（第三节）；最后，指出现代大学制度建设是一个艰难的博弈过程（第四节）。

第六章：对中国大学模式特征进行描述。首先，基于许美德教授的中国大学模式命题推演出中国大学模式特征（第一节）；其次，提出大学文化创新的基本设想（第二节）；再次，探讨在科学发展观指导下实现大学治理的策略（第三节）；

最后，提出现代大学制度建设的根本在于创造这一命题（第四节）。

　　在结语中，提出"现代大学制度建设是一个世纪话题"，非一朝一夕可以建成，为此必须克服急功近利的浮躁心态，要从学术生态建设开始，打下中国大学良性健康发展的根基，这样才可能在未来建成一个具有竞争力的中国大学模式。

　　总体而言，整个研究都是以思辨的研究方法为主，间或采用了案例分析的方法，同时以行动研究方法作为参照。这是因为，现代大学制度是一个宏大命题，必须做基本理论探析，而其他方法都不怎么适合，只有通过历史的、比较的和逻辑的分析才能胜任这一研究任务。而且该研究不可能脱离当下中国高等教育发展变化的事实，所以生动的案例有助于揭示现代大学制度建设中面临的问题。同时，现代大学制度关系到每个大学教授的生存状况，每个教授都会基于自己对理想大学制度的认识发表意见。我组织了两期"现代大学制度专题"博士生研讨班，使科研和教学统一在一起。这一切都展示了行动研究风格，因此，行动研究也是本研究的基本方法。在这样多种研究方法综合的基础上，才最终形成了本研究的成果。

导　　论
高等教育强国与现代大学制度建设[①]

目前，建设高等教育强国（下称"高教强国"）已经成为我国一项重要的国家发展战略。如何建设高教强国已经成为高教学术界探讨的一个重要命题。我们认为，建设高等教育强国的一项重要举措就是建设现代大学制度，这也是《国家中长期教育改革和发展规划纲要（2010—2020年)》的基本精神。但现代大学制度与建设高等教育强国之间具有什么样的关系就必须探讨清楚。

一、高教强国的基本特征及对现代大学制度的要求

（一）高等教育正向功能最大化是高教强国的根本特征，也是现代大学制度的使命

关于"高教强国"有两种基本理解：一是指"高等教育的强国"，即从国际比较角度而言，高等教育的规模和质量都是强大的，如今天的美国就可称为高等教育强国，具体表现在它是当今世界上最大高等教育输出国，是当今世界一流高

---

①　原文曾提交 2011 年中国高等教育学会在重庆举办的高教国际论坛，并在 2011 年中国高等教育学会高等教育管理专业委员会年会作分会场报告，后发表在《厦门大学学报》（社科版）2011 年第 6 期。收录本节时作了较大修改。博士生张继明参与了本文的资料收集与整理工作。

校最集中的国家，也是世界上吸引留学生最多的国家；二是指"通过发展高等教育使国家强大"（邬大光，2010），这是目前许多国家追求的目标，显然这是"高等教育强国"的引申义，因为只有高等教育实力强大时才可能在国家建设和发展中发挥更大的作用，如洪堡柏林大学的建立使德国很快成为欧洲乃至世界上最强大的国家。当然，也存在一个逆定理，即当国家实力强大时高等教育实力才会变得强大，如美国高等教育强大与美国经济、军事等各方面实力强大之间具有密不可分的关系。但无论哪种情况，都说明高等教育发展与国家强大之间具有一种相互性关系。很明显，高等教育实力强大不仅是手段，也是目的，因为它也是国家实力的重要标志。

但高等教育实力的强大必然是以高等教育正向功能的充分发挥为前提。如果高等教育发展与社会发展不协调，就会产生负向功能。如人们所熟知的随着高等教育规模迅速扩大所造成的就业压力激增、教育机会分配不公平加剧和社会承担高等教育费用负担过重等现象都对社会发展产生了负面影响。所以，高等教育强国必须以理顺高等教育内外部关系为前提，这种新型关系就是一种制度架构，就是现代大学制度建设努力的目标。

我们知道，结构决定功能，只有高等教育结构自身是合理的，高等教育功能才可能是正向的。在这里，高等教育结构不仅包括层次结构、科类结构、地区布局等，更重要的是指高等教育内外部关系状态，即大学制度。换言之，只有大学制度本身是合理的，高等教育功能效益才能充分发挥出来。

（二）以学术为本是高教强国的普遍特征，也是现代大学制度的本质内涵

高等教育运行是以大学为基本单位的，只有各大学的功能发挥良好，整个高等教育系统才能运转良好。大学作为一个独特的学术组织，必须符合学术组织特性的要求，否则其功能发挥就会出现异常。大学不同于行政机构，它是一个自主性组织，不能靠指令运行，它要求每个学术成员必须发挥自身的创造性才能，而这只有在他们享有高度的学术自由状态下才能实现。如果大学举办者不尊重这一基本特点，那么大学就不可能在学术上有重大作为。把大学等同于行政组织，是对大学学术组织特性的抹杀，这样就会使大学运转不良，甚至会出现诸多的负面效应。

所以，学术自由、大学自治是大学发展的共同规律，听话型的学术绝不是真正的学术。德、英、美等国家之所以能够成为高等教育强国，就在于他们尊重了大学自治、学术自由的学术组织基本特性要求，其成功经验值得我们在建设高等教育强国过程中汲取（周光礼，2010）。

（三）高教强国具有鲜明的国别特征，中国必须建立有自己特色的大学制度

在高等教育强国中，虽然都共同遵循学术组织基本特性，但并不存在一个统一的大学模式，而是形成了各具特色的高等教育系统。近代以来，德国大学模式明显不同于英法两国的大学模式。美国大学并没有简单地模仿德国大学模式，而是根据本国实际进行了改造，创造了具有美国特色的大学模式。美国大学模式突出强调大学为社会服务，举办了大量的州立大学、社区学院、研究生院，从而构成多样化的美国高等教育体系，这使美国大学成为美国社会经济发展的助推器，并成为世界上最具有竞争力的高等教育强国。

由此可见，高等教育发展不仅要与时代背景相结合，而且必须与本国社会经济发展要求相结合，体现本国的社会文化特色，这既是大学制度创新的过程，也是高等教育发展具有内在动力的标志。如果缺乏这一创造过程，高等教育就不可能是强大的。

（四）多元高等教育体系是高教强国的基本表征，也是现代大学制度建设的基本目标

多元高等教育体系指高等教育办学主体多元、办学层次多样、办学类型多种、办学形式各具特色，能够适应不同层次、类型的主体需要，从而在各种办学主体之间相互学习和借鉴而有自己的创造，这样就形成了一个充满活力的高等教育系

统。美国是多元高等教育体系的一个成功范例。正如哈佛大学前校长德里克·博克在《美国高等教育》一书中所言：美国高等教育具有自治、竞争和适应的特点，这是美国高等教育优越于欧洲同行之处（博克，1991）。任何国家，如果高等教育是单一的模式，那么就失去了活力，因为没有多样性的参照，失去了竞争的压力，这样的高等教育就会倾向于封闭和保守，也就失去了其创造性。只有高等教育办学主体是多元的，他们的办学理念是差别的，才会创造出不同风格的高等教育，这样形成的高等教育体系才可能是充满竞争和活力的，才能在为不同的社会群体服务中作出创造性的贡献。

为此，探索中国特色的现代大学制度，就要鼓励多元高等教育体系发展，使多元办学主体在与环境的互动中创造出自己的特色，从而实现高等教育形式多样化和优质化，使高等教育规模、结构、质量和效益达成统一。

二、我国高教强国建设中面临的诸种挑战

（一）传统大学制度导致了高等教育负向功能突出

衡量一种制度的先进性的重要标志就是看它的负向功能大小。我国传统大学制度是精英型的，不适应高等教育大众化趋势的要求，随着高等教育规模的扩大，其负向功能就会越来越突出。目前，高等教育入学机会公平成为社会的一个热点话题，如不少论者指出三十年来城乡高等教育入学机会差距在不断扩大，如北大、清华录取农村学生数量在不断下降（刘云杉，2009）。伴随高等教育规模的扩大出现了大学生就业难的问题（陈旭峰，2010），此对农村出身的大学生打击尤甚，因为其缺乏社会资本和文化资本，在就业竞争中明显处于劣势（文东茅，2005）。就业难问题导致了"读书无用论"在一些地区重新抬头（郝文武，2009）。因为越是落后的地区大学生就业压力就越大，其弃考、辍学率就越高，由此引发了地区间高等教育发展更加不平衡（吕艳，2010）。此外，由于地区间入学机会不均等，还滋生了"高考移民"等现象（刘海峰，2004）。这一系列的负面现象均是传统大学制度的伴生物，都需要随着新的大学制度建设而逐步解决。

（二）大学的学术特性弱化导致了学术行为异化

学术特性弱化使大学越来越像行政机关，这正是人们所诟病的大学行政化问题。大学行政化的突出后果就是使大学教授越来越不安心于学术，出现了大学教授争当处长的咄咄怪事（樊立宏，张文霞，2011）。这一趋势的出现与我国建设一流大学的设计及高等教育强国的愿望是背道而驰的。大学是高等教育的基本单元，如果它越来越背离学术组织特性的要求，就不可能指望高等教育体系是强大的。

错误的科研与教学观是大学学术行为异化的另一重要体现。教学是大学第一位的职能，无视教学的地位，人才培养质量就难以保障。如今不少大学教师对教学没有热情，认为教学与科研是冲突的，甚至认为全身心投入教学就是自我毁灭（朱建华，2011）。这些问题的出现与当前大学管理的弊端是密切相关的。如在大学管理中出现的一切围绕排名转的现象，由于大学把主要精力用在提升可见的科研指标上，教学这个不易见效的指标则被忽略，于是，论文发表成为大学发展的第一大要务，各种奖励和晋升政策都由此而来，这诱使一些教师轻视教学而挖空心思写论文，并导致学术不端行为此起彼伏。井冈山大学两教师被国际期刊点名的事件就是这一政策的直接结局（赵亚辉，2009）。

（三）"言必称美国" 是学术组织功能弱化的集中体现

毋庸置疑，在中国，真正意义上的大学是近代学习西方的结果。在今天，高等教育强国仍然集中在西方，特别是以美国为首。美国经验确实值得我们汲取，但绝非简单的模仿和照搬。照搬美国模式，注定不能成功。2003 年北京大学试图仿照美国大学进行教师制度改革时就遭遇到了尴尬（罗燕，叶赋桂，2005）。

中国具有自己的特殊国情，学习美国经验时必须与我国国情相结合，否则就会变成落后的东西。照搬美国模式，不过是一种急功近利和思维简单化的表现。目前，中国大学所流行的评估制度处处可以看见美国大学的影子。这些制度在美国大学运行得良好，而到了中国大学则变成了行政化的工具，说明我们在学习美国大学制度时常常不得其精髓。

"言必称美国"是当今中国大学的一种流行病。其病因说到底就是缺乏自信，而追根溯源则是大学缺乏自主能力。因为大学缺乏自主权，所以就缺乏充分的责任能力，也就失去了训练自己判断力的机会。我们在看到美国高等教育的强大时，也只是看到其表面而不明白其实质，而这种精神实质只有通过自己创造才能体会到。中国大学普遍存在的急功近利心态拒绝了这种创造体验过程。

（四）同质化是高等教育功能弱化的集中表现

受传统计划体制的影响，中国大学是照搬苏联模式建设的。改革开放之后，大学在努力摆脱苏联模式影响的同时，大幅度地向美国大学模式靠拢，然而千人一面的情况并未得到根本改变。现在各高校都不真正明白自己的办学定位，于是专科忙着升本科，本科忙着升重点，重点忙着与北大、清华看齐。所以，虽然中国大学划分为不同层次类型，其实质仍然是一个模子。

改革开放之后，虽然我们实行了多元办学体制，而且民办教育正逐渐地成为我国高等教育体系的重要组成部分。但我们惊异地发现，民办高校正在向公办高校看齐，两类教育出现了趋同化趋势，除了经费来源和社会认可度差异外，几乎不存在实质性差别了。究其原因，就在于我们使用了高度同一的评估制度，这样民办高校要被承认就不得不走与公办高校同质化的路线。所以，仍然是传统的大一统的高等教育体制阻碍了多元高等教育体系的发育。如果不解除民办高校头上的紧箍咒，民办高校就没有多大发展空间，建立多元高等教育体系也只能是一句空话。

三、创建现代大学制度是建设高教强国的必由之路

建设高等教育强国，只有通过建立现代大学制度才能实现。换言之，如果不改变传统的制度设计，要成为高等教育强国是不可能的。那么，建立现代大学制度究竟意味着什么呢？目前，现代大学制度是相对于在传统计划体制下所形成的大学制度而言的，所以并不等同于西方大学制度特别是美国大学制度（王洪才，2005c）。我国现代大学制度构建的核心点就在于使大学从间接地服务于社会转变

为直接地服务于社会，即相信大学具有独立地反映社会发展需要的能力，赋予大学充分的自主权，从而不必经过行政的中间环节来间接地应答社会发展要求。换言之，就是承认大学是一个能动的实体，能够独立承担社会责任，而不需要在等待命令后才开始行动。

（一）处理好大学与政府的关系是建立现代大学制度的前提

现代大学制度建设的基本点是处理好大学与政府的关系（王洪才，2007b）。我们认为，大学与政府的关系不单单是一种行政隶属关系，而且也是一种合作关系。因为大学具有自己的独立功能，这是政府所不具有的，而且政府意志也无法完全代表大学的意志。所以，即便政府具有管理大学的职责，政府也无法决定大学的所有行为。如果政府对大学干预太多，那么大学就会失去自主性，久而久之，大学行为就会越来越被动，就会失去自己所应该具有的灵活性、主动性和创造性。当大学失去了自主行为能力后，它也就失去了自我调节的能力，从而其功能发挥就会处于一种低水平状态。甚至可以说，这导致了大学正向功能的发挥受到抑制，而负向功能会因为积累得过多，最终积重难返。

所以，处理好大学与政府的关系是现代大学制度建设的首要任务，因为处理好大学与政府的关系是确立大学与社会关系的前提。处理好大学与政府的关系需要把握两个基点：一方面，政府需要尊重大学的自治特点，而不要简单地把大学作为其下属机构；另一方面，大学要把政府当成特殊的合作伙伴，而不是一切都唯命是从。只有这样，大学才能自主为社会服务，而不是传统的"只对上负责而不对下负责"。我们认为，能否满足社会发展的需要才是检验大学成功与否的真正标准。

（二）回归大学组织的学术特性是建立现代大学制度的目的

现代大学制度设计的根本目的就是要促使大学回归学术组织本色，走"去行政化"道路。为此，要改变大学内部的组织方式，使大学组织按照学术创新的要求进行设计。我们知道，学术创新第一位的要求就是要尊重学术人员的基本权利，尊重学术人员工作的自主性，尊重每个学科发展的特性。如果大学教师不能享有学术创造的自由权利，那么就不可能激发其学术创造的激情，也就无法产生出创造性的学术成果。大学里缺乏创造性的学术成果，从根本上说是由于大学教师缺乏学术激情造成的。如果人们的学术生活里没有自主的空间，那么个性创造潜能就无法得以释放，人们就只能按照指令进行机械化作业，这样的学术成果就难以脱离平庸的桎梏。

所以，建立现代大学制度的目的就是要重新确立大学内部关系，使大学真正成为一个以学术为本的组织，使大学教师作为创造主体的学术权利得到充分尊重，享受学术自由，实现学术使命。这就要求大学组织必须脱离官本位的牢笼。大学发展史表明，学术研究必须享有一个充分自由的环境，否则就不可能开展创造性的学术工作。为此，大学必须是一个自治性的学术组织，按照民主平等的原则来确定大学的治理规则。因为学术自由既反对行政干预，也反对市场强制，更反对学术霸权，这三者都是学术创新的杀手。民主平等原则，意味着大学治理必须基于理性对话，在充分辩论的基础上确立自己的治理原则。

（三）创建中国特色的大学模式是现代大学制度建设的基本诉求

只有是民族的才可能是世界的，没有民族个性的话就不可能有真正的竞争力，也不可能真正走向世界。文化是一个民族具有创造力的源泉，任何制度创新必然要与民族文化实现有机结合。正是基于这一点，现代大学制度建设的一个重要目标就是建立中国特色的大学模式。正如著名的比较教育专家、加拿大学者露丝·海霍教授所言，中国大学模式构建是一个文化对话过程，是在吸收西方大学模式基础上超越西方大学模式，这个超越过程就是要把中国大学模式根植于中国传统文化的基础上（王洪才，2010b）。当然，对于中国传统文化的含义可以有不同的解读，但大学模式要根植于传统文化基础上的思路是可取的。问题的关键在于如何实现中西文化的对话，这既是中国大学模式本身的创造性所在，也是构建符合中国需要的现代大学制度的关键所在。

建设现代大学制度切忌照搬照抄他国的大学模式。任何一个成功的大学模式，都是该国大学与本国社会经济文化发展主动相适应的产物，这个适应过程就是一个制度创造过程，是将大学发展的普遍规律与各国社会经济文化发展实际相结合的过程，而这一点正是大学模式的灵魂所在。这要求我国大学的举办者必须把促进社会经济文化发展放在第一位，而不能简单地套用某种制度。因此，现代大学制度是一个不断建构的过程，它没有一个固定的模式，也没有一个终点（王洪才，2006）。

（四）重构平等的大学关系是现代大学制度的本质要求

现代大学制度建设要求建立一种新型的和谐的大学之间关系，改变传统大学之间的不平等关系。受传统的行政体制的影响，大学之间的关系是等级式的，因而出现了因大学隶属关系不同而地位存在悬殊差别的状况。不仅在不同的隶属关系之间存在等级差别，而且在不同的办学类型之间、不同的办学主体之间、不同的办学层次之间均存在着一种等级关系，这样就导致了大学之间不能开展有效合作和良性竞争，大学之间就无法建立起真正的学术共同体，那么高等教育体系的功能也就大打折扣。

近期我国大学界出现了一种新现象即大学联盟（张韦韦，2011），预示着大学之间从一种简单的纵向关系走向一种多元的合作关系。但由于传统体制是刚性的，大学自主权是有限的，因而大学之间的合作也不可能达到深层次。目前，大学之间的联盟充其量是一种暂时的共同利益表达机制，缺乏向深层次发展的余地。所以，要达成大学之间的深层次合作，就必须彻底地改变现有大学地位的不平等关系，特别是赋予大学以独立行为能力，只有这样，大学之间的合作才能从共同利益需要出发。

说到底，传统的大学之间的关系是一种行政关系，是行政中心的衍生物，它在根本上是违反大学之间的平等精神的，从而不仅阻碍了大学共同体精神的发展，而且也抑制了大学的个性发展。所以，传统大学竞争很大程度上是行政地位的竞争，而不是真正学术实力的竞争，大学重视官方赋予的名号更胜于办学实力提高本身。这就导致了大学之间的相互攀比而忽视了自己应尽的社会责任，大学之间出现了无序竞争和系统功能紊乱，这也是传统大学制度设计功能低下的表现。我们知道，在不平等关系下就不可能出现真正的竞争，而没有竞争的话就缺乏内在的活力，大学管理者的主导精力就不可能用在提高学术水平上，而是把大部分的精力用于政府公关上。

现代大学制度设计，最终必须促使各大学自我设定办学目标，成为对自我行为负责的主体，从而办出自己的特色。在其中，大学的基本地位是平等的，大学地位受其社会贡献大小决定，其资源获得程度取决于其受社会的接纳程度。这样大学办学的重心将自然地转移到社会承认上，就会为了实现自己对社会的承诺而广泛地利用各种社会资源，其中就包括大学之间的广泛合作，因为这样可以大大降低单个大学所遭遇的风险。

我们认为，建立一种和谐的大学关系需要一种平等的制度设计，没有这一制度架构，大学之间不可能有真正的合作，而且大学内部也不可能建立真正平等、民主的学术氛围，学术自由的目标也就不可能真正实现。因此，现代大学制度要求构建一种平等的大学关系，使每个大学都可以按照自己设计的目标运转而不必相互攀比。只要能够实现自己的目标，那么它就是成功的。如此，大学评价是对其目标实现程度的评价，而非进行评比。这就要求采用多元的标准来评价大学，而不是追求某一个固定的模子，那样，高等教育体系就可以摆脱走向同质化的命运。

四、推进我国现代大学制度建设的策略

（一）大学校长选拔制度建设是重塑大学与政府关系的突破点

我们知道，大学校长选拔方式决定了大学校长的工作思路，如果是上级直接任命大学校长，那么他的工作重心就会以服从上级命令为转移，其工作思路就是"对上不对下"的。相反，如果是民选校长，那么他就会把工作重心放在群众的满意度上，从而真正以师为本、以生为本。如果是海选大学校长，那么他所考虑的就是多方位的、综合的，首先他会注重大学的学术声誉，其次是委托人的满意度，再次是师生的满意度，最后才是自我意志的实现程度。可见，不同的选拔方式所

产生的效果迥然不同。不改变大学校长的选拔方式，大学行政化的趋势就难以抑制。

目前，大学校长的产生方式是在征求群众意见基础上的上级任命。这种选拔方式的主体是上级的意志，群众意见只是参考，甚至是一个形式或摆设，这就导致了校长对上忠诚而不对群众负责，所以他们也经常以执行上级命令作为本校行政的指导原则，而不大关心上级命令是否符合学校发展实际，是否有助于教师工作积极性的调动或能否真正促进学生的发展。

海选校长的做法是美国大学通行的惯例，校长由教师组成的遴选委员会选拔，最后由董事会任命。这一做法的优点是能够打破传统的门户局限，找到最优秀的、最适合的校长。美国大学有长期的自治传统和法治传统，在选拔过程中能够做到公正、透明，有明确的、负责任的监督机制保证选拔的效率，所选拔的校长是专业的，也是非常敬业的。

由大学内部民主选举选拔的校长，尽管有群众基础，但很难避免院系政治的影响，也很难摆脱内部人视野的局限。虽然他的工作思路能够从教师和学生的实际利益出发，但很难出现办学的新思路，因此也很难适应大学创新发展的要求。

从理论上讲，海选校长是一种最优制度，但它对内外部条件要求很高，我国目前的环境与之尚有很大距离。在我国，南方科技大学实行了海选校长制度（梁钟荣，2009），但这个制度很难持续，也很难彻底，因为大学的自主权有限，校长与委托人之间的关系不十分明晰，所以他们在实行校长海选之后，副校长仍然是传统的有限公选制①，而不是授权校长进行"组阁"，使海选校长的意义大打折扣。

也许，在中国比较适合的校长选拔制度是有限的公选制，这样就能够照顾到政府、大学内部成员和学术界等各方面的利益，从而较好地实现从传统大学制度向现代大学制度过渡。

---

① 中共深圳市委组织部. 关于公开推荐选拔南方科技大学（筹）副校长等领导干部的公告［EB/OL］.（2011 - 04 - 29）［2011 - 04 - 29］. http://www.szlh.gov.cn/main/zwgk/zwdt/rsrm/171723.shtml.

（二）大学实行中位化管理是大学去行政化的关键

面对大学越来越行政化的局面，不少人开出了医治药方，如去掉大学行政级别（龚放，2010）。但这一药方治标而不治本。大学行政化趋势从上层而言是校长选拔权过分集中，从大学内部而言则是大学权力过分集中，即集中在大学校长手里，而大学学术委员会成了摆设。因此，治本之道是下放大学管理权，使大学各学院具有自主的学术管理权，这样大学发展就可以更加适合不同学科的特性，从而避免大学单一化、简单化的管理方式。这就是大学治理的中位原则（王洪才，2008）。

实事求是地讲，大学治理不可能像洪堡时代那样完全交由各个讲座教授主宰，但完全集中到校长手中就会造成大学管理简单化、行政化。所以，过分分散和过分集中都不符合学术发展的规律，只有适度集中才能够适应大科学时代的学术发展要求。

实现中位化管理不仅是大学去行政化的妙方，而且也是改变上级任命校长制度的前提。如果校长责任过于重大，上级当然要选择一个非常信得过的人出任该职。如果校长职务是荣誉性的，那么上级部门就不会对选择什么人过于纠结。如果大学管理重心在中层，那么院长的责任就非常重大，他必须倾听民意而不敢专断，因为不同院系之间具有相互观摩效应。一旦出现院系层面的专断行为，学校领导就可以有效制约。因此，中位化管理是解决中国大学行政化的一剂灵丹妙药。

（三）大学评价自主化是通向中国大学模式的入口

中国大学模式构建的前提是确立学术自主，摆脱传统的学术依附状态，建立自己的评价模式。我国目前的大学标准主要依赖于国际上的 SCI 标准，但这一标准并不符合中国大学发展的实际（王善平，2011）。这一标准引导大学好高骛远，学术研究脱离中国社会经济发展实际的状况，造成了中国大学的千篇一律的状况。因为大学缺乏独立的学术标准，没有真正自己的办学理念，在学术管理上缺乏自己的明确指向，最终只能以发达国家的学术标准作为自己的评判标准，其结果就导致了大学抄袭西方国家特别是美国的大学模式。我们认为，只有实现了学术评价的完全本土化，中国大学模式才有成立的基础。

同时，中国大学评价必须以大学为社会作出的实际贡献大小为评价基准，任何偏离这一标准的行为都是学术依附化的表现。我们并不否定国际标准，但它只能作为参照而不能作为主体，更不能绝对化。在我国，只有少数大学和学科可以采用国际标准作为评价依据，而大部分高校和学科专业都不宜采用国际标准，而应该采用本土标准，即以对社会的实际贡献程度作为评判标准。

建立中国本土的学术评价标准，则要求中国学术界必须具有充分的自信，必须认识到服务于中国社会经济发展需要才是自己的真正使命。当然，大学敢于主张自己独立的学术标准的前提是大学成为独立的办学实体，如此方具有真正服务于社会经济发展需要的能力，否则就不敢主张自己的学术标准。当这一学术标准经学术共同体确认后，就可以作为国家大学的评价标准。这意味着，独立的学术标准依赖于大学共同体的构建，如果学术共同体是不成熟的，就不可能完成这一任务。

所谓学术共同体是成熟的，即是指学术共同体内部具有严格的学术治理规则，学术界能够严格自律，学术活动能够真正实现以真理为指向、以社会服务为宗旨。只有当学术共同体成熟后，实现大学自治的条件才具备，此时学术自由才可能真正实现。

（四）强化大学协会功能是构筑大学平等关系的基点

推进学术共同体成熟是构建现代大学制度的必要条件，在目前学术共同体尚不成熟之际，现代大学制度构建的最急迫任务就是构建学术共同体成长的机制。此时，首先需要政府作出妥协，即下放部分的大学管理权，把这部分的大学管理权下放给大学协会组织来实施而非直接下放给某大学，因为大学尚不具备独立实践大学自主管理的机能。在这一下放过程中，政府负责引导和监督大学协会运行，如此才能避免陷入传统的"一放就乱，一管就死"旋涡。

大学协会建设是以大学自愿参加作为前提条件。作为改革方案，大学可以选择留在传统体制内进行管理，也可以选择签订自治管理协定，参与大学协会进行的团体管理。各大学可以根据自己的办学层次、办学方向结成自己的联盟，共同制定大学办学标准，从而对自己的办学行为形成自觉的约束。通过大学办学标准的制定，大学之间就能够产生一种平等协作的机制，并且能够实现大学之间相互协调的功能，这将大大推进大学自治功能的实现。可以说，让单个大学来摸索一个成熟的管理机制是不现实的，只有依靠学术共同体的努力才有望迅速地改变大学管理被动地听从上级命令的局面。我们认为，大学协会组织建设是一个重要的实践机制。

同时必须指出，大学共同体建设是净化大学学术环境的必经之路。因为没有大学群体的共同努力，单凭某所学校自己来改善学术环境，学术环境是难以实现大的改观的。

可以看出，这四个基本对策之间构成了一个有机系统：如果大学校长选拔制度不改变，那么大学自主权就难以落实，进而学术组织的特性就难以得到尊重；而如果大学管理权仍然集中在校长手中，那么大学简单化管理方式就难以改变，各学科的个性就难以得到尊重，大学内部的行政化趋势就难以得到抑制；如果各学科没有自己的个性特色，那么大学就难以真正提出自己的学术标准；而一个学术标准提出后必须经过学术共同体的确认才能确立，否则这一标准就不具有实质意义。只有建立自己的学术标准，中国大学模式才能够出现，高等教育对社会经济文化发展的推动作用才可能真正展现出来。唯有到那时，中国才能够称得上高等教育强国。

第一章
中国大学模式：缘起与思路

第一节　历史背景
——中国高等教育面临从大国向强国转变①

中国高等教育经过近三十年的改革发展，已经取得了举世瞩目的重大成就，2011 年高等教育毛入学率已经超过了 25%（中国新闻网，2012），在校生规模已经超过 3000 万，成为名副其实的世界第一的高等教育大国。这大大改善了我国居民的高等教育入学机会，从而为我国建设全面小康社会、向学习型社会过渡打下了坚实的基础。然而必须承认，中国远非高等教育强国，中国高等教育与世界发达国家的高等教育还有相当的距离。为此，高等教育必须实现从"大国"向"强国"转变，这一转变将是中国高等教育在未来相当长时间要走的路，它也是中华民族伟大复兴所赋予的高等教育发展的历史使命。高等教育要成功地实现从大国向强国的转变，就必须大力解决好以下几个关键问题。

---

① 本文原文《高等教育大国向强国转变的必然选择》发表在《河南教育》2006 年第 5 期，收录在本书时有较大修订。

一、中国还缺乏多样化的高等教育体系

高等教育强国集中表现在具有多样化的高等教育体系上。没有一个多样化的高等教育体系，高等教育就不可能是强盛的。多样化的高等教育体系，就是指高等教育由不同的类型和特色的高等学校系统构成，它们都能够非常有效地适应不同方面的社会需要。这样的高等教育内部有一个公平的机制，高等学校类型和特色都是自我主动选择的结果，是高等学校对自己发展优势的准确定位，从而它们都是有特色、有竞争力的，是不可替代的，这样就形成了多样化的高等教育体系。

只有每个学校都感到自己是有价值的，它们才可能找到自己准确的办学定位，从而保证每个学校是有活力的，在某些方面是最强的，唯有如此，它们在整个体系中也才是最强的。这样高等教育体系内部既是相互竞争的，又是相互协作的，都要面向社会需要，这就实现了高等教育从大国向强国的转变，当然也带动了我国从人口大国向人力资源强国的转变。因此，发展多样化的高等教育应该是中国高等教育的必然选择。

但目前我国高等教育的发展无论是在观念上还是在体制上都面临着巨大的障碍。从观念上说，人们只认同学术型的高等教育即传统的精英型的高等教育，而不认同其他类型的高等教育，特别是人们对职业技术型的高等教育有一种根深蒂固的抵制，认为职业技术型高等教育是低层次的高等教育，是给那些没有学术潜力、各方面表现较差的学生的一种出路，也是为了他们能够更好地就业，以适应社会各种职业的门槛普遍提高的要求，而没有认识到高等教育发展最终是为了满足各种认知兴趣的要求，没有认识到传统的精英型高等教育也在面临着转型的要求，没有认识到高等教育发展的趋同化态势，即传统的学术型高等教育向应用性方向的发展，而传统的职业技术型高等教育向综合性高素质型转变的趋势。同样也没有认识到现代就业市场正在打破传统的学术型与职业型的人才类型区分，正在走向一种互补的综合的就业趋势。传统的职业岗位也需要大量的学术精英，而传统的学术领域也同时需要大量的动手能力强的高技术人员。这种变化是信息技术革命的直接产物，传统的严格分工界限已经不存在了，社会普遍需要从业者在

理论思维能力、实践操作能力和交流合作能力方面具有优势，这样的人才是真正的精英，才是各个行业的开拓者。但由于传统的观念定位和一些不合理的制度，使得高等职业教育很难招收到具有一流品质的生源，从而影响到我国各个职业技术创新和人才素质的普遍升级换代。从我国的产业发展实际来看，大量需要的是高技术的动手能力强的人才，而传统的职业教育定位使它很难培养出高水平的职业技术人才，也使职业技术教育发展陷入一种恶性循环的怪圈。不突破这种怪圈，高等职业技术教育将很难出现根本性的好转。

对高等教育多样化体系建设构成危害的还有另一个重要的思想障碍，即认为民办高等学校就是低一等的，认为民办高等教育就是以营利为目的的，不承认民办高等教育具有造就高素质人才、创新知识的潜在动力，也不承认它们有能力走出一条良性循环的发展道路。尽管人们也承认一部分民办高等学校确实非常优秀，但认为这毕竟是凤毛麟角，不适用于绝大多数民办高等学校。甚至还有人怀疑民办高等教育究竟能够走多远，这些不仅对民办高等教育的发展不利，更对建立一个公平竞争的高等教育运行机制不利。

此外，高等教育在体制上还没有形成一个鼓励多样化办学的制度环境。如一些人认为职业技术类型的高等教育就应该是自费的，民办高等学校就不能得到国家的资助。他们没有认识到无论是什么样的高等教育，都是在为公民接受高等教育创造机会，并提供了可供选择的机会。如此职业技术类型的高等教育、民办高等教育就不可能与传统精英型的高等教育和国家举办的高等教育享有同样的政策待遇，也得不到舆论的有效支持，就处于一种先天的不利状态。这无疑增加了它们的运营成本，使它们处于"不战而败"的地步。其结果就形成了职业高等教育与民办高等教育的不良生态环境，也使得它们只能更多地关注眼前的经济效益，对长远发展设计不足、投入不足和信心不足。

所以要发展多样化的高等教育，首先需要建立一个和谐的、公平有序的高等教育发展环境，使各类高等教育有一个公平竞争的机制。因为只有经过竞争的锤炼，才能培养出真正的强者，也才能使整个高等教育体系强盛起来。

二、高等教育还没有完全摆脱计划体制影响

受传统的计划体制的影响，高等教育资源分布是极不平衡的。而随着地区发展的不平衡，高等教育资源分布不平衡的趋势还有进一步恶化的可能。高等教育资源配置不平衡的一个重要表现就是高等教育资源正在走向完全的地域化，缺乏一个促进高等教育资源有效流动的机制，这样就加剧了高等教育资源分布的不平衡，并直接导致了各地区高等教育机会的高度不平等。这种不平等最明显地表现在公立高等教育机构的分布是非常不平衡的，因此接受高等教育具有非常强的属地性。而高等教育发展的不平衡，影响到就业的不平衡和产业结构的不平衡，也影响到区域社会经济发展的潜力。

与此同时，作为国家办学重要补充的民办高等教育机构同样呈现了发展不平衡性，而且出现了向公办高等教育资源占优势地区集中的趋向，这样就加剧了高等教育资源不平衡分布的态势。这种分布趋向的实质说明我国民办高等教育办学并没有实现真正的独立，仍然在办学资源上高度依赖于公办高等学校，特别是师资上的依赖现象非常严重。这种依赖性的结果也使民办高等教育很难创造出自己的特色，很难创造出自己的品牌，也很难形成具有竞争实力的高等教育系统。当然，最终的结果是整个高等教育系统缺乏竞争力。没有严格的竞争考验，公办高等教育系统也将很难真正地提高质量和水平。

三、传统思维习惯仍束缚着人们的思想行为

思维方式落后也是实现高等教育从大国向强国转变的重要障碍。该思维方式认为，高等教育整体水平的提高从根本上依靠投入，而没有把重心放在机制的建设上，当然也没有放在制度的创新上。事实上，投入依赖型的发展模式已经成为制约高等教育向高水平进军的重要障碍。在这种思维模式下，似乎"钱"能够解决一切问题，于是设计了一系列的重点建设项目对其进行重点投入，于是形成了一系列的标志性建筑，但并没有出现具有重大突破的原创性成果，也没有出现一批影响深远的创新型人才。这样的思维方式的直接后果就是鼓励了盲目投入而不

问真正效果如何，还鼓励了人们相互攀比投资建楼的热情。所以这种发展思路的集中成果是建起了一批批漂亮的大楼，而不能造就出真正大师级的学问家和科学家来。这种思维方式的错误点在于：投入和产出之间存在一种线性的正比关系，即有一份投入就有一份产出。它并没有认识到投入与产出之间存在一种复杂的函数关系，当然也没有考虑到制度因素是制约生产力发展的更深层次的问题，没有考虑到高质量的产出依赖于思想的革命、思维方式的革命，依赖于观念的创新。于是在这种思维模式的引导下，人们追求急功近利，用量化指标代替对质量的回答，似乎有了量的积累，质量自然就会提升。

四、传统的封闭式办学模式亟待突破

目前，我国高等学校办学方式仍然是封闭型办学类型，高等教育发展仍然处于一种社会有效需求不足和高等教育有效供给不足的状态。具体而言，高等学校缺乏与社会深层需要结合的动力，没有把学术创新、教学改革建立在真正的社会需要基础上，学校发展仍然是走一种学科自我发展、自我循环的逻辑，是一种生源拉动型的发展，还没有真正实现向就业市场拉动型的发展。只有真正过渡到就业市场拉动型的发展模式后，高等教育才能实现与社会需要的全方位结合，才能改变只关注数量增长而不关心质量提高的发展状态，才能打破一切形式化的东西，使高等教育发展回归到它的本质上来——应答社会发展的需要，为社会输出科技成果，培养出社会需要的各种类型的创新型人才。

从根本上说，建立多样化的高等教育体系首先需要在高等教育内部建立一个公平竞争的秩序，听从市场对高等教育发展状态的评判，充分运用高等教育的自组织能力来建立高等教育的造血功能，使高等教育形成一种主动应答社会需要的机制，完成高等学校培养人才的任务和提供高水平知识产品的任务。

为此，高等教育必须首先要从内部建立一种公平竞争的机制，建立一种公平的评价尺度，改变传统的以行政评价为中心的评价模式，消除传统的计划体制的官本位作风，使高等教育系统之间、高等教育系统内部能够普遍地开展公平竞争，促进不同类型和层次的高等学校都能够找到自己准确的办学定位，使整个高等教育体系具有其独特的活力，实现高等教育发展模式的转型，从数量扩张向质量提高方向转变，从而为居民提供更多的、可供选择的、优质的高等教育机会，实现高等教育的有效供给与有效需求的平衡。

这一切都与政府职能真正的转变有直接关系，也与建立新型的高等教育运行规范有直接的关系。这就是现代高等教育制度建设的根本内容。

五、高等教育强国呼唤大学制度创新

建立现代高等教育制度的基础是建立现代大学制度，它包括要明确规定大学的法人地位，规定大学教授在学术决策和参与大学治理的权限，规定高等学校的基本治理结构类型，规定各个大学活动主体的责任、权利和义务之间的关系，并建立有效的督促机制和权益冲突时的救济机制，这样才能保证每个人平等的参与权，保证每个学校之间有公平的竞争机会，从而鼓励大学办出特色来。只有建立这套可靠可行的基本制度，才能使高等学校根据基本的规范运行，才能使高等教育的各个运行主体都具有平等的实体地位，才能使各大学摆脱各种来自"先天身份"的困惑，从长远设计，并鼓励它们办出自己的特色。只有建立起现代的高等教育制度保障，高等教育才可能真正实现从"大国"向"强国"的转变，人们才能从中获得更大的福祉。这种转变是历史赋予高等教育发展的任务，也是当前高等教育发展面临的根本性抉择。

第二节　问题的提出
——对露丝·海霍"中国大学模式"命题的猜想与反驳[①]

露丝·海霍（Ruth Hayhoe）教授是一位在国际上颇负盛名的比较教育研究学者，长期以来致力于中国高等教育研究。她出生在加拿大并在加拿大接受了系统

---

① 本文原发表在《高等教育研究》2010 年第 5 期，《中国社会科学文摘》2010 年第 10 期转载，收录在本书时略有修改。

教育，大学毕业后赴我国香港地区参加援外活动多年，从此与中国结下了不解之缘。之后赴英国伦敦大学教育学院深造专攻比较教育并获得博士学位，后又在我国复旦大学任教，之后转任加拿大驻中国大使馆文化参赞，后又被聘为香港教育学院院长，现为加拿大多伦多大学终身教授并兼任中国多所大学客座教授。她对中国文化情有独钟，取中文名字许美德（许美德，2007）[1-229]。由于成绩卓著，1998—2001 年她被推举为世界比较教育与国际教育学会会长。她著有多部有关中国教育问题专著①，其中，《中国大学 1895—1995：一个文化冲突的世纪》一书英文版出版后很快销售一空（许美德，1998）[1-319]，该书对世界了解中国大学教育发展过程产生了重要影响。她曾多次来中国内地高校访问并作学术讲演（中国高校报网，2009；西北师范大学，2010），2006 年开始了她的"21 世纪中国大学肖像"课题研究。该课题旨在探讨 21 世纪中国大学的走向，她在该课题研究中提出了"中国大学模式：东西方文明对话"的命题。2009 年 5 月露丝·海霍教授一行三人再次来到中国内地访问，其间来到厦门大学，并向教育研究院的师生展示了他们研究的进展状况（杨倩，2009），其间又特别阐述了她的"中国大学模式"命题内涵。该命题激发了教育研究院师生浓厚的探究兴趣。笔者有幸聆听了她的报告，并就"中国大学模式"命题与之展开了讨论。本文就是这一讨论的延续。

一、"中国大学模式"命题的提出

2009 年 5 月 27 日，加拿大学者露丝·海霍教授带领她的研究团队来到了厦门大学进行学术交流，并作了"中国大学模式：东西方文明对话"的专题演讲。该演讲题目是她课题研究的主题思想的展示。据她介绍，课题最终成果的名字可能叫《21 世纪中国大学肖像》。这一名称表明，海霍教授对中国大学的研究视野已经从历史转向了未来，思考未来中国大学的走向。她把自己的研究建立在对中国

---

① 露丝·海霍教授出版的中文专著主要有：《中外比较教育史》（上海人民出版社，1990），《东西方大学与文化》（湖北教育出版社，1995），《中国大学 1895—1995：一个文化冲突的世纪》（教育科学出版社，1999），《东西方文化交流与高等教育》（南京师范大学出版社，2003），《圆满：一个加拿大学者的中国情愫》（教育科学出版社，2007），《思想肖像：中国知名教育家的故事》（教育科学出版社，2008）。

历史的了解和对中国大学进展的现实状况调查的基础上。仅从预期成果的名称看，似乎与她的另一部中文著作《思想肖像：中国知名教育家的故事》构成姊妹篇；但从其视野看，显然与她的《中国大学 1895—1995：一个文化冲突的世纪》一书构成姊妹篇，因为前者讲中国大学未来，后者讲中国大学历史。当然也可以把这三部著作看成是历史—现在—未来三部曲，如此就是一部中国大学发展史研究的系列长卷，而她可谓是国外系统研究中国大学教育的第一人。难能可贵的是，她对中国大学的发展充满了期盼，这就是她提出的"中国大学模式"命题。毋庸置疑，该命题是建立在她长期对中国大学发展状况研究的基础上，特别是基于她对中国文化的理解。她认为在全球化的背景下，提出中国大学模式问题越来越迫切了，因为需要对西方大学模式进行反思与批判，应该汲取中华文明的智慧并实现文明间对话，而这一使命只有建立中国大学模式才能完成，所以她认为中国大学在弘扬中国文化中责任重大。她在中国多所大学所作的《中国大学从边缘到中心，或与西方文明对话》报告中都贯串了这一主题（刘志平，2007；邱磊，2008），这强烈地吸引了我们对她的"中国大学模式"命题的内涵进行探索。

可以肯定，海霍教授的命题与中国建设世界一流大学的愿望是一致的。众所周知，中华民族在历史上创造了灿烂辉煌的文化，形成了独具一格的中华文明，然而在近代遭遇到了西方列强的坚船利炮的进攻而出现式微迹象，西学东渐也是在这个时期发生的，并在中国出现了西学优越论主张。无论是"中学西用"还是"全盘西化"，都事实上承认了中国文化的劣势，只是在国粹派的眼中中华文明才是万古长青。但不管是哪种论调，都无法阻止西方文明的大举进攻并占主导地位。新中国成立后一直致力于民族文化的命运思考，但直到改革开放二十多年后，随着经济的快速发展，中华民族的伟大复兴计划才重新提上议事日程。人们无不希望大学在中华民族伟大复兴大业中担当重任，世界一流大学建设计划也与此直接相关。但建设一流大学不可能简单地模仿国外大学模式，必须走本土化的发展路线，也即要创建中国自己特色的大学模式。厦门大学"985""中国特色高等教育体系"创新平台建设就具有这一宏愿。可见，海霍教授的命题与中国大学的努力方向具有内在的一致性。

当然，海霍教授的命题有自己独特的内涵，即她不只是简单地对中国大学努力方向的概括，还从国际比较视野提出了自己的见解。她认为中国大学模式首先应该建立在对传统中国文化优秀遗产继承的基础上，因为中国大学在历史上有许多成功经验值得汲取，如书院制度就是一例。所以，中国大学建设不应该抛弃历史而单纯地对西方大学模式进行模仿。其次，她承认中国大学学习国外大学的先进经验是对的，但她提醒说西方大学是建立在西方文化基础上，它有自己的局限，不一定适合于中国，所以中国大学应该加以分析和借鉴，应该奠基于具有独特神韵的中国文化。再次，她认为中国大学模式的兴起并非是对西方大学模式的替代，而应该是一个超越过程，即吸收西方大学模式的优点，提升中国文化内涵。所以，她认为中国大学模式的建设过程不是一个从边缘到中心的过程，而是一个文明对话的过程。显然，这一判断与全球化多元主义视角是一致的。最后，海霍教授从孔子学院的举办中看到了中国大学模式建设的踪影，她非常赞赏这种由大学举办孔子学院来承担文明对话角色的方式。

可以说，海霍教授的见地颇能代表一批有远见的国外学者的观点，也在很大程度上表达了国内学者关于建设中国大学模式的意见。

二、"中国大学模式"命题的探索过程

作为一名在国际上非常有成就的比较教育研究学者，海霍教授关于中国大学模式命题的猜想并非完全建立在理论推导或历史文献的收集上，她还把自己的论断建立在扎扎实实的实地研究的基础上。她通过走访国内多所大学并与大学领导人、管理者、教师和学生交谈以及与中国教育研究的同行交流来论证自己的中国大学模式命题。可以说，她从当下中国大学的具体行动来验证她提出命题的适切性。

具体而言，海霍教授的研究团队采用了质性研究方法来进行实地研究。在研究中他们以深度访谈作为主体，辅之以问卷调查方法来收集部分数据。所谓质性研究方法，即是通过典型的、个案式的调查方式来收集数据并依靠研究者的理解来解释，所以她的团队中除她本人是对中国文化有深刻理解外，还有具有国内教

育背景的研究者参与，从而可以有效地避免出现文化障碍问题。在研究对象上，她选择十二所各具代表性的中国大学进行调查，其中有九所公办大学、三所民办大学。公办大学和民办大学都各具特色和代表性，如在公办大学的综合大学中选择了北京大学、南京大学、厦门大学，理工科为主的大学选择了中国科技大学和华中科技大学，师范大学则选择了华东师范大学，农林大学选择了西北农林大学，民族大学则选择了延边大学。北京大学代表国内一流大学，其地位是独特的；中国科技大学是国内唯一坚持不扩招的大学，从而显示其个性，当然也是理工类一流大学的代表；厦门大学是南部中国重点大学的代表，也是没有实行合并的大学；南京大学是中部重点大学的代表，也没有进行大学合并；华中科技大学则是一个基本上由自己选择合并对象的大学；华东师范大学作为师范大学的代表，也是国内特别强调师范特色的大学；西北农林大学作为农科类大学的代表，也是国内许多"去农"风潮中坚持农林特点的大学。三所民办大学（西安外事学院、黄河科技学院和蓝天学院）也各具代表性。她之所以选择民办大学，就是认为在未来中国大学的发展中，民办大学将占重要的一席。她的这个判断是建立在对中国大学发展历史的认识上，因为在中国大学发展过程中，书院制度扮演了一个非常重要的角色，而且绝大多数成功的书院都是民间的，用今天的话说就是私立或民办大学。她之所以选择一所民族大学，因为她认为目前文明的冲突主要表现为民族的冲突，中国是一个多民族的国家，在处理民族关系上具有成功的经验，其中民族大学在处理民族关系中扮演了一个非常重要的角色。如果不了解民族大学发展的情况，也就不能真正了解中国大学，当然也很难谈论中国特色的大学模式。可以看出，她的研究角度对我们有很大的启发，从而使我们的眼光不仅仅是盯着几所"985"大学、"211"大学，或仅仅是公办大学。

　　如前所述，她的团队主要采用了访谈法进行研究，访谈对象则主要针对大学的高层领导，访谈重点是关于1999年以来大学的发展情况，突出大学是如何处理扩张和建立一流大学之间的矛盾，通俗地讲就是数量与质量之间的矛盾。问卷调查则针对大学生，调查他们对接受教育机会方面的变化，如家庭经济状况对个人受教育机会的影响。我个人觉得他们的问卷设计还存在着一定问题。如这些学校虽然代表了中国大学的不同侧面，但在办学水平上差异是比较大的，很难采用同一标准问题来提问。如问"你是否感觉到校园内的外国留学生越来越多了"，这对985院校而言可能是个真问题，而对于民办大学而言则可能是个假问题。显然，他们是用国外的私立大学概念来解读中国民办大学的，存在这种误差也是可以理解的。这说明，他们在看问题时虽然能够克服"不识庐山真面目，只缘身在此山中"的局限，具有"局外人"的优势，但这个优势很多时候是相对的。不管如何，这些细节问题并非我们关注的中心，我们特别需要关注的是其考察问题的视角。

最令人钦佩的就是她的文化观察视角。她认为传统的大学模式是在西方一元价值支配下形成的，这种大学模式有它的缺陷。① 她坚持认为中国大学的真正成长应该是建立在自己的文化基础上，否则就没有真正的生长力。她认为中国文化里有自己独特的观察世界的方式，中国大学则应该担负起中华文明发扬光大的使命。实事求是地说，由国外学者提出中国大学应担负的使命真令我们许多国内学者汗颜。长期以来，国内许多学者的眼睛只盯着国外，当然主要是美国，而对老祖宗流传下来的东西抱无所谓的态度，很多时候甚至持否定的态度。尽管已经有部分学者认识到大学在中华文化传承中的使命问题，如"国学热"就是一例（李满龙，2008），但总体而言，这些声音比较微弱，也不够坚定，甚至没有底气，有时也不够理性，偶或还有一丝国粹派意识（郑师渠，2000）[1-24]。特别需要指出的是，这种声音在很大程度上也是从国外或境外传入的，是由一部分旅居国外的华裔学者提出并经过部分改造在国内流传的。这些代表性华裔学者中如杜维明、成中英等，他们一致致力于中西文明对话、融合，坚持中西文明互补论，他们认为中西文明各有所长，应当互补，否则就会出现发展的偏失。这些学者一般都兼有中西文化学术背景，能够看到彼此文化中的优劣，所以提出了用中华文明之长来补充西方文明之短的建议，如哈佛大学燕京学社的杜维明教授（杜维明，2010）。这个观点在很大程度上能够克服传统中国人要么妄自菲薄、要么妄自尊大的不足，从

---

① 关于"西方一元价值"究竟是指什么，在露丝·海霍教授的报告中没有论述，如果按照现代的批评意见看，笔者猜想她可能是指理性中心主义价值观。

而对我们客观地、理性地重新认识中华文化传统的价值是颇有裨益的。

我们认为，尽管中国在新中国成立后开始学习苏联，改革开放后主要学习美国，但从根本上说并没有丢弃中华文明，因为这是不可能的，事实上中华文化已经融化在我们的血液中了。所以尽管我们在宣扬现代化，批判传统文化，但我们始终没有放弃要继承和弘扬优秀的民族文化。即使那些全盘西化论者，其主张也多半是出于策略上的考虑，因为他们深谙中华文化中的"物极必反"和"矫枉过正"的道理，目的在于用西方文化来矫正中华传统文化的偏颇。即便历史上曾出现过各种各样的极端举动，如清末彻底废除科举考试，五四时期"打倒孔家店"的运动，新中国成立后的"破四旧、立四新"运动，乃至后来的"文化大革命"等，这些运动虽然对传统文化形成了巨大冲击，但都还没有伤及根本，因为这些行动背后的思维方式就是传统中华文化的表现，是秦始皇的"焚书坑儒"和汉朝的"罢黜百家、独尊儒术"政策的继续，只是在形式的表现上有很大不同罢了。甚至领导中国革命走向成功的毛泽东思想，也是马克思主义与中国实践相结合的产物。可以说，如果没有对中华传统文化精髓的继承，就不可能产生毛泽东思想、邓小平理论和"三个代表"思想及今日的"科学发展观"。

三、"中国大学模式"命题所面临的难题

露丝·海霍教授从中国政府一系列政策举措中看到了中国大学发展中的一些特色性的东西，如中国政府进行了大规模的大学合并，中国政府推动"211"工程和"985"工程，以及目前中国大学在世界各地举办了几百所孔子学院等（刘延东，2009）。其中，孔子学院现象尤其引起海霍教授的关注。我们知道，孔子学院是以各个大学的名义来举办的，而不是由政府出面举办的①，这是个非常有趣的现象，已经被许多国外学者所称道，如与厦门大学教育研究院交往深厚的、对中国大学教育问题有专门研究的挪威学者阿里·谢沃教授在来厦门大学教育研究院作演讲时就特别

---

　　① 孔子学院总部设在北京，国务院设"国家汉办"（中国国家对外汉语教学领导小组办公室 NOCFL）负责总管和总筹孔子学院开设事宜。

讲到了他的感受。特别有趣的是，他也涉及中国大学模式问题，而且是从大学模式比较的角度来谈的，只是阿里·谢沃教授还没有清晰地提出中国大学模式的概念，而且也缺乏后续研究。① 这说明，许多比较教育学者都已经隐隐约约地看到了正在崛起的中国大学模式，而露丝·海霍教授尤其重视中国大学模式中的文化特色问题。她还认为中国的书院精神将在未来中国大学发展中发挥相当大的作用，因为书院有很大的学术自由，而且把教学与研究结合起来，特别是书院对政治的发展产生了重大影响。她特别注意到了中国政府在中国大学发展中的作用，如 "211" "985" "大扩招" "大学合并" "独立学院" 等，从某种意义上说，正是中国政府实施的一系列建设一流大学工程使他们感受到一个正在崛起的中国大学模式的存在。此外，她还注意到了中国政府一直在对大学采取放权路线，中国大学办学的自主权越来越大。但仅凭这些证据恐怕还不能完全支撑起 "中国大学模式" 命题。

在露丝·海霍的概念中，"中国大学模式" 指的是 "中国特色的大学模式"，它是在继承以往大学模式的前提下实现的超越。所谓继承，即不否定先前的西方大学发展模式，如洪堡的柏林大学模式，也即教学与科研相结合的大学模式，也不否定美国的巨型大学模式（此即露丝·海霍教授心目中的美国大学模式），因为在美国巨型大学模式中也包含了洪堡的大学模式。换言之，美国的巨型大学模式是对洪堡大学模式的超越。而中国大学的超越之处又在什么地方呢？或者说该如何实现超越呢？这正是最难的和最值得探究的一点。从她的报告来看，似乎她寄希望于中华文化。这一点比国内学者简单地提 "本土化" 的主张具有更深刻内涵。但正是这一点是我所不敢苟同的。

因为要寄托于中华文化的话，首先必须弄清楚何谓中华文化。这个中华文化是传统的中华文化，还是经过改造后的中华文化或转译后的中华文化，抑或是当下的中华文化？事实上，在经过五四运动之后，传统的中华文化的地位基本上被

---

① 笔者于 2006 年 10 月 24—25 日参加了阿里·谢沃（Arild Tjeldvoll）教授为厦门大学博士生开设的 "The PhD Course: International Higher Education"，聆听了他关于中国大学发展的意见。谢沃教授本人一直致力于中国高等教育研究，并向西方学者宣传中国高等教育研究成果，其代表作是：《潘懋元——一位中国高等教育学科的创始人》（高等教育出版社，2008）。

颠覆了，中华文化中已经渗入了许多西方文化的元素，不再是纯粹的中华文化了。这既是世界文化交流中无法回避的一个事实，也是中华文化具有包容性特色的展现，这种包容性也是中国独特的思维方式的展现。西方文化是一种非此即彼的对立的思维方式，而中华文化则有一种综合的整体性的思维品质。这一品质正是许多新儒家代表人物所津津乐道的，也是许多寄希望于用中华文明拯救世界文明危机的主张者所大力宣扬的。① 露丝·海霍教授所推崇的哈佛大学燕京书院的杜维明教授就是这个立场。当然，仅靠这个思维方式还是不行的，还必须有具体行动。中华文化中的"天人合一""和而不同"的思想虽然能够在一定程度上弥补西方文化中的自我中心主义的不足，但要变成具体行动则涉及真正现实利益的考虑，而这恰恰是问题的核心。

在看到中华文化对西方文化具有互补性一面的同时，还要看到中华文化自身就是一个矛盾体。中华文化一方面讲求"和而不同"，另一方面又讲求"大一统"。许多时候我们忽视了中华文化中的矛盾现象，对中华文化的解释常常采取实用主义态度，即根据自己的需要而随意地取舍，从而割裂了中华文化的本质。我个人认为，这个矛盾性并非中华文化的劣势，而恰恰是中华文化的真正活力源，同时也是文化复杂性的写照。文化正如人的个性一样是复杂的、多面的，从而也是丰富的、发展的。当人们看到了中国政府在对大学放权的时候，就认为它自然地就导致学校办学自主权扩大和大学自主性增强及学术自治结果来，这样的预期实际上是不切实际的，因为这是西方的分权与集权"非此即彼"的形式逻辑，事实上大学的实际运行要复杂得多。在中国，如果在政府对大学放权的同时而没有随之进行强有力的制度变革和文化建设的话，则大学的自主权和办学活力就不会自动增长。

在中国，人事制度变革始终是一个关键，因为干部是政策的具体执行者。而在人事制度变革的同时，必须对中国传统的大学管理文化进行变革，否则就难以实现管理职能的转变，因为因循传统的思维路线最终必然导致一切唯上是从。从

---

① 新儒家思想起初是指宋明理学（参见：张君劢. 新儒家思想史［M］. 北京：中国人民大学出版社，2006：1-28），现在则指致力于恢复传统儒家在中国统治影响的一派学者的思想。

管理制度看，最急迫的是要在政府管什么和不管什么之间确立一个明确的法律界限，因为这对人们的行为具有决定性影响。事实上，做到这一步几乎是不可能的，因为大学事务是复杂地联系在一起的。中国体制改革的趋向是政府进行宏观管理而不包办具体事务，但在绩效主义压力下，政府总想施加全面影响，这仍然是一种包办一切的冲动。正因为政府对绩效目标的追求，因而总希望引导大学校长高度关注政府的计划目标，这样大学于无形中就丧失了主动性和创造力。要打破这一循环，就必须有超强能力的大学校长出现，他们能够洞穿这一局限，从而可以发挥自己的创造性。但对于绝大多数大学校长而言，这是不现实的。所以在很多时候，放权只是表面的，它只是一种管理方式的转换，即从直接的行政命令变成了间接的物质刺激。

如果没有真正的放权，而要实现大学内部治理方式的变革是不太可能的。人们曾设想通过实施学术与行政绝缘的手术来进行大学治理方式的改革，这显然违反了中华文化的逻辑。中华文化本质上是一元主义的，让学术与行政绝缘就是在推行多元主义，这与中华文化的"天人合一"思想不合。在改革的进程中强调稳定压倒一切，显然不可能推行多元主义，所以学术独立的主张不符合中华文化的特质要求。而中华文化中的"中庸之道"思想则主张在学术独立和学术依附之间进行调和，这实质上就是"和而不同"的真谛。所以，中国大学的未来之路只能在走有自己个性特色的同时又要保持政治上高度统一的特点。这样才是中国特色的真正含义。如果不是这样，中国特色就不可能产生。

所以，中国大学模式的出现不可能简单地寄托于中华文化，而必须寄托于大学校长的创造性。文化不能自动创新，它必须有自己的执行主体，而大学校长才是具体的执行主体。大学校长必须具有坚定的政治立场，有自己独立的学术主见，有很强的人格魅力，并且具有突出的学术成就，这样才能成为中国大学模式的创造者。我们更希望这样的人才成为教育部长，如在19世纪初叶创造德国大学模式的洪堡（博伊德，金，1985）[330]，因为他具有高超的领导艺术，他知道该如何处理大学的个性和统一性问题及学术需要与国家需要的关系问题，而且他的包容能力非常强，既不专断，又不以哗众取宠为能事。这样，中国大学模式的建设才有希望。一句话，中华文化的活力因子是普遍存在的，但要真正发挥作用就必须依靠创造性的个体，如果没有一个真正的创造性的主体存在，则中国大学模式构建是没有希望的。

四、"中国大学模式"的创造过程

目前，中国大学尚没有形成成熟的运行规则，因为中国大学所面临的境况是前所未有的，几乎是没有什么成例可循的，无论是西方大学模式还是中国书院模式都无法直接运用于当下情境。那么大学就只能依靠大学校长自己的信念来运行。对于大学校长而言，如果他没有自己成熟的大学信念，那么大学就需要进行长时间的摸索。此时大学的运行状况只能取决于大学校长的个人魅力和微观政治活动能力了。① 换言之，大学校长所建立的活动圈如何，决定了该大学争取到的资源状况如何。但这种微观政治活动能力还不是一种政治上的远见卓识，还难以形成关于大学的信念。这些校长只能获得一种暂时的物质上的资源，很难获得一种永久的精神上的资源。而这种精神上的资源主要靠声望来获得。

中国大学模式必然是建立在赢得巨大声誉基础上出现的。从目前情况看，要突破这个关隘是非常困难的，因为目前仍然是行政一元话语时代，大学要发出自己的独立声音是困难的。如果大学没有自己独立的声音，就很难赢得巨大的声誉。如今大学治理陷入了一个困境，即一方面要给大学放权，另一方面又加强了行政干预。所以中国大学发展最终寄托于开明领导的出现，由他们进行创制才能建立一个良性的运行机制，这样中国大学才有希望，中国大学模式才能出现。而仅仅靠一些简单的外科手术是不足以完成这一艰巨任务的。

如果把孔子学院建立说成是中国大学的一种特色的话，可能是牵强的。目前，孔子学院还只是一个对外汉语教学的机构，它的建立在很大程度上是为了适应海外对中国大陆市场的经济需要，部分是为了适应不少外国人对中华文化的好奇心

---

① 微观政治活动能力指的是个体的人际关系交往能力和团队领导力，它与宏观政治活动能力不同，宏观政治活动能力指的是国家治理能力和政党建设的领导能力。

理。虽然孔子学院是以大学的名义举办的，而且也确实是由大学进行具体管理的，但仍然是由国家统一组织的，其领导机构就是中国海外汉语教学办公室。该机构的成立一方面是为了适应孔子学院数目不断增加而加强管理的需要，另一方面也是为了保持孔子学院在发展上具有统一性。就目前孔子学院的功能来看，它与国内许多为了适应中国人学习外语的要求而开设的外语培训班没有什么本质区别。当然，汉语推广与中华文化推广是紧密联系在一起的，没有语言这一工具，推广文化是困难的。因此，我们只能期待未来孔子学院从语言教学培训向文化交流功能转变了。

当然，"211 工程""985 工程"等就是直接的国家行为了。这一举措在国际上产生了相当影响。[1] 但它的副作用也是明显的，如它激发了大学之间的盲目攀比，从而抹杀了大学发展的个性。由于这种工程的实施涉及资源分配和大学地位的变化，所以许多大学都在争先恐后地赶往同一目标，无形中使政府控制力量大大增强了。大学合并就是一个典型事例，合并院校只有一个目标，即只要是能够获得政府的大量投资就是成功的。这一政策的后遗症已经表现了出来，既激发了大学的浮躁和急功近利，引发了大学规模的极度膨胀和债台高筑，还激发了大学内部争权夺利等潜在矛盾，这远非当初所能够预料的。

境外或国外学者并不真正理解中国大学的发展境遇，所以他们认为中国大学在推进一流大学建设的同时又迅速推进了大众化，则显得非常神奇。这说明他们只看到了表面现象，并没有看到实质。中国大学确实经历了这一过程，但效果如何还有待进一步检验。中国大学在发展政策上总体是相互冲突的，一方面要办一流大学，而一流大学是需要个性的；另一方面，又要政府主导，政府主导则是去个性的，这正是当前中国大学发展面临的主要困境。实事求是地说，任何成功的大学都首先必须具有自己的个性，而这在中国大学的实践中却困难重重。

---

[1] 我国建设世界一流大学的计划在国际上产生了巨大影响，如日本出现了大学合办的提议，德国出现了重点扶持一批大学的决定，英国政府改革大学资助制度，欧洲则倡导博隆尼亚进程，推进欧洲高等教育一体化。我国台湾地区也计划斥资支持部分大学走向世界一流。

五、"中国大学模式"的真实意蕴

不管怎样，我还是同意露丝·海霍的期待，中国大学模式的诞生标志着中华文化的复兴。但我也隐隐地感到，在中国大学模式建设的过程中起先导作用的是经济成功，而不是文化传统。经济成功有多种模式，威权主义也是经济走向成功的一种模式，这在东亚地区已经获得了证明。但这种经济成功并不必然导致对传统文化的尊重。可以设想，在今天，如果没有强大的经济基础，大学发展就没有依托，大学的文化载体功能也无法发挥出来。所以，弱的经济基础就无强的文化可言。这样就出现了我的困惑：究竟是经济因素还是文化因素决定着中国大学模式的成功？我认为，如果没有中国经济的振兴和在国际上具有举足轻重的地位，就不可能有什么中国大学模式。露丝·海霍教授说，洪堡大学模式诞生时德国的经济也不发达，而美国大学模式诞生时却是与经济同步的。[①] 这个观点我并不赞同。要知道，如果不是因为德国大学促进科学研究发展并带动了经济发展最后使德国强大起来，就不会有德国大学模式的出现和传播。如果美国没有取得经济上的成功和后来的超级大国地位，也不会出现国际上一致推崇美国大学模式的形势。此外，美国大学模式的代表也不是今日的巨型大学，而是在 19 世纪末兴起的州立大学以及它所提倡的社会服务精神，最典型的就是威斯康星精神。因而，美国大学精神就是社会服务，也就是人们所公认的现代大学的第三大职能，这一点是在美国公立大学普遍认同的，甚至还包括私立大学，如哈佛大学前校长德里克·博克就撰有《走出象牙塔》一书，该书所倡导的正是美国大学的社会服务精神（博克，2001）[102-245]。

当然，露丝·海霍所说的巨型大学模式在某种程度上也反映出美国大学精神。因为巨型大学标志着大学功能多样化，其中当然也包含社会服务内容。巨型大学概念是美国已故著名的高等教育专家克拉克·克尔提出来的（克尔，1987）[95-98]，

[①] 露丝·海霍教授所指的"美国大学模式"是 20 世纪 60 年代克拉克·克尔所提出的巨型大学模式。这一观点与中国学界普遍认同的以"社会服务"为特色的美国大学模式不同。

也是被学术界所认可的，它用来形容大学功能变得非常的多样性。甚至可以说，今天大学的功能是如此的多样，以至于把它们统一起来就很难。巨型大学说明了大学是一个复杂性组织，不是传统的单一的纯粹学术性组织了，这代表了大学功能的变革趋向，说明了大学与社会的边界不再那么清晰了，这当然也是大学走向社会中心后的结果，也是不少学者所不愿意看到的，很多学者更愿意看到古典大学模式，即那种象牙塔模式——大学追求纯粹学术，不为世俗利益所驱动，这在当代当然是不可能的。

现在关键的问题是中国大学模式究竟能够为大学发展提供什么。我们说洪堡大学模式是发展了大学的职能，即使大学从单一的教学职能变成教学和科研相结合的双重职能；而美国大学模式则又使大学职能变成三重的，即教学、科研和社会服务相结合，它们不是相互脱离的，这样美国大学更具有一种实用主义的气息。中国大学模式是改造美国大学模式，还是在原来德国大学模式上进一步发展，或者说再把法国大学模式混合进去，这个出路要从哪里找呢？是从中华文明找吗？如果这样的话，我则认为露丝·海霍教授提出的是一个假命题，因为这很难获得确定的答案。

中华传统文化中确实存在许多精髓性的东西，这些东西是灵活的、不断发展的，而非被动地等待被认识，如果要回复到原来状态无疑是痴人说梦。国外学者对中华文化的理解都是经过了多次转译之后的中华文化，在其中已增加了许多异域文化的特征。换言之，他们所接受的是经过多次重新阐释后的中华文化，实际上是中西文化融合的产物，并非是真正原汁原味的中华文化。无论如何，这个新阐释对我们重新认识传统文化是有积极意义的，但要用来指导中国大学模式建设则是另一回事。

中国大学模式的建设必须基于本土的实践，特别是本土对传统文化的理解，不可能想当然地搬用在异域语境下的理解。这种理解的歧义性存在从本质上讲是无法克服的，但这不妨碍共同探讨对中华文化的真正理解。当然，这种真正理解事实上就是对中华文化进行一次新的创造。不可否认，这一创造主体既不可能是西方学者，也不可能是海外华裔学者，只能是本土的学者，尽管本土学者是后发的，但他们是代表未来发展方向的，因为他们是实践主体。在其中，西方学者或华裔学者却能够发挥媒介或诱导作用，他们的理解为本土学者深入理解提供了参照，从而促使他们更好地承担起创造主体的责任。

　　我始终认为，支撑中国大学模式存在的必然是中国经济的不断成长，如果没有中国经济的持续成长，中华文化的创造与再生就不可能。所以，中华文化的复兴首先是经济的振兴。当经济达到一定程度后，文化才可能登场。也即文化创造比经济发展困难得多，文化创造则是一种文明的推进，是提出一种更高级的生活方式，这种生活方式能够提升人的精神生活境界，进而指导人的行为方式，包括经济活动方式、制度建设和政治文明，而这些都是经济发达后的结果。如果没有经济原发性的发展，文化建设只能是纸上谈兵。文化发展是为了引导和促进经济发展，目的是使经济运行更加健康和理性，因此始终都不能把文化看成独立体。文化是人对更高级生活需要的反映，它不可能独立于社会生活之外，只能产生于社会生活的氛围中。文化是一个熔炉，它可以使经济形式越来越精练，使经济发展越来越脱离野性，使社会越来越文明。所以，文化也在发挥经济守护人的作用。

　　文化建设过程是漫长的，不可能在急迫间获得成功。如果把中国大学模式建设作为一个世纪的期许是有道理的，那么试图于急迫间建设成功则是不切实际的。因为这是一个建构的过程，是大学在适应社会经济发展要求过程中进行不断自我调适的过程，也是一批最具有创造性的大学校长的创造活动，这一过程并非是一个目标清晰的、可以运用"投入—产出"公式来计算的。换言之，它并非是一个完全理性的过程，它在很大程度是一个激情涌现的过程。当一个环境能够激发出大学校长的创造热情时，中国大学模式才可能产生。正如北大的环境产生出蔡元培一样，这是一个复杂的结合，并非是可以预期的。如果中国大学不能出现一批杰出的大学校长的话，那么中国大学模式的出现就是不可能的。这批大学校长首先是学识渊博的，其次是具有人格魅力的，再次也是具有卓越的组织才能的，他们志向并非在于自己的学术发展，而在于创造出一个激发学术发展的机制，带动学术的整体发展。他们具有学术的睿智，具有非常强的人格包容性，具有战略眼光，从而能够进行大学发展机制的创造（王洪才，

2009)$^{32-37,66-100}$。正是由于这些作为，才能导致大师云集，各种学术流派熔于一炉，促进学术鼎盛时代的出现。

六、几点反思

目前的"985 工程"或"211 工程"等举措虽然对中国建设世界一流大学具有促进意义，但远远不够，因为建设世界一流大学绝不可能按照我们的主观意志进行，也远非金钱所能够解决的，更不是靠一些硬性指标所能评比出来的。世界一流大学具有深刻的文化内涵，如果不注重文化建设，一流大学建设是注定不能成功的。世界一流大学的地位主要体现在对学术发展的引领上，而这又建立在学术界对该大学所追求价值的普遍认同上。如果没有卓著的声誉，一流大学建设是不可想象的。大学合并并不必然带来学术水平提升，但确实提供了促进学科相互融合的机会，而要实现真正融合则必须进行管理体制革命，这恰恰是当今中国大学发展的瓶颈。我们相信，只有在管理体制上突破了，一流大学建设才能真正起步，否则更多的投入可能造成更大的浪费，也会激发更大的急功近利心态，甚至会造成更大的学术腐败，如此就会使学术声誉受损。果真如此，则我们与世界一流大学的距离就更远了。而露丝·海霍的"中国大学模式"命题为我们思考世界一流大学建设提供了一个很好的思路。

第三节　进一步追问
——中国大学模式究竟是何意谓①

一、中国大学模式与中西文化对话

露丝·海霍教授提出的"中国大学模式"命题具有天才的想象力（王洪才，

---

① 本文于 2011 年 5 月 6 日首次在加拿大多伦多大学举办的 "Education and Global Cultural Dialogue Conference：A Tribute to Ruth Hayhoe" 发表，英文名为："What Means the Chinese University Mode ?"，后收录在由 Karen Mundy and Qiang Zha 主编的 "Education and Global Cultural Dialogue"（New York：Palgrave Macmillan. 139 - 163）一书中。

2010b)，因为她认识到中西文化的本质不同，预见到如果能够成功地实现东西方文明对话的话那将是一个新大学模式的诞生，这当然就是"中国大学模式"了。在她的前提假设中似乎隐含了这样的命题：西方大学模式凝缩了西方文明的精华，那么中国大学模式也应该是中华文明的凝缩。不过，她对中国大学模式寄予了更高的希望，即吸收西方大学模式的精华，但不是简单的模仿，而应该基于中国传统文化基础上的吸收。这意味着要超越西方大学模式，但同时又不是构建中国中心的大学模式，而是建设多元大学模式的一种，这样就能够促进文明间的对话。所以，她的中国大学模式命题蕴含深刻，值得我们反复咀嚼。言下之意，她认为简单地模仿西方大学模式是不可能成功的，而且西方大学模式有它自身的不足，它是西方文明的产物，所以学习西方大学模式必须以中华传统文化为基础，如果能够实现有效对话的话，那么中国大学模式就能够成功。显然，她的命题是从全球化视野出发的，为此，她非常欣赏著名的新儒家学者杜维明等人所进行中西文化互补的努力。她把创建中国大学模式的希望寄托于当今的中国大学，她也从中国政府的"985工程"、创办孔子学院等举措中看到了一种新的大学模式正在诞生。但她提醒要注意吸收中华传统文化的精髓，并特别提到了中国书院制度。可以说，她的慧眼独具的判断，对我们认识中国大学模式问题非常具有启发性，这会促使我们对"985工程"、孔子学院建设进行反思，也会促使我们重新认识中华优秀文化遗产——书院制度，认真总结这些经验将对今日探索现代大学制度建设具有重要的启发意义。

　　毋庸置疑，目前作为世界主导性的大学模式是西方的，如果我们不顾文化本质不同而简单模仿的话，注定是不能成功的。中西方文化有截然不同的思维逻辑，如西方文化是理性中心主义的，强调人力对自然的征服，所以它最终能够导致科技的高度发达①；而中华文化则是整体主义的或直觉主义的，它强调天人合一，所

---

① 对理性中心主义的批判是后现代主义对西方文化反思的重要表现。其实，这个反思从康德的《纯粹理性批判》就已经开始了。法兰克福学派所提出的批判理论也主要是针对理性中心主义的。西方著名学者史宾格勒所著的《西方的没落》也是针对这一问题。

以它产生了超稳定的社会结构，没有导致科技发达和社会的高度分化。① 显然，两种文化各有优长，但中华文化的包容性更强，这正是世界走向多元化所需要的。如果能够实现中西文化的有效对话，其意义就不言而喻。因为它不仅是对西方中心主义思维模式的超越，也是为了实现人类社会自身的可持续发展的需要。② 当然，对话结果也不可能是为了确立中华传统文化中心主义。客观地说，关于中西文明对话课题由来已久，自鸦片战争后中国国门被坚船利炮打开后，中国学者就一直面临这一课题，③ 迄今并没有获得满意答案。而超越西方中心主义思维模式正是当今全球化过程中面临的一个大课题，但要解答该课题其实也很难，因为至今社会发展一直是以科技为主导的，其背后的支持力量就是西方中心主义思维模式。所以，要探索真正意义上的"中国大学模式"，就必须探索中西文化对话的途径，但首先我们需要了解中国大学模式的意蕴。

二、中国大学模式的探索历程

（一）探索中国大学发展模式的起步

当今中国，人们非常关心一流大学的建设，并已经把它作为建设高等教育强国的一个重要标志。之所以产生这种情结，是由复杂的历史背景造成的。在1949年以前的很长一个时期里，中华民族积弱积贫，饱受帝国主义的欺凌，中国领土惨遭帝国主义蚕食瓜分，中国人没有自己的国际地位，没有受到应有的尊重，"东亚病夫"就是这一耻辱标记。这一切都使中国人普遍具有雪耻图强的心理。建设世界一流大学就是在表达国家富强的愿望，但这个愿望一直压抑了许多年，因为

---

① 在中华文化中，一直反对对自然的征服，而提倡"返璞归初"，把技术视为"奇技淫巧"，在长达两千年的封建统治中，统治者一直采用重农抑商的政策，反对利益至上的重商主义；此外，所实行的严格户籍管理制度也限制了社会流动。这一切都导致了社会停滞不前的局面，最终使中国农业文明落后于西方商业文明、工业文明和科技文明。

② 在人类关于可持续发展讨论中，一致认为要克服传统的人类中心主义的思维模式，实现人类与自然的和平相处。而理性中心主义所彰显的恰恰是人类中心主义，而中华文化中的"天人合一"思想恰恰符合了人类与自然和平相处的理想。正是在这一点上，许多人倡导要中西文化互补，克服西方文化中心主义。

③ 这里指在中国历史上出现的争论甚久的"中体西用"与"全盘西化"之争。

在国力非常弱小的情况下谈世界一流大学建设无疑是天方夜谭。而且此举在高等教育处于精英教育阶段也是不太可能的。唯有在改革开放政策实施三十多年后的今天，随着国力的增长和国际地位的提升，中国才逐渐地萌生出建设世界一流大学的决心。事实上，这一决心的正式表达也是与中国高等教育大众化进程同步的。因此，这不是一个偶然的巧合，而是历史时机逐渐成熟的标志。

对于建设世界一流大学的想法，也是一个逐渐形成的过程。起初人们的认识局限在建设社会主义大学模式上，没有与一流大学建设联系在一起。在新中国成立之初，中国把苏联大学模式作为理想的大学模式，为此进行了大规模院校调整。随着中苏关系的交恶，中国试图探索适合自己的大学模式，显然这一探索是不成功的，因为在探索过程中经常受到政治上"左"倾思想的干扰，在大学发展模式选择上过分超前，从而使正常的教育秩序受到了冲击。直到1978年才开始实行拨乱反正，走改革开放路线，明确地提出了走中国特色的社会主义道路，但大学发展并没有完全摆脱政治上"左"倾思想的干扰。虽然在相当长的时间里，人们的关注重心是大学与经济发展方式相适应问题，但对中国建设社会主义大学模式问题的关切一直没有放弃。因为社会主义是一个根本问题，是不能动摇的。此时基本上放弃了社会主义大学作为一个统一模式的设想，关于中国特色的社会主义大学模式问题日益凸显。

当社会主义初级阶段理论正式提出后，关于中国特色的社会主义也意味着发生了变化。此时，中国特色的社会主义是指低水平的社会主义，即不再坚持纯而又纯的社会主义，为此也可以从资本主义那里借鉴一些有益的经验。此时，社会主义的特殊性就不再被过分地突出，而是强调与大学之间的共性。这个变化具有重要的历史意义，这就是说，我们不再寻求一个完全与资本主义相区别的、中国式的社会主义大学模式，而是要寻找一个与中国国情相适应的大学办学模式。中国特色的大学模式提出的重点在于强调中国的社会经济发展程度比较低，必须学习一切有利于中国大学发展的因素。可以说，这种思维方式有着重要的指导意义。

（二）建构一个可践行的中国大学模式

不过话说回来，这种建设"中国特色的大学模式"的思维方式毕竟是理论层面的，是推导式，是缺乏实践经验支撑的。如，怎样才算符合中国国情，似乎一直都没有说清楚。特别是对于大学模式而言，怎样才能反映国别特色则更是一个问题。再如，意识形态方面的差别究竟扮演了什么角色？这在大学理念方面有什么区别？在具体的管理制度方面有什么区别？诸如此类问题很难回答。

过去，我们曾经经历了简单化的思维方式，即认为中西大学模式之间不具有可比性，似乎这可以绕过一些比较复杂的问题。但实际上这是一种逃避策略，毕竟在具体制度层面是可比的，各种制度的执行效果也是可比的，大学之间是有很多共性的。这就使得我们不得不抛弃意识形态方面的自我保护，必须从制度和政策的社会效益方面进行分析，如此一来大学制度就有了可比性。特别是当我们强调大学必须培养创新人才时，就必须从制度的效果方面进行分析，如果我们不能培养出一流的人才，则无法证明我们的大学制度是有效的。因为培养一流人才是全球化时代的要求。凡此种种，都促进了我们对传统的教育观念进行反思。正是在这样的思想观念支配下，才产生了建设世界一流大学的设想。换言之，中国特色的大学模式也必须能够培育出世界一流大学，否则就没有意义。

从建设一流大学的动机方面看，情况也是非常复杂的。如前所说，建设世界一流大学首先是民族自尊心的需要。在经过一个多世纪的中华民族耻辱史之后特别需要一个民族强盛的标志。毫无疑问，具有一流的大学是一个国家和民族的骄傲，因为它代表了一个民族已经站在世界学术文化的前沿，具有了为人类文明发展做出贡献的能力，这当然是无比自豪的事情。其次是国际竞争的需要。当今世界是知识经济时代，这个时代的竞争就是高科技竞争，高科技竞争的实质就是人才竞争，人才竞争力需要大学培养，没有一流大学就培养不出一流人才。再次是为了满足人民群众精神文化需求提高的要求。随着国门的开放，国民收入的增长，人们拥有越来越多的机会去国外求学，如果本国具有世界一流大学的话，自然更能够满足人们的愿望。最后是政治的需要。建成世界一流大学就足以证明社会主义制度具有更大的效力，这无疑会证明社会主义制度仍然具有其优越性。如此可以看出，建设世界一流大学的目的是多重的。

但是建设一流大学必须有一个合适的载体，而这一载体就是建立先进的大学制度。这也正是中国国内提出建设现代大学制度的出发点。只有有了先进的大学制度，中国大学模式才有成立的可能，也才可能出现一流大学建设成功的结果。对此，中国国内学术界的分歧就非常严重。在经过二十多年的高等教育改革之后，人们都确信大学必须拥有充分的自主权，教授对大学治理必须有自己的话语权。但人们发现，大学的行动仍然是在执行外在的指令，而没有反映大学内在的要求。这却是让中国学界大惑不解的事情。在这个时候出现了一种声音，即学习美国大学制度，理由是美国是世界上高等教育最发达的国家，拥有世界上最多的一流大学，模仿美国大学建设一流大学的举措应该没有错。这个意见很快就变成了主流意见并在北京大学建校 100 周年时转变为一项政府决策，由此"985 工程"出台了。

显然，这走向了一个误区。这种拿来主义的做法未必适合中国，因为没有考虑到中国的文化背景。这也正是许美德教授提出中国大学模式命题的意义所在。她的命题的更大意义是建立在文化对话的逻辑上，这将是全球化时代大学发展的一个重要命题。

（三）中国大学模式之于个人意味

就我个人而言，我一直非常关注中国大学模式问题。因为我始终觉得，中国高等教育不走自己的路就不能成功，中国大学不独立发展就不可能办出一流水平。但我也发现，我个人的探索力量是非常有限的，必须借助国际的力量才可能使这个研究获得突破。恰巧此时遇到了露丝·海霍教授也在探究中国大学模式问题，这样就使我的探索更具有动力了。

我为什么会对此命题如此着迷呢？我想这或许与自己的中国梦有关吧！作为中国人，尽管对现状有许多批评之处，但出发点是希望它能尽快地变好。作为一名高等教育研究者，我拥有自己的教育理念，也希望把这一理念运用于大学模式的建设上。因为我始终觉得，中国大学只有在成功地解答中国社会发展中的重大问题之后，它才是一流的。这个问题不可能由国外大学来解答，而模仿国外大学也不可能解答，只有面向中国社会发展实际的大学才可能解答。这正是我对中国大学模式的预期。

为此，我觉得中国大学要解答中国社会发展中的实际问题，首先应该向美国大学学习。这里的学习，不是简单的模仿，而应该是对其精神实质的学习。美国大学的精神实质就是社会服务，离开这一点就不是美国大学。只有在掌握美国大学的精神之后，才能实现对美国大学模式的超越，才可能创造出中国大学模式。中国大学受传统体制束缚，不能反映社会的需要，所以中国大学首先应该从社会服务精神方面进行突破。

要想获得这一突破，就必须使大学能够直接反映社会需要，就必须破除行政体制的障碍。集中管理制度，阻碍了大学直接地反映社会需要。那么就必须给大学自治、给学术自由，赋予大学办学自主权；也就必须建立新型的大学与国家的关系、大学与社会的关系、大学与学术的关系，以及大学与学生的关系。这正是现代大学制度的基本点。大学并不必然代表学术，尤其当它成为一个官僚化机构时，它甚至会压抑学术的发展。大学与国家关系的核心就是与政府的关系，其实质就是政府给大学更宽松的发展自由，为了大学能够更主动、更积极地应答社会发展的需求，真正为学生成长提供适宜的发展条件。那么，核心点就是大学真正尊重学术自由，这显然是对大学行政的要求。如果做不到这一点，大学制度就不可能是现代的，就不可能激发教授的创造性，也就不可能培养出一流人才，当然也就无缘于一流大学了。所以，学术自由是现代大学制度的基石。

赋予大学学术自由，恰恰挑战的是传统的集中的大学管理方式，这种管理方式导致了大学越来越像行政衙门，而失去了自主精神、能动精神和创造精神，使大学走入了不切实际的数字化旋涡。大学如何走出这一旋涡，这正是当下问题中最为令人困惑的。

在此时节，许美德教授提出了她的命题，她的命题非常具有启发意义。她的角度非常明确，即她是从文明对话的角度出发的，显然她的视野是国际的、跨文化的，因而也是公允的。她的解释使中国大学模式问题研究进步了许多，因为她为中国大学模式问题研究提供了一个参考框架，可以使我们从许多不必要的争论中解脱出来（这里专指西化论①或美化论②，抑或是国粹派③）。现在难题转变了：中华的文化智慧是什么？我们如何汲取它？这个问题突然又变得复杂了许多。特别是关于中华文化智慧是恒定的还是变化的，是需要恢复还是继续发展，或者说假如还要寻找传统中华文化智慧的话，如何是可能的？这正是问题的症结。

（四）关于文化对话的承担者先设

我们认为，我们必须把文化对话设置成当下的情境，即每个大学都是中华文化的承载者，它们都是中华传统文化的继承者，它们不需要预先赋予什么才具有这样的资格，我们必须把这个资格设置为当然的，否则进行文化对话就没有载体。在这个预先假设中，我们认为传统中华文化是经过改造的，不存在一个标准模式的中华文化，因为文化也是主体人在与环境的互动中创造的，所以我们必须接受当下的中华文化，这个文化与其他地域的中华文化是不同的，它经历了近代中国的改造，经历了新中国历史的改造，经历了改革开放环境的改造，经历了新世纪变化不定的国际形势的改造，这是一个变动中的中华文化，也是真正存在的中华文化，在其他地域所出现的中华文化都只能代表一个局部的中华文化，而无法代表中华文化的主体部分。所以，文化对话也只能从具体大学的办学主体开始。在此基础上我们选择中国大学办学的主要代表者，其一就是"985"大学，其二是中国私立大学，其三是历史上的中国书院，其四是新兴的孔子学院。

---

　　① 西化论指认为西方的一切都是好的，必须全部向西方学习。该论调也被称为全盘西化论。

　　② 美化论即认为美国的是最先进、最发达的，所以一切都应该向美国学习。

　　③ 国粹派认为中国老祖宗的东西才是最好的，所以不必向外国学习。我们之所以落后是因为丢掉了老祖宗的东西，为此就必须把丢失的东西再找回来。

之所以选择"985"大学，这是政府意向中的最好大学，也是民众心目中的最好的中国大学，当然也是被国际上最为承认的最好的中国大学。选择私立大学是因为它代表一种独立的办学力量，也代表一种新的大学机制，因为它是采用市场机制发展起来的，这个类型最有希望发展出有特色的中国大学。书院是代表传统中华文化精神的大学，其中的知识人最能够代表中国士的精神，因为他们是以苍生为己任的，他们都以公共知识分子角色自任的，不同于今天的专业知识分子。可以说这种士的精神仍然在不少当下知识分子的血管中涌动，他们常常遭遇到学术与政治之间争执的困惑。我们经常说，书院虽然成为历史（指兴新学以来书院被废），但书院精神并未磨灭。我们说传统中华文化精神并未消失，只是发生了流变，表现形式不一样了。文明是一种凝结，而文化始终是变化的。孔子学院则是一个新的起点，它代表了中国的语言文化以及将来的中国学术，因为它将向世界展示中国。

在此，我们采用的研究视角是宏观的同时又是个案的。所谓宏观的，是指我们选择的是大学群体，而不是个别大学，因而它们可以代表中国大学的整体形象；所谓个案的，是指我们选择的是不同类别的大学，它们在发展中面临着非常不同的问题。

我们选择的背景主要是当下的历史背景，所选择的大学群体都受到建设高等教育强国的召唤，都有着自己对高等教育强国的解读，都在选择自己的发展模式。"985"大学直接面向的是世界一流大学，私立大学则是直接面向社会需要，孔子学院则面临向世界推介什么。书院则是作为一个历史参考框架出现，因为它也反映了中国大学的一个普遍境遇，即如何处理与政府的关系。

三、关于文化对话的策略

事实上，中国大学在发展过程中不得不面临东西方文明对话的境遇，只是一直还没有实现真正有效的对话。在这一对话过程中，中国大学出现了一味地模仿西方大学模式的倾向，这就丧失了自我主体地位。孔子学院建立，使人们看到中国大学终于站在了主体地位上，但同时似乎又没有实现对话的实质。这就促使我们对中国大学在中西文化对话过程中所处的地位和所发挥的作用进行一下反思性探索，如此可促进关于中国大学模式课题的探讨。

（一）"985"大学如何向美国大学学习——模仿与创制？

在中国，"985"大学无疑代表了当前中国大学的实力[①]，探讨中国大学模式建设，首先要从这些"985"大学的具体作为谈起。但我们不得不说，"985"大学的创建过程其实是模仿西方大学的过程。之所以如此说，就在于国人已经深刻地认识到中国大学的落后，从诺贝尔奖情结到钱学森之问[②]，都在反思为什么中国大学是落后的。不少中国学者希望从世界著名大学的成功经验中获得启示，但他们从研究结果中发现，世界一流大学一般都有巨额的经费支持，大学科系设置是齐全的，它们都属于研究型大学，都有重点研究基地，而且非常注重国际教育等，即所谓充足经费、一流大师、一流学生、一流科研设备和国际视野等最后导致了一流地位。正是这些指标吸引了众多中国大学，最后反映到政府高层，最终就作出了关于建设重点大学的决定，这就是"985工程"的启动。重点大学建设首先就是重点投资，如第一期就分别给北京大学和清华大学投资18亿元人民币，目的就是为了缩短与国外大学在经费上的距离；然后就是合并大学，目的就是为了克服自1952年院系调整后造成的大学科类不齐全的弊端；之后就是扩大研究生教育，目的就是为了提升研究生教育所占的比重，与美国的研究型大学看齐；接着就是建立重点学科、重点实验室和人文社科重点研究基地，目的就是希望建立如国外大学那样的国家重点实验室或研究基地等；加强国际交流与合作，目的就是吸引留学生，增加国际学生的比例。这一系列举动正是

---

① 在"985工程"大学名单中，第一期投资建设的大学有34所，第二期投资建设的有5所，共为39所。参见：高校名单："985工程"大学名单（39所）［EB/OL］.（2011 - 03 - 31）［2011 - 06 - 28］. http://edu. sina. com. cn/gaokao/2011 - 03 - 31/1549290785. shtml.

② "诺贝尔奖情结"指中国人一直期望中国本土大学培养的学者能够获得科学的诺贝尔奖，如此就可以说明中国大学是一流的。"钱学森之问"就更具代表性，因为钱学森是中国科学界的优秀代表，他直接向温家宝总理提出为什么新中国成立这么多年而没有培养出卓越科学家的问题，这个问题确实震人心魄、发人深省，也掀起了社会关于大学去行政化探讨的热潮。

"985"大学建设的逻辑。

当然，许多中国大学已经认识到，上述学习是比较容易的，但并非是西方大学的精髓。因为他们在与西方大学交流中发现，西方大学最具创造力的是其大学教师的评价制度，因为它反映了大学的学术本位精神。然而在这一点的学习上，中国大学触礁了，遇到了传统人事体制的巨大挑战。2003年北京大学开始了大张旗鼓的改革（华伟，许纪霖，2003），不久就销声匿迹了，因为触动了传统大学落后的症结。其他大学也在尝试进行人事制度改革，但都没见多大成效，最后都采取了一个简单化的处理办法，即运用量化管理办法来进行教师评定，显然这并没有触及传统的人事体制不活的本质。可以说，中国大学在学习西方大学过程中还处于简单的模仿阶段（李猛，2003），没有实现与中华文化的有机结合而达到融会贯通的程度。

一个大学只有建立了自己的大学教师评价标准，才能真正体现自己的主体地位。没有独立的学术标准，大学就没有自己的理念，也不可能在人才规格、学生选拔和课程设置上有什么独立主张，那么对于经费使用也没有真正目的。所以，经费的增加并不必然导致一流大学的产生。尽管中国政府赋予了"985"大学许多特权，如自主设立学科、自主评审博士点、自主招生、自主进行课程改革，但由于大学缺乏独立的学术标准，所以这些特权如同虚设。对大学发展具有重大影响的一环是大学领导人的选拔，由于主要领导人是任命制，不能代表学校内部的意志，特别是不能反映教授的意志，这样就使大学始终不能建立起自己的独立学术标准，那么在学术评价上它们就主要依赖外部的评价，如采用课题立项等级、获得奖项高低、发表论文级别等来衡量，而教授委员会在学术评价上并没有发挥出主导作用来。说到底，制约"985"大学发展的，首先是领导人的选择问题，其次是内部的管理制度问题，再次是运行机制问题，最后才是经费问题。也即，如果不能从根本上解决教授参与学校治理问题，其他方面的外科手术作用都是非常有限的。

"985"大学的建设过程也反映了政府在其中的主导作用，因为政府就是工程的组织者、审批者和验收者等。这一建设过程也反映了中国大学的政治生态，即在中国大学发展中，理工科大学仍然扮演着主导性角色。① 同时，这一建设过程也是一个学术政治博弈的过程，其中包括了地方政府与中央政府之间的博弈、区域内部大学之间的博弈，当然也包括大学与政府的博弈。因为能否进入"985"名单，对地方政府和大学本身而言其意义都是非常重大的，其所涉及的不仅仅是经费问题，更重要的是声誉问题。许多大学通过合并、共建等措施，最终进入"985"名单，一下子使经费和声誉都得到了极大提升，从而赢得了很大发展空间。

目前，"985"大学面临的最主要问题是确立自己的学术标准问题，这也是大学独立精神的体现，这一精神不仅是西方大学的精神，也是中国书院已经具有的。大学如果没有自己独立的学术标准，它就不知道自己的办学方向。此时，"985"大学都把自己定位在世界一流，其结果只能是模仿西方大学，如此，最多只能办出二流大学。一流大学必然是开放的，必然是以解决本土社会经济发展需要为旨归的，而这又要求大学必须具有独立思考能力。当大学校长不能反映大学内在意志的话，大学就不会独立思考。所以，大学能否选择一个合适的领导人是关键，而改变选拔体制则是关键中的关键。如果大学领导人只向上负责而不对下负责，政府给再多的自主权、投资再多的钱都可能是无济于事的。

（二）民办大学该如何抉择——产业化还是公益化？

近二十年来，民办大学是中国高等教育发展中最为快速的部分，这不仅表现在其办学数量增加得很快上，而且也表现在其办学层次提升得很快上，特别是相关法律制度也正趋于健全。② 到了 20 世纪末，中国民办本科院校只有 1 所，而到

---

① 985 名单确定过程就是多种政治力量角逐的结果，在这一角逐过程中，工科院校占据了优势地位。如在第一批"985"高校的 9 所大学名单中，2/3 是传统上以工科为主的大学，如清华大学、中国科技大学、上海交通大学、西安交通大学、哈尔滨工业大学、浙江大学。只有 1/3 是传统上以文理为主的综合大学，即北京大学、复旦大学、南京大学。在第二批"985"高校名单确定中，在一定程度上照顾了地域平衡和学科类型，如包括了西部院校、农林院校等，但仍然没有改变以工科高校为主的格局。
② 民办教育法律健全集中体现在《中华人民共和国民办教育促进法》的颁布和实施上。参见：中华人民共和国民办教育促进法 [EB/OL]. (2005 - 07 - 28) [2011 - 10 - 10]. http：//www.gov.cn/test/2005 - 07/28/content_ 17946. htm.

2011年就已经有79所。① 在未来，很可能出现研究型民办大学。到那时，民办高等教育的重要性才能充分体现出来。民办高等教育之所以能够在以公办大学为主体的办学环境下迅速地脱颖而出，关键就在于它拥有一个灵活的办学机制，能够主动地、迅速地、比较准确地反映市场的需求，从而满足了中国社会经济发展对实用人才的需求和广大求学者对高等教育的需求。办学机制的灵活性直接体现在民办大学所设置学科专业一般都是市场热门学科和专业，并按照成本—效益原则配置资源，所以它们聘用了大量的兼职教师和退休教师，实现了低投资高效益的滚动式发展。在民办大学中，其办学者成分也是多元的，有企业家投资办学，有社会贤达人士办学，但更多的则是从高考补习班起家的。它们有一个共同点是创业意识比较强，对市场需求高度敏感，善于运用价格杠杆，采用企业化管理模式，实现了收益和激励的直接连接，所以具有很强的办学活力。

目前，民办大学发展面临的最大困惑就是还没有自己的办学理念，没有形成一个稳固的办学制度，对办学缺乏长远战略，还很难改变初创时期的粗放型发展模式，还不能在营利性和公益性上进行根本性的抉择。可以说，民办大学虽然已经具备了自主办学的能力，但还不具备长远发展的机制，换言之，它们还不能按照大学的精神去办学。如果它们把自己仅仅定位在营利性高等教育机构上，那么它们的前途就是非常有限的。

总体说来，民办高校普遍还没有摆脱"营利第一"思想的困惑。产业化思想与中华传统文化是格格不入的（陈至立，2005），在中华传统文化中，教育是当然的公益事业，所以人们很难接受教育是产业的观念，认为利用教育去赚钱是不道德的。但中国民办高校面临的现实就是，如果不赚钱的话就很难生存。而问题的关键是，如果赚钱后仍然投资办学，社会并不会有什么异议，相反，如果把赚的钱用于置办其他产业的话就不能被社会所接受。换言之，如果办学者不重视投资，只注重回报，则社会舆论是难以接受的。目前，大多数民办大学采取了"低投

---

① 民办高校网. 2011年全国民办本科高校名单（79所）[EB/OL]. (2011 – 06 – 21)[2012 – 09 – 19]. http：//www. chinambedu. com/zsxx/2011/06/102818. html.

入—高回报"模式，这对于它们建立自己的声誉、提高办学质量形成了致命的影响。这也决定了其办学定位容易选择走轻型化路线，即以应用性文科作为自己的成长方向，以便于进行快速的资本积累。这一发展方向虽然有"上手快"的优势，但同时也存在难以形成学科积累的缺陷。在其快速发展的过程中，其用人制度灵活也有其负作用，即很难建成一支稳定的教师队伍，因为教师以兼职为主。兼职教师则一般依托于邻近的公办高校，包括在学的研究生和退休的教师等。所以，在公办高校发达的地区其民办高校相对也发达些，这是一种奇特的伴生现象和互补现象，① 但同时这也是民办高校先天不足的表现，因为它们尽管节省了教师投资成本，但却难以改变其寄生的命运，从而就很难建设成自己的特色。

　　与中国的民办企业一样，民办高校当前面临的最大问题就是它们所采用的家族式管理方式，即举办人偏向于任用自己家属成员掌握学校的财政大权和运行命脉，而非聘用专业人员来主持学校运转大计。这决定了它们在办学决策方面是短视的。虽然它们在教务方面聘请了一些专业人士协助，但决策权仍然掌握在举办人手中。② 所以其财务政策往往是不透明的，其办学收入与企业收入常常是混合在一起的，这样影响了其办学声誉。

　　由于民办大学所走的是一条以市场为导向的发展路线，所以学费收入是其生命线，招生是其第一大要务。要招生成功，就必须设置市场流行的专业，以就业前景吸引生源，而且学费又不能太高。所以，它们在发展策略上一般采取外延式路线，即通过规模扩张来获得效益。总体说来，它们较缺乏长远办学理念，不是通过提高质量、赢得声誉、提高服务档次、提高收费路线来发展。③ 由于民办高校的扩张欲望非常强，所以民办高校招生名额仍然是属于计划管理的。很难设想，一旦放开招生控制将是什么情形。因此，获得招生指标、招徕学生是其办学成功

---

① 在中国民办高等教育发展过程中出现了著名的陕西现象、江西现象和河南现象，这些地区大多经济不发达，而教育相当发达。这三者中除陕西公办教育比较发达外，江西和河南的公办教育也较发达，所以就出现了教育与经济互补、公办与民办互补的奇特景象。
② 民办高校举办人会出任董事长及兼任校长，董事会核心成员也往往由其嫡系亲属担任。
③ "外延式发展"指单位成本相对固定，然后通过规模扩张降低成本来提高效益。"内涵式发展"则是通过提高质量和增加投入及优化服务并适度提高价格来赢得市场。

的关键。全员招生几乎是所有民办高校共同的法宝。①

由于民办高校办学历史普遍比较短，所以目前民办高校主体定位在高职层次。② 实事求是地说，高职层次是最能够检验民办高校办学质量的一个层次，这使得民办高校能够面对市场需要设置专业，与相关的产业建立合作关系，从而能够培养出适应市场需要的人才。总体说来，用市场来检验民办高校的成败可以说是一个比较有效的方法。

独立学院是一个畸形儿③，因为它既不是纯粹的民办大学，也不是纯粹的私立大学，而是一种由公办大学举办的民营学院，故而它能够享受双重体制的优越性。如在专业设置上它可以完全依照市场的需求进行，在收费上可以比民办学院高得多的价格进行竞争④，而在招生上它可以依附公办大学的无形资产，在管理上则由母体大学派出。所以它变成了高校中一个新阶层。在招生上它的地位比一般的民办学院要好，甚至比一般的公办大学要好。⑤

目前人们普遍认为，民办高校发展快接近了一个临界点⑥，原因就在于民办学校的规模扩张已经达到了极限，如果要进一步发展就必须通过竞争来获得生源，当然这个竞争主要是依靠质量而不是依靠价格，因为价格升降空间相对有限，而质量上升空间则是无限的。要做到这一点，就要求民办高校办学行为进一步规范起来，不然就很难获得一个比较理想的效果。而要提高质量就必须遏制其追求利

---

① "全员招生"指几乎每一个民办高校的工作人员都负有招生的义务，学院举办者通过激励政策来鼓励每一个工作人员参与招生。

② 一种意见认为，民办学校举办高职是一种制度安排，笔者不同意这种说法，但认为其起点定位于高职对其是非常有利的，因为这样更能够通过市场认证，而不是传统的官方认证。

③ 一般认为独立学院多数并没有做到真正的独立，而仍然是公办大学的校中校，兼具有民办和公办双重属性。从传统的观点看，这种非公非私导致不公平竞争的办学是一种畸形状态。

④ 目前虽无确切数字证明，但一般认为独立学院的学费价格高于民办高校的 $1/3 - 1/2$。

⑤ 大家普遍认为，绝大多数 "985" 大学所举办的独立学院，其招生质量是在 "一本" （一般指 "985" 大学和部分 "211" 大学的本科）与 "二本" （指地方重点建设的大学本科）之间，远远高于所划定的 "三本" （包括新建本科学院、独立学院和民办大学的本科）分数线。

⑥ 这个临界点指的是民办高校正面临着质量或是数量的抉择，如果不能合理地抉择，其结果可能是灾难性的。可以设想，如果民办高校只顾扩张而不顾质量的话，就会面临被市场淘汰的危险，因为市场竞争最终的决定因素是质量。

润的强烈冲动，下大力气进行教学投入，真正尊重教师的劳动，建立一支比较稳定的教师队伍，使教师能够敬业乐群，而不是主要靠招募退休人员或使用一些在学研究生以榨取其廉价的劳动力。国际私立高等教育发展历史表明，真正能够办成一流大学的都是以非营利原则作为自己的基本要求，而时刻以利润为中心进行经营的话，只能以一种营利性机构的面貌出现。这一点也正是中国民办高等教育发展的瓶颈所在。

（三）书院向我们揭示什么——批判还是合作？

书院在中华文化发展史上特别是学术发展上占据非常重要的地位，可以说，宋明理学的出现主要是在书院的环境下产生的。宋明理学代表中国学术发展的一个高峰时代。书院制度为我们留下了许多重要的文化遗产，其中最重要的遗产当属盛行一时的自由讲学制度。此时书院开始摒弃教条式的背诵记录的学习方式，讲求通过格物致知和反躬自省进行探求学问的方法，并采用名师会讲制度来探讨学术，这成为中国学术发展史上的一大盛事，最著名的案例就是鹅湖会。① 在这一时期，游学制度也比较盛行，这促进了不同思想的学术交流，也促进了学术走向综合和提升。这一制度之所以能够出现，客观上是与当时官方无力发展学术有关，主观上是由于当时政府采取了比较开明的政治态度。在学术发展上似乎存在这样一个规律：凡是在政府控制越宽松的时代，学术就越容易发展。② 也就是说，政府与大学之间的关系始终是学术发展第一位的关系。

进一步分析就可以看出，书院学术思想之所以能够比较自由地发展，也与其拥有一个自给自足的经济环境有关。首先，书院多居于偏僻的地理位置，这就为政府的实际控制造成了困难；其次，书院拥有自己的田产可以在经济上自足，从

---

① 鹅湖会是中国南宋时期著名理学家陆九渊与朱熹在鹅湖举行的一场学术辩论，是主张格物致知的朱子学派与主张反躬自省的心学派之间的争执，此会对后期理学发展产生了重要的影响。（请参考"鹅湖会"：http://baike.baidu.com/view/248195.htm）

② 如在中国先秦时期出现了百家争鸣盛况，并出现稷下学宫的学术争论场所；另一个比较著名的案例就是宋明理学形成。这些学术发达都是政治控制比较松懈所致。

而能够产生相对独立的思想；再次，书院拥有一些专心于学术的名家，他们把学术传承发展作为自己的志业，这是学术思想得以发展的内部条件；最后，他们远离世俗喧嚣，也容易促进学术探究专心致志（邓红波，2007）。可以看出，书院制度向我们揭示，学术发展需要与政治保持适当的距离，也需要与市场保持一定的距离，同时还必须有大师身体力行的示范作用，特别要有经济上的自立能力。在书院发展后期，由于书院与政治关系过分紧密而造成了一种紧张关系，从而带来了政治干预和书院的灾难。历史上几次书院被毁多是因为过度涉入政治造成的。[①]

客观地说，学术完全地脱离政治也是不可能的，但在一定条件下可以做到相对独立。如果学术依附于政治或过分地干预政治，都会导致学术发展的灾难。中国之所以没有形成专门的学术职业，一方面是受传统的学而优则仕思想影响的缘故，另一方面则是由于学术没有建立一个独立表达机制的结果，这个独立的表达机制就是要使学术与政治保持适度的距离。早期书院因为运用地理空间的阻隔和经济上的独立才较好地保持了这种距离，一旦其失去了这种地理上的阻隔和经济上的独立，要想保持学术自由就困难得多了。

在今天，要想使大学与政治保持地理上距离的可能性几乎不存在了，因为现时代是信息化时代。不过，地理上的距离在现时代仍然具有躲避市场尘嚣诱惑的作用。同时，也可以利用地理上的距离和信息上的不对称使自身学术思想上保持较大的独立。换言之，地理距离仍然具有现实意义。但大学要保持经济上的独立就困难了。可以说，在今天，大学离开国家的经济支持几乎是不可想象的。因此，最关键的仍然是建立一个政府与大学关系的合理制度，并通过法律文本加以强化，这样才能使大学较自由地进行学术创造。

（四）孔子学院的前景——从合作办学到文明对话？

应该说，孔子学院的举办不仅是中外文化交流中的一件大事，而且也是中国高等教育发展中的一件大事（韩映雄，石梅，2010），因为它的出现具有划时代的

---

① 如历史上最著名的毁书院一案就是明末的东林党案，该案导致天下书院被毁。

历史意义。可以这样说，孔子学院的创办标志着中国高等教育发展由过去的单边"引进"转向了双向的"互动"。近代以来，中国一直在"引进"国外大学模式，无论是德国的、美国的还是苏联的，始终没有打出中国自己的品牌，而孔子学院的创办则是一种地道的中国品牌，尽管还不能称为一种中国大学模式，但它确实使人们看到中国大学模式的曙光。我们知道，孔子学院是以推介中华文化为宗旨的，孔子就是中华文化的一个重要象征，所以孔子学院在某种意义上就代表中国大学。当然，孔子学院与实质上的中国大学还有很大距离，孔子学院充其量只是中国大学对外交流合作的一个窗口而已。因为在目前阶段，孔子学院仍然是以语言文化学习为主，还不是真正的专业教育，这虽然能够促进世界更好地了解中国，但它确实无法反映中国大学的学术水平以及中国大学的实际运作状态。

　　当然，孔子学院最引人注目之处并不是它目前的教学内容或课程设置，而是它的办学模式，即它不是直接由中国政府举办，而是依托于国内各著名大学举办，并采取与国外大学进行合作的形式进行办学，这无疑是一种办学模式的创新，这一点正是许多比较教育学者所津津乐道的（王洪才，2010b）。

　　实事求是地讲，中外合作办学的历史并不短，但并没有持续下来。① 直到21世纪初中国才正式出台《中外合作办学条例》。② 在21世纪之初，为了适应中国加入WTO后的形势要求，中国明显地加快了中外合作办学进程，出现了多种合作办学类型。除20世纪80年代出现的一批合作的硕士教育项目外，后来扩展本科层次合作和博士层次合作，直到2000年之后国外大学开始直接在中国设立分校。但不管是哪种形式的合作，都是以国外大学为主，国内大学只是提供一些辅助条件，包括提供场地、组织生源和协调课程及部分师资安排等。当然，合作办学的目的也是非常复杂的，除国内大学希望与国外大学增加国际合作交往和学习国外大学经验的目的外，还有另一个重要目的就是创收。最早的合作如南京大学和霍

---

　　① 如清朝时期就有中西合办的上海格致书院。民国期间则有一批教会大学和其他形式的中外合作办学，但这些中外合作办学随着新中国成立而被取缔。

　　② 《中华人民共和国中外合作办学条例》．http：//www. gov. cn/gongbao/content/2003/content_62030. htm.

普金斯大学合作的研究生教育①，较早的是许多大学与国外大学合作的 MBA 教育②以及适应国内留学潮而设置国外大学预科教育，近期的则如浙江万里学院与英国诺丁汉大学合作举办的宁波诺丁汉大学③及西安交通大学与英国利物浦大学在苏州建立的利物浦大学分校。④ 可以说，这些合作形式几乎都是国外大学在中国进行的推广教育，即直接输入国外大学模式，采用国外大学的课程、教师和考评制度，颁发国外大学学位。由于这种教育总体上属于高消费教育，所以其影响面有限。但这些合作形式仍然对中外文化交流和中国大学向国外大学模式学习产生了积极作用。

相反，孔子学院模式则要求办学者主动出击，即必须主动地适应学校当地的办学制度要求，这就要求必须从思想观念上进行一次根本性的转变。所以主客易位会导致非常明显的不同后果。这就是一个主动学习的过程，不然就无法适应当地环境，也就难以扎根下来。因而在举办孔子学院过程中，中国的办学者就必须以极大的开放心态来接受新鲜的事物，适应、接纳和应用当地大学的办学模式来创造新的大学办学模式，这一办学创造过程其实就是一个中外文化特别是中西文化对话过程，这大概是最能够激发露丝·海霍关于中国大学模式命题猜想的最具有想象力部分。

可以设想，在未来，孔子学院还将把更多的中华传统文化介绍给国外，特别是将自己最具有特色的专业介绍到国外，这样的话，孔子学院就能够逐渐地反映出中国大学的实际办学水平，并且使中国本土产生的学术思想在国际视野下接受检验，从而进一步提升中国学术的国际影响力。如此才能达到有效的交流和对话

---

① "南京大学—约翰斯·霍普金斯大学中美文化研究中心简介"，http：//zmzx. nju. edu. cn/ZhongMei/page/main96/ListInfo. aspx？columnId＝206.

② 如 1994 年中国与欧盟建立的"中欧国际工商学院"就是一例，之后该学院由上海交通大学具体承办。参见：http：//baike. baidu. com/view/468450. htm.

③ 浙江万里学院与英国诺丁汉大学合作举办的宁波诺丁汉大学，参见：宁波诺丁汉大学，http：//baike. baidu. com/view/112331. htm.

④ 西安交通大学与英国利物浦大学在苏州建立的利物浦大学分校，参见：西交利物浦大学，http：//baike. baidu. com/view/892706. htm.

并提升合作水平。当然，其中最重要的对话伙伴来自以美国为首的西方大学，这样我们才能以新的姿态来审视美国大学模式。

四、结论：止于现代大学制度建设？

我们认为，无论是孔子学院还是"985"大学，或是民办大学，抑或是中国古代书院，尽管它们都充满了中华文化元素，但都无法独立生长出真正具有中国特色的大学模式。因为它们并没有吸收西方大学模式的精髓——学术为本和价值中立。因此，未来中国大学模式建设必然要融西方大学制度的精华与中华文明精神为一体。它首先要确立学术本位的价值观，没有这一点，就不是真正意义上的大学。学术本位，是西方大学模式的核心价值所在，由此才产生了学术自由、大学自治思想，以及与之相辅相成的价值中立原则。中国的"985"大学，虽然体现了中华传统文化中的政府主导地位，但它没有扎根于学术为本的基础上，这样政府主导作用就容易落空。中国的民办大学虽然成功地将市场因素纳入大学办学过程中，承认了学生主体选择的作用，但也没有把学术作为根本，这就影响到它的发展前途。中国古代书院虽然具有强烈的学术自由观念，但由于没有坚持"价值中立"原则，结果在处理学术与政治的关系过程中遭遇到灭顶之灾。孔子学院的举办，虽然开放了向西方大学模式学习的有力窗口，但由于其办学层次仅仅处于语言文化推广阶段，还没有涉及学术活动的核心，故而还没有涉及价值观调整的命题。这一切都说明，中国特色的大学模式构建，首先要处理大学与政府的关系，探讨如何具体实践学术本位的策略。这正是中国学术界所非常关心的现代大学制度建设问题。换言之，现代大学制度建设也正是要回答中国大学模式如何构建的问题。

中国大学模式构建，所有的问题都集中到一点，就是大学领导人的产生方法问题。可以设想，如果大学领导人由教授推选产生，大学领导人当然要向教授们负责，而不只是对上负责，如此就可以实现学术本位和政府主导的双重目的；如果不考虑教授意愿的话，大学领导人就会以行政意志代替大学意志，今日中国大学的行政化现象就是由这个选拔体制造成的。进而言之，也只有这个体制改变了，才能改变大学内部的管理制度，才能真正实现学术为本和教授治校。以学术为本，就意味着必须尊重教授的学术创造自由，不能进行过多的行政干预。一句话，大学教授的行为必须是独立的，必须允许其依靠学术的良知来抉择自己的学术行为，大学的管理者就应该尊重他们的选择并为实现其选择提供适宜的条件。当然，大学教授的学术自由是以学术自律为条件的，这就是要保持价值中立，不能受市场诱惑和官场诱惑而改变自己对学术的忠诚。没有学术自律，学术自由是不可靠的，学术为本就是不可能的。

因此，露丝·海霍教授提出了一个非常正确的判断，即中国大学模式建设必定是基于中西文明的对话。是的，在全球化的今天，中国大学模式建设不可能置国际上流行的大学模式而不顾，也不可能不结合自己的文化特色进行解读，同时又不可能不根据自己的实际需要进行改造，而这个改造工作正是一个创造过程。试图建立一个纯然的中国大学模式是不恰当的，当然完全照搬西方大学模式也是没有出路的，只有结合自己的需要进行创造才是唯一的出路。而问题的根本就在于首先要认识自己真正的需要。传统的体制导致了大学行政化，学术创造性遭受压抑，为此必须从行政主宰的牢笼中解放出来，用学术本位的力量与行政主导的力量进行平衡。显然，否定行政主导作用是不合时宜的，那或许只能像中国古代书院那样获得暂时发展而无法获得持久发展。书院制度告诉我们，中华文化中并不缺乏学术自由表达愿望，但缺乏自我约束机制，这正是我们在学习西方大学制度中需要创造性解答的课题。

所以，只要我们坚持改革开放路线，真正学习西方大学制度的精髓，建立起大学发展的自我约束机制，使政府既能给大学充分的经费同时又赋予更多的学术自由，这样中国大学将表现出巨大的创造力，一个中国特色的大学模式也将出现。必须指出，这一过程是漫长的，不可能在朝夕间完成，为此我们必须具有耐心和智慧，从而为中国大学模式建设留下足够的探索时间。一旦我们克服了急功近利思想的驱使，一个卓越的中国大学群体就将出现。中华民族是富有创造力的民族，但这个创造必须是在自觉的环境下产生，不可能产生于浮躁的环境中。因此，摒除急功近利思想是当前中国大学模式建设的第一要务。

第四节　现代大学制度构建的基本思路①

在经过三十多年高等教育改革实践后，我国高等教育体制改革取得了很大成绩，但从总体上说，高等教育制度还没有完全脱去计划体制特征，还不能适应高等教育飞速发展的形势，这客观地要求高等教育改革在观念上有新的突破、在制度上有新的创新，建立一个与我国市场经济地位相适应的高等教育运行秩序，形成一个具有竞争活力的办学体制，适应大众化时代的教育要求。而这一切要求我们必须重新思考高等教育运行的基础——政府与大学、大学与社会和社会与政府之间及大学与受教育者的关系。

具体而言，高等教育制度创新要求我们对传统的政府与社会的关系、政府与大学的关系和大学与社会的关系进行调整。因此，高等教育制度创新首先应该确立政府与社会的关系，这是规范政府职能、促进政府职能转变的基础；其次是确立政府与大学的关系，这是确立所有权与办学权的关系的基础；再次是确立大学与社会的关系，这是确立大学与受教育者关系的基础。我们认为，教育制度创新的核心理念是确立"平权关系"的优先地位，取代传统的"垂直关系"的统治地位。按照这一思路，高等教育制度的基本模型是：以"大社会、小政府"观念来构建新的大学治理模式；以明晰所有权与办学权的关系树立新型大学观念；以政府职能转变来促进大学管理专业化和实行分级管理模式；以受教育者的选择作为促进办学效益提高的机制，从而实现对传统教育运行体制的整体性改造。

一、确立"小政府、大社会"的大学治理理念

在传统的体制下，人们下意识地将国家与政府等同，政府又与社会等同。这是高度集中的计划体制的运作基础，这种体制就是所谓的"大一统"模式。随着我国经济制度和政治制度改革的不断深入，人们在意识上已开始把国家与政府分

---

① 本文原发表在《清华大学教育研究》2003 年第 6 期，收录在本书时作了重大修订。

离开来，政府又同社会分离开来。事实上，传统的等同结果是高度集权，缺乏有效制衡，运行机制僵化，官僚主义盛行。这与市场经济对公平与效率的要求显然是不相适应的。现在人们已经十分明确：政府仅是国家的行政机构，"政府"与"社会"不能等同。三者之间有联系，但也有很大的区别。在计划经济条件下，政府扮演"全能"的角色，从历史经验看，这种"全能"是一种假想，因为社会生活纷繁复杂，政府不可能事事顾及。在走向市场经济的今天，人们已经从"全能政府"的假想中走出，开始接受"有限政府"，即并非政府职能越大就越好，政府的权限与职能应该适度。人们认识到政府的职能主要是保证社会政治经济生活的安全，建立一个高效有活力的运行秩序，并充当安全的保证人。对于社会能够自治的事情，应该交给社会自己办理，社会自己办理的事情一般是比较有效的，而政府不适当的干预会降低运行的效率。在我国，"政企分开""简政放权""转变政府职能"和"依法行政"都是"有限政府"思想的体现。我国海南和深圳等经济特区提出了"小政府、大社会"的改革思路（王玉凯，1998）[182]，这种思路也适用于教育。所谓"小政府"，就是指政府的权力要尽可能地小，只局限于它应当承担责任所必需的权力上。权力过大容易失去制约，容易发生滥用。所谓"大社会"，是指社会能够自治自理的事情要尽可能地调动社会的力量来办理，政府不要横加干预。① 可以说，我国行政制度改革基本上也是遵循"小政府、大社会"这一思路进行的。

"小政府、大社会"的思路在高等教育上的体现应该是，政府转变角色和职能，从单纯的指挥命令型向服务型转变，由无所不包向重点管理转变，把社会能够办的并能够办好的事务交由社会来办理。比如政府无法办好庞大规模的学校，就应该交由社会力量来办，政府没有能力管好的学校也可以交由社会来管理。政

---

① 关于"小政府、大社会"有不同的注解。在海南特区的"小政府、大社会"中，"小政府"是指改变政府传统的高度集中管理模式，精减人员，改变微观管理为宏观管理，变行政命令职能为服务、监督、指导和协调的功能；"大社会"是把大量的社会事务、经济事务交给社会及其中介组织，实行社会的自主、自治、自我管理。实现"小政府"的小，必须是转变政府职能，下放权力；实现"大社会"的大，必须是市场的大、企业的大。参见：王玉凯. 中国行政制度改革20年 [M]. 郑州：中州古籍出版社，1998：182.

府也应该把管理的重点从微观管理向宏观方向转移。政府管得太多，没有充分发挥社会力量在办高等教育和办学方面的潜力是传统高等教育体制的突出弊端。

如何从现代高等教育制度构建的角度出发进行"小政府、大社会"设计呢？我们认为首先一点是赋予公民个人以高等教育权利主体的地位。具体体现在要赋予受教育者以充分的学习自由权利，并完善实施学习自由的途径。赋予受教育者学习选择权利就是在肯定每个公民有受到良好教育的权利，政府的使命是要提供这方面的服务，同时避免使"不良的"教育活动受到事实上的保护，并要充分调动社会力量办学的积极性。

在明确了受教育者的学习自由权之际，就要求政府重新界定自己的角色，即将一部分办学权能下放到社会。承认受教育者的选择权，也即承认高等教育市场的存在。① 如果不承认高等教育市场实质上在起作用，那么受教育者的学习自由权就被否定了。否定了受教育者的学习自由权利，也就相应地限制了与受教育者直接相连的社会力量在投资办学和参与学校管理中的积极性，那么落后低质的教育活动也就受到了事实上的保护。所以，从根上说，现代高等教育制度构建是应该重新规范政府与社会的各自角色，从法理上界定受教育者权利，使他们的利益受到切实的保护。

二、实施所有权与办学权分离，奠定现代大学制度的运行基础

"所有权"概念在民法学上有明确的定义，它是占有权、使用权、受益权和处分权的统一。这一概念是否适用于高等教育呢？如果它可以运用于高等教育上，那么私人投资教育则具有全权的处分权，如随时收回投资，那么相连带的就损害了那些受教育者的利益。而对于公办教育部分，由于没有明确的"所有人"，就无人对财产尽到"善良管理"之责，那么国家资产就处于实质上的不受保护的地位，进而也就难免国家资产的流失。不少学校出现"巨贪"就说明了国家资财处于极

---

① 教育市场是一个多层次的市场，由办学市场、生源市场、师资市场、教育经费市场和相连的人才市场（特别是毕业生走向就业的人才市场）构成。参见：王洪才. 论教育市场 [J]. 高教与人才.1993（1）：1-6.

不安全的状态（沉冰，2010）。如此说明了公办教育的资产实际成了"无主"所有物了，那些占据权力地位的人可以肆意侵吞。看来教育所有权概念不能使用民法上的解释。

在教育上，所有权必须有新的诠释。教育财产的所有权既不能归个人，也不能归团体，只能够归于一个唯一的实体——国家。只有国家才有全面的占有、使用、收益和处分权。当自然的资财一旦转化为教育的资产，所有的投资者都将失去对它的直接支配权，即无权进行随意的处分。一切对它的使用必须按国家的法律规定进行。而这部分资财是由专业的管理机关进行授权管理，必须定期地接受审计监督，说明财产的用项和效果。而直接的办学者与资财的使用权是脱离的，他对财产的用益必须经过专门的管理机关审批，即不掌握直接的财权。过去，在办学权上的放权将资产的处分权也交给办学者，形成了权力的集中和滥用，失去了监督和有效制约。办学者不应该具有直接的搜集资财的权力，这样他就可能出现"营利"情况，而且主要为个人牟利，而不是为学校。因此，我们对所有权进行双重注释：一是指教育主权，这毫无疑义是指国家。国家通过设立专门的国家机关代表国家行使。二是指财产权，指办学中所涉及的资产流动变更，是有限的财产权，不是所有权，也即不具有全权的处分权。它成为经济上的所有权是有时段限制的，即只有当学校法人消失时，这部分财产才变成完全的财产权。而对这部分财产的处分也是按照协议规定或法律程序来进行分割的。

这就意味着，具体的办学者或直接的出资者从学校成为法人之日起，就已经不具有对财产的占有权了，它只尽善良看护之义务，保证资产不产生危机。办学权，是指团体或公民是否拥有办学的资格或权利。无疑，办学资格的获得必须经过法律的认定，经过专门管理机关的审批，并按法律规定程序进行登记，还必须定期地接受管理机关的检查和复验。这种法律程序的设置是为了保护教育资产的运行安全，是为了保护社会利益，特别是保护受教育者的利益不受到非法侵害。

所有权产生了国家指定机关对办学者的管理权力，它们也负有对具体办学者资格合法性审查、监督之义务，还要为办学者提供咨询和相应的服务。办学者则有要求管理机关对被审查的结果进行详细解释说明的权利，也同时负有提供详尽真实资料的义务。国家管理机关对办学者审查和监督主要包括两方面：业务管理和财产管理。业务管理就是对其提供的教育质量进行评价，检查办学者是否已经达到了学校设立时所承诺的办学水准。财产管理则是监督教育资产的流向，办学中的安全性如何，是否在法律规定的范围内使用教育的资产。所有权与办学权的分离是现代教育制度的基本内容。

现代高等教育制度的核心是建立现代大学管理制度。现代大学管理制度的核心内容是实现大学的产权与管理权分离，实行大学的专业化和科学化管理，否定单纯运用行政命令的管理方式。而且大学产权与管理权的分离是运用专家进行管理的先决条件，它们的分离使一方面专注于资产管理，另一方面专注于学校教育教学的具体管理，使各种管理发挥各自专业管理的优长，使资产得到高效运作，使大学内部得到有效的激励刺激，发挥出教育教学的主动性和能动性来。同时，它要求大学内部的管理专门化，将管理人员由传统的行政任命制改由公开的招聘制来构建，把管理职责职能与行政系列分开，实行技术等级制，由其管理绩效决定技术等级。以此来杜绝论资排辈现象，提高大学管理的效能。因而，现代大学管理制度的一个根本点是大学实行自主管理，如此才能实行更科学、更合理、更规范化的管理（王志平，王洪才，1999）[58]。

所有权（指财产权）与办学权的划分不仅适用于社会力量办学部分，也同样适用于公办教育部分。现在的公办大学所有权与办学权是同一的，所以弊端很多。"……我们认为对所有学校，都应该给以相应的独立经营权，使其形成节约成本、提高效益的自觉性。这种经营权的赋予应该作为办学制度改革的重要内容。国办学校无论是哪一种情况，都呼唤所有权与办学权的分离，都要求学校的实际运营状况与办学者的自己利益和其自己的责任挂起钩来。当然，办学权与所有权脱离的前提是国家增加了对学校的监控力度，能够对学校的运作状况进行有效的调控。"（王志平，王洪才，1999）[54-56]

在传统的制度下，政府既是公办教育的主要投资者，也是所有权的拥有人，按道理讲应该最能够维护国家的利益。事实不然。当政府完成了投资任务后，办学权就"虚置"了，实际上是把办学权让渡给了政府所任命的大学行政首脑。当他们的事权与财权统一时既可能办好学校，也可能滥用权力将大学搞糟。因此，从制度创新的角度看，必须将办学权从所有权中分离出来，变成一种实在的、能够负责任的权利，收回附加在具体的大学首脑身上的财产用益权，从而建立一种比较规范的办学经营模式。这就涉及大学与政府关系的调整。

三、重新界定政府与大学的角色，创建一种平等契约关系

政府与大学关系问题是现代大学制度构建中思考的一个中心问题。传统大学制度在政府与大学的角色关系之间存在不同程度的混淆，即政府在职能上将大学应该具有的权能包揽过去了，而大学失去应有的自主权，那么学校成为政府的派生物。这种政府与大学之间的关系主要是一种"纵向关系"，不适合于大学成为独立法人、在办学市场上独立作为。所以，处理政府与大学关系的第一步是实现政府与大学分离，在政府与大学的职能和权限之间进行一个比较明确的划界。具体而言，就是要转变政府的职能，给大学以充分的办学自主权。

政府与大学的分离不仅是为了使公办教育部分的学校拥有充分的办学自主权的需要，而且是实现办学多元化、构建具有公平竞争的高等教育市场的必需。我们知道，在市场活动中，所有的参与者在地位上是平等的契约关系，不是行政性的上下级关系，也不存在具有特殊身份的办学主体，因为一旦出现不平等的参与者，那么市场公平竞争的秩序就要被打破，如可能出现"垄断""不正当牟利"，就会阻碍市场的正常运转，那么市场的信号机制就会失灵，市场的自发调节的基本功能就不能实现，其后果是将真正有实力的竞争者逐出市场，而没有实力者受到了不当保护。在高等教育市场中，各办学主体的地位必须是平等的，他们都必须依靠自己的实力，即自己具有的师资优势、自己对办学方向的正确把握、自己培养高质量高素质的人才来赢得自己的地位，他们的地位不应该来自行政的"册封"，不应该来自所谓的政策"偏斜"。

在多元办学存在的形势下，如果政府与大学的角色和功能不分，容易出现执法中的"偏袒"现象，这就是"裁判"与"参赛者"角色的混同。在这种情况

下，"比赛"成绩是令人怀疑的，那么就不能使"竞赛"在高水平的状态下进行，当然也就无法选拔出高水平的"运动员"来。而受害的是"比赛"的形象，更大的受害者是"观众"，最大的受害者是代表人民利益的国家，它的权威形象在受到"质疑"。贻害无穷的则是人们对"比赛"标准的困惑，人们不知道努力和"训练"的方向，如此就产生了秩序的混乱。得益者可能暂时是那些被偏袒的"运动员"，更大的得益者是"裁判"，因为他们是"贿赂"的对象。这样"比赛"必然是"闹剧"一场。大学评估中的混乱现象在一定程度上说明了这个问题。

政府与大学的角色不清，所导致的直接后果不仅是教育质量得不到提高，更重要的是抑制了社会力量投资办学的积极性，受害的是受教育者、是社会，导致国家的教育发展速度缓慢，国民素质不能得到真正的提高。一旦有"倾斜"政策出现，即使在公办学校内部也会出现不平衡，这自然会助长官员们凭自己"感情"办事，凭自己的喜好来解释法律的规定，并随着政策的偏向使大学中的"两极分化"现象更加剧烈、更为明显。

传统上国家的监督权与办学权是合一的，它强化了国家的"父爱"形象，进而失于严格管理和严格约束，其结果不免是各大学依靠原先的优势，各自寻找机会，就出现了强弱分化之势。而大学的强弱不同就造成了学生受教育机会的不同。在高考压力的驱动下，家长自然会选择那些名牌大学和热门专业。如此，社会对那些热门专业和名牌大学的竞争便出现了。独立学院和中外合作举办的大学也就应运而生了。这种新类型的大学的出现，暴露了传统高等教育体制的不足，呼唤国家办学制度尽快改革（王志平，王洪才，1999）[54-55]。

实行"校政分离"就是要政府管"政"，学校管"学"，这就要求政府把传统的难以管好的资产管理委托给专业的资产管理机构如教育投资银行来进行。

高等教育投资银行是指由国家设立专门的高等教育专业投资银行进行高等教育投资和资产管理，改变传统的直接投资和国家拨款形式。专业银行负责对教育资产保值、融资、资产评估、教育投资设保等方面的业务，将国家对教育投资使用的监督职能接受过来，防止在教育资产、产权变更中发生国有资产的流失，促进高等教育投资效益的提高，克服多年来高等教育投资不讲效益的局面。此外，它还可以为高等教育发展融资，接受私人的投资委托，负责对民办高等教育投资使用的状况进行评估和监管，从而维护高等教育活动的公平性。

现在的高等教育行政部门虽然也进行如审批、审计等资财管理，但很难说是专业的，对资产也不能实现全程监控，操作上也是不规范的，效率上也是很低的。这种管理很难及时发现学校资产出现重大的漏洞和流失。高等学校里"巨贪"的出现反映了这种情况。弥补这方面不足的措施就是实行"委托办学"和进行专业化管理。还可以借鉴一些民办学校管理的办法，如浙江进行的股份制办学实践等。①

股份制是公认的现代企业制度。股份制的经验也可以用于高等教育发展。我们认为，高等教育实行股份制不仅是为了高等教育发展募集资金，而且也是为了建立一种教育发展的监控机制。一般而言，私立学校的校产多数为个体的或某一组织的，资产的性质往往代表了资产所有人的办学意志，这一意志既可能使学校兴，也可能使学校衰。如果采用股份制则可以使决策更为民主化和科学化，从而可抵御办学市场的风险，也有利于民办高校的健康发展。股份制还有利于私立高校实行专家治校，按教育规律要求进行教育活动安排。所以，股份制最重要的作用是有利于学校管理的现代化。它的优势是容易将所有权与办学权分开，实行专业化管理，使学校运作规范化，避免过分的利益驱动和不科学决策，避免教育资产流失。

因此，对于公办教育，政府不仅要从具体的办学活动中分离出来，还要从单纯的教育经费的划拨角色中分化出来，要用教育投资者的眼光来看待自己的经费划拨，要采取适当的机制来尽到对教育资产有效看护的责任。

四、明晰各级政府的能级，完善高等教育管理的"科层制"

各级政府之间的关系划分也是高等教育制度构建中的一个重大话题。政府间

---

① 我国广东、珠海、浙江一些地方开始了股份制办学实验，如浙江台州市"书生教育实业有限公司"就是其中一例。参见：黄碧水．浙江椒江出现"混合所有制学校"［EB/OL］．（2003－11－24）［2004－01－01］．http：//learning．sohu．com/2003/11/24/11/article215971153．shtml．

相互职能不清，会造成责任不明确，那么不负责任的情况就可能发生，官僚主义病就可能发作，就会出现如帕金森定律描述的情况。① 在现代高等教育制度构建的构想中，区别各级政府之间的关系、明晰各自的责任就是一个考虑的重心。

　　各级政府对高等教育管理权限的划分，是教育管理制度讨论的核心内容。管理制度的中心问题是处理中央和地方的关系问题。根据"科层制"原则，② 权力必须进行一定的分解，并以严格的相互的关系规则联系在一起。权力的过分集中，则容易束缚下层的积极性和创造性，而权力过分分散又不利于提高行政运作的效率。高等教育的管理权限划分也如此，不适当的权力集中与分散都会对高等教育活动的活力产生不良的影响。传统的"计划型"管理制度的弊端就在于中央过分集权，地方无真正的自主权。所以我国在三十多年的高等教育制度改革中，一直试图将过分集中的权力下放到地方，使地方具有能够承担与它们职能要求相适应的权力。但要注意：管理制度改革不是权力下放得越多越好，当然更不是放手不管。制度创新的目的是寻找中央与地方权力划分适度的最佳点，将各级管理职能进一步明晰，把该管的管好、管住，把不该管的一定要放开。

　　传统管理在层级上没有明确的分化，特别是中央一级的宏观职能不明确，几乎包办了其他层次的功能，在工作模式上习惯于"计划"和"发号施令"。地方一级的中间管理职能也不明确，不能体现地区的发展特色和特殊要求。大学微观管理由于缺乏自主权而没有自己的发展方向，形成了一种被动依靠计划命令的状态。从能级划分原则出发，管理制度改革首先要使各级政府明确各自的职能，然后根据能效原则去"精简机构""精干管理"，把发挥行政效率和调动下级工作的积极性和创造性作为工作重点，要侧重于目标管理，而不是"事无巨细"的过程管理。从管理层级定位看，宏观管理宜定位在大政方针的制定上，中观管理宜侧

---

① N. 帕金森为英国历史学家，1957 年提出著名的"帕金森定律"，该定律指出官僚机构具有自我繁殖和持续膨胀的规律。参见：汪玉凯. 中国行政制度改革 20 年 [M]. 郑州：中州古籍出版社，1998：87.
② 科层制是德国著名学者马克斯·韦伯提出的重要概念，他用它作为衡量管理现代化的一个维度。科层制讲求等级层次的划分和严格按规章办事，实行规范化管理。他的概念被后期的管理学者普遍接受，韦伯本人也是古典管理学派的奠基人之一。

重于本地区高等教育发展与社会经济发展的匹配上，微观管理则应该定位于大学自主管理上。这些都是现代大学制度运作的具体要求。

从现实的情况看，我国的立法技术落后是造成"职、权、利、责"不明晰的重要原因之一。如立法规定太抽象、有些规定不切实际等，这些造成了无法严格地依法办事。所以，立法的不到位连带发生了执法的不到位。

现代教育制度构建从根本上说就是要完善法制建设，从法律上明定各种权利义务关系。管理权限来源于权利义务的基本规定。由于法律规定的抽象，使许多权力的设置"虚化"，即各级政府对教育管理权限名义上是清楚的，但在实际操作中却是相当模糊的。因此，完善法律是现代教育制度构建中的一个基本性工作。现实中遇到的"职、权、利、责"不分的情况，可以说主要是由法律规范的空缺造成的，无规范，就难免出现"无序"现象。当然，这与执法人员素质也有直接的关系。关于执法人员素质问题是我们另一个话题即加强科学管理问题。

明晰各级政府之间的权、职、能、利的关系是推进政府职能转变的一个重要步骤。未来政府角色将由直接管理向间接管理转化。间接管理是运用市场手段和法规进行的管理，而直接管理则是运用行政命令进行的管理。传统的"纵向的"管理方式与正在兴起的办学市场是不相容的。如果不改变传统的行政管理模式，下放管理权限就是"虚"的。间接管理，具体而言，是中央一级重在宏观调控，重在总体信息发布，重在大政方针和法律规范的制定；地方一级重在引导，运用经济杠杆和法律手段以及一些行政手段，以实现地方教育的发展目标。

实现政府职能转换的一个措施是推进行业专门化管理。我们认为，专门化管理是现代社会发展的必然，也是"大社会、小政府"构局的要求，教育管理也必然走专门化管理之路。"专门化管理与传统管理的区别在于：传统的管理过分倚重于行政命令和长官意志，专门化管理则强调专家管理和行业规范，在具体管理中尊重行业的基本设准，力求在具体操作规程中做到科学化，它排除了传统管理中的或然性，使管理过程更具稳定性。直言之，专门化管理更强调合理化制度。专门化管理对管理人员的素质要求较高，要求其必须接受基本的科学训练，有较高的业务素质和较强的职业道德"（王志平，王洪才，1999）[47]。进行专门化管理的一个重要措施就是实施"中介组织"参与管理。

推进政府职能转化的目标是要实现大学自主管理。实现大学自主管理是高等教育领域长期呼唤需要解决的一个课题。"大学自主管理是我们很早就提出的改革方案，但要真正实施起来也是比较困难的，因为这需要大学内外部的管理条件相配合。如果从实践的角度考虑，大学的自主管理势在必行。大学直接面对的是经济建设的主战场，直接为经济建设输送人才和科技成果，如果它没有自主性，就无法了解社会经济建设的真实需求，也就难以培养合适的人才和生产适销对路的科技产品。……如果不能激发内部的主动性，不能使大家的意志统一到主动适应外部的需要上来，那么，大学就不能抓住有利的时机调整自己和发展自己，就会在外部资源的获取上受到很大的抑制。自主管理问题已经上升为大学改革和发展的头等重要的大事。"（王志平，王洪才，1999）[49]我们认为，不仅大学需要自主管理，各级各类的学校都需要进行自主管理，因为各类学校都已经直接或间接地与市场经济环境联系在了一起。推进大学实现自主管理是我们构建现代大学制度的一个重要创发点，当然也是考察政府职能转变效果的重点所在。

五、塑造新型的大学与受教育者关系，建立规范的高等教育市场

大学与受教育者应该是一个什么样的关系呢？我国法律规定并不十分明确。从传统教育制度的实践看，似乎受教育者处于一种"受恩赐"的地位，政府提供的教育机会是一种福利，个体只有接受的"份"，没有"挑选"的"份"，所以被分配在什么大学中受教育就必须在什么学校，这样整个教育活动才能按"计划"运行。可是，在市场经济已经有相当发展的今天，再用这种思维方式进行管理或劝导，可能效果就"大不如前"了。因为人们感到今天的教育机会就是明天的经济机会和社会地位，所以感到自己不能再"听天由命"了，而必须争取自己的机会，于是"留学风"盛行。原因就在于教育运行机制发生了变化，政府职能没有完全转变过来。现在人们认识到教育是一种投资，因此就必须保证投资的有效性，"择校"是为了实现更大利益，是市场竞争的表现，因而具有正当性。此不表示我

们鼓励盲目竞争，实现"制度外"满足①，我们主张要承认"择校"的正当性，制订合适的规范，引导社会进行正当的入学竞争，从而也是对办学效益高的学校的一种鼓励。而采取杜绝方式不是良策，它只能造成"管涌"现象②的发生。

在市场经济条件下，要满足效率的追求就不可能实行平均主义，必须尊重个体的差异和需求的不同以及满足需求能力的不同。市场经济要求尽可能地将供应的"份额"扩大，供人们选择，超越"短缺经济"，实现"买方市场"，从而促进产品供应上水平、上台阶，提高产品的附加值，而不能搞机械对应原则，一个人就一个位置，谁也不许动。所以，我们进行教育改革也必须改变传统的办教育的观念，使教育首先实现充分供给，然后是达到有效供给，不断地提高人们对教育的有效需求。而人们对教育需求的提高，就是在激发教育发展的活力，促进教育实现"优质高效"。如果我们否定了这种"选择"的作用，试图凭借行政手段来达到所谓的"优质高效"，这在市场经济条件下是不现实的。

事实上，现在不仅存在办学市场，同时也存在生源市场，师资市场也在发育过程中，教育资源市场也开始形成。而造成教育市场发达的是"升学市场"和终端的"人才市场"。如果承认人才市场和升学市场的客观存在，那么就必须承认教育市场。民办学校在我国取得的长足进步说明了办学市场的发展状况，它同时也说明了与之相联系的生源市场、师资市场和教育资源市场的进展状况。

承认高等教育市场的存在，就要承认受教育者对高等教育需求选择的合理性，就要承认他们在促进办学提高质量和效益中的积极作用。我们说承认受教育者选择的有效性，就是承认在受教育者与大学之间兴起了一种新型的关系，这种关系是一种"契约关系"或称"合同关系"，大学是高等教育合格产品的提供者，而受教育者则是"消费者"。

---

① "制度外"满足是指违背制度规定，采取规避制度的手段来达到目标。如不允许"择校"，许多人采取"挪动"户籍的办法来实现"择校"的目的。

② "管涌"现象是一种堤漏溃堤现象，在1998年中国长江抗洪中被社会广泛认识的一个现象。这里指如果对社会的择校要求不进行正确的引导，而只采取"堵"的办法，就必然促使社会需求寻找其他的"出路"，进而传统的管理方式完全失效。

　　当然，受教育者只是最直接的消费者，间接的消费者包括家长、家庭、社会和政府。如果建立了政府与办学的"委托"和"受委托"的关系，那么政府就变成了一种教育产品的直接消费者。社会与办学之间也可以存在一种委托办学关系。当然，这些都是办学制度讨论的内容，而办学制度改变的直接引发点就是高等教育市场的存在，办学制度改革就是要适应教育消费形式的变化而变化。

　　可见，我们已经采纳了"教育消费"的观念。用"消费"的观念来看待教育，就剥去了传统的蒙在教育上的"神圣"面纱，揭示出教育不仅具有公益性，也具有个人消费的性质，不是一种"说不得"的东西，而是可以进入"公众讨论"的视阈，这也体现了"市民社会"的一种呼求。①

　　高等教育市场的提出，为政府职能转变提供了一个方向，就是如何做好高等教育市场的管理。这就要重复先前的话题，政府必须做好"游戏规则"制定的工作，看护好"游戏"的正常进行，对那些违规者进行处罚。采取的手段必然与"游戏"内在的要求相一致，这就是要善于运用经济手段，运用间接的管理办法，引导"游戏的参与者"自觉"守规"。学校是"游戏的具体参与者"，它有权要求受到公平的对待，当然同时负有遵守游戏规则的义务。对大学办学成败最有发言权的应该是消费者，他们有自主选择的权利，他们是教育市场上的"上帝"。而传统上却是个无能的上帝。所以从法律规范的角度说，必须赋予他们以充分的权能，使他们能够主动地作为。而只有他们的主动作为，才能促使大学的主动性被真正激发起来，才可能使政府感到转变职能的急迫性，才能从规范自身的角度来规范办学者和消费者，否则就只能在一种低效的和无序的状态下进行教育的运作。在未来的高等教育市场上，政府应该是"市场"的监护神：它不仅是市场游戏规则的制定者，同时也是市场平衡的最大促进者，而且还是高等教育市场的最大投资者。

---

　　① "市民社会"和"公共性领域"的探讨，是"小政府、大社会"理论构架的基础。参考《方法》杂志1998年、1999年各期的有关讨论。

第二章
现代大学制度原理探索

第一节　现代大学制度的缘起、界定与突破①

《国家中长期教育改革和发展规划纲要（2010—2020 年）》颁布之后，关于现代大学制度的探索就成为当下高教界探索的热点。但对现代大学制度的探索首先需要对现代大学本身有一个明确的界定，否则就很难达成共识，当然也就很难为现代大学制度建设提供理论指导。

一、关于现代大学的缘起

现代大学应从何时算起，历来都有争议，但学术界有一个比较公认的说法是从洪堡创办的柏林大学开始（别敦荣，2004）。之所以把柏林大学作为现代大学的起点，是因为洪堡在柏林大学推行新的办学理念，即大学不再以传统的经典知识传承作为主要目标，而是把新知识探索作为目标，这一理念具体体现在"教学与科研相统一"上（克拉克，2001）¹⁹。所以，后人一般把"科研功能"引入大学作

───────────

①　本文原发表在《江苏高教》2012 年第 4 期，收录在本书时略有改动。硕士生赵琳琳曾帮助查找部分文献。

为现代大学创立的标志，由此开始了对传统大学的改造。这一改造在美国直接体现为研究型大学的创立，并以约翰·霍普金斯大学的创办为标志，因为它带动了诸如哈佛、耶鲁等日后的著名大学从一个文科学院转变为研究型大学。正是这个改造，大大提升了美国大学的办学水平，也为日后美国高等教育的强盛打下了坚实基础。

　　把"科研与教学的统一"作为现代大学的基本理念，实质上是确立了理性在大学的中心地位。传统大学无一例外是以信仰为中心，其标志是神学院居于大学这个象牙塔的塔尖。洪堡创立柏林大学后，哲学院成为大学的中心，哲学代替了神学的地位，从而哲学也从原先的神学侍女变成了知识的女王。这一地位的变化正显示出大学精神的变化（黄福涛，2008）[125]，而且这一变化也是与启蒙时代的理性精神要求相一致的。如果说传统大学反映的是"神本"思想的话，那么柏林大学以哲学为中心就反映了以理性为中心的"人本"思想。可以说，现代大学所反映的正是一种现代化精神，即以启蒙思想为主导的精神，此时一切学说观点都需要在理性的面前接受检验，否则就不能称自己为科学。

　　现代大学还改变了传统的经典权威思想，树立了一种平等的学术探索意识，这是以经典传授为中心的传统大学所不具备的。从中世纪大学开始，经典背诵是一种基本的教学方式，在这里教师就是权威，所谓的知识需要经过教师的认定，教师就如同工商行会中的师傅（博伊德，金，1985）[144-145]。大学预科学习阶段完成后即可获得学士学位，这些人多数是教士，换言之，他们学习的目的是献身于神的事业。只有那些在专业领域学识渊博的人士才能获得博士学位，而且这也是专业从教的基本资格（哈斯金斯，2007）[18-37]。但洪堡柏林大学建立之后，哲学成为最高学问，大学毕业通过论文答辩即可获得博士学位。在这里学习方式转变了，实验室、研讨班成为学习的主要方式，教师讲授不再是最主要的教学方式，尽管讲座教授在大学里具有很高的荣誉，但教学重心发生了转移，即由讲授转向了研讨班和实验室（贺国庆，1998）[162-165]。这些变化反映出现代大学建立了新的知识出发点：不是以传统经典阐释为中心，而是以科学研究为中心。可以说，遵奉科学研究为中心的大学都是现代大学。

二、关于现代大学制度的界定

现代大学制度必然是与现代大学出现联系在一起的。顾名思义，现代大学制度就是保护现代大学精神得以实现的制度。那么自柏林大学以来所有的以知识探索为中心的大学制度设计都是现代大学制度的内容。

为了保护大学的自由探索，反对传统权威对知识命运的主宰，现代大学建立了一系列的制度规定。最基本的制度就是学术免责制度，也即学者探索如果是以诚实的姿态来从事科学研究活动的话，他即不需为科学研究活动的结果负责，这就是公认的价值无涉原则。为了保护教授的学术自由，柏林大学实行教授的国家聘任制（陈洪捷，2002）[42]，即教授为国家的公职人员，不受大学行政当局的干涉。在美国，为了保护大学教授的学术自由探索权利，建立了美国大学教授联合会（博克，2001）[5]，推行教授终身制，即除专业上瑕疵的原因外而不得以任何理由解雇教授。最后美国大学教授联合会在长期实践的基础上提出了大学自治、学术自由、教授治校的三 A 原则，此三 A 可谓现代大学制度设计的基本原理（施晓光，2001）[305-310]。

显然，现代大学制度不是专指某一个国家的大学制度才叫现代大学制度，它与现代大学一样也是一个总称，它反映的是现代大学精神的基本要求。现代大学一般都推行大学自治，即在学术事务上大学具有独立的判断权，不必屈从于外界的压力。大学治理必须遵从大学创设时的章程规定，不能随意地改变自己的制度设计（马陆亭，2009）。而在大学章程中一般都明确地规定了大学教授在学术事务上的独立审判权。换言之，大学教授作为专业知识分子，他们能够独立地判断知识是否合法，在此所遵从的就是学术共同体一致遵奉的同行评判原则。这个原则既用于反对外部权威的干涉，也用于反对内部权威的独裁，从而把学术共同体内部的讨论和平等辩论原则演变为一种制度设计。这一制度就是教授会制度（王洪才，2011a）。这一制度给资深的教授以更大的发言权，从而体现出对学术权威的尊重。但这一制度的核心是集体决定而非专家权威的个人决定。

学术自由原则在制度设计上表现为：无论是大学内部还是外部都无权干涉教

授自由地发表其学术观点，而且只要教授遵守了学术诚实原则，他可以自主地决定其发表观点的方式。在今天，这一原则有了新的发展，即在学术自由与社会责任之间达成一个平衡，即大学教授在发表自己观点时应该预见到可能发生的社会效果，在其可预见的范围内他是有责的而非完全免责的，当然他无须为其不能预见的后果负责（博克，2001）[196-197]。这意味着，大学学术自由需要遵守基本的社会伦理和作为一个公民的基本职责，不能完全置于社会关切之外。当然，评价大学教授是否违反学术自由伦理仍需大学内部学术人员集体作出判定。换言之，大学教授的社会责任不能以丧失大学的社会批判功能为前提（布鲁贝克，2001）[53]，否则就为学术自由增加了额外负担。

教授治校原则指大学教授在大学学术事务上具有决定性的权威，除非这个决定与行政管理权威产生了冲突而需要达成一个平衡。在美国，一般设有教授会和以校长为首的行政机构两个系统，学术事务归由教授决定，行政事务归由校长决策，当两者意见产生分歧时则由董事会进行裁决。其制衡原则表现在：教授会参与校长的遴选，校长尊重教授的治学权威，行政系统负责保证学术意愿实现，而教授会尊重校长的治理原则。这样教授会就能够有效地对行政权力进行平衡，从而能够避免行政独裁的发生（赵曙明，1992）[84-90]。

可以说，现代大学制度秉承了中世纪大学自治的基本精神，在大学与政府、与市场关系互动中获得了进一步的完善和发展，逐渐形成了一套保护学术自由的制度设计，从而教授不需要在政治和市场的压力下改变自己的独立判断。

三、我国建立现代大学制度的急迫性

我国之所以要建立现代大学制度，就在于学术自由制度并未从根本上得到确立，教授在学术探讨上还存在着种种限制，无法发挥其在学术探索方面的创造性。而这些限制与中国大学走向世界一流的意愿产生了背离。建立现代大学制度就是要克服这些限制，给大学教授进行知识探索创造一个有利的制度环境。

目前，中国大学在改革过程中普遍存在着制度缺位的情况（袁贵仁，2000）。虽然大学都有自己的章程，但这些章程并没有显示出大学的独特价值追求，缺乏大学的个性特色，特别是对大学教授的学术自由探索权利并没有详细的规定和比较有效的保护措施，对行政系统的权力也缺乏明确规范，从而很容易形成以行政决定为中心的局面。当然，从大学外部而言，国家缺乏一个统一的制度设计，对学术权力缺乏比较明晰的规定，对大学校长的遴选制度缺乏严密的设计，一句话，没有设计好学术权力与行政权力之间的制衡关系，这样一旦出现行政权力与学术权力的冲突，便出现了向行政一边倒的情况，最终沦为行政中心主义。这就是广为人们所诟病的大学行政化的源头（钟秉林，2010），而大学去行政化的浪潮也由此而起（方耀楣，张瑞平，2011）。

行政中心主义在当下演变为官本位。官本位的核心就是以权位高低来决定水平的高低，学术缺少了平等讨论的气氛，这样就对学术创新产生了严重的抑制作用。在官本位的作用下，学术越来越部门化，越来越狭隘化，学术越来越沦为职称升迁的工具和讨取福利待遇的依据，越来越失去它的公益价值，最终演变为学术私有化，学术受资本控制，学术受官僚意志控制，此时，学术就失去了真诚，与其自身的本质出现了背离。

四、建立现代大学制度的基本步骤

建立现代大学制度并非一句口号，必须落实到具体的行动上，不然就没有实际意义。建立现代大学制度第一步需要做的就是要确立现代大学的核心精神。如果不能做到这一点，现代大学制度建设就失去了目标，制度保护就没有了对象，就仍然会发生以行政权力为中心的状况。现代大学精神就是确立以科学知识为本的大学地位，因为科学知识需要严格证明，无论是从理论上证明还是从实际经验证明，它都是反对传统权威主义的教条式真理观的。具体而言，它就是强调知识必须能够经过理性考证的，不能从个体的偏好出发，必须尊重真理面前人人平等的对话观。

现代大学制度的核心价值就在于保护知识的创造权，把知识创造作为大学存在的第一位价值，这一点正是现代大学精神的体现。现代大学当然强调知识继承，但知识继承不是根本目标，知识创新发展才是永恒的目标。换言之，知识的价值必须服从于解决疑难问题的需要，从这个意义上讲，知识必须不断创新才具有价值，而不能根据实际的需要进行创新的知识就容易老化，就容易被废弃。面对变化越来越快的社会发展环境，大学知识创新的价值必须置于首位，为此就必须建立保护这一价值的制度。

建立现代大学制度第二步就是完善大学立法。这包括对大学总体的立法，也包括大学内部的立法。大学总体立法就是《大学法》的建立，内部立法就是关于《大学章程》的建立。大学总体立法的核心就是规定学术权力，保护学术自由，使学术创新精神获得制度性的保障。大学章程建设就是要确立大学内部的制度架构，规定行政机构和学术机构的组织原则和程序性的步骤，确定处理两者之间关系的准则，使双方权力处于一种平衡且相互制约的状态，避免行政权力对学术权力的侵犯或学术权力对行政权力的替代。当然，大学章程建设是依据大学法建立的，是以学术权力保护为基础的，此体现了学术本位的大学组织原则。

建立现代大学制度第三步就是修订《高等教育法》，确立大学与政府、大学与社会、大学与大学及大学内部的基本关系准则，将过去比较笼统的抽象规定转化为比较具体的规定，从而真正地起到规范各利益相关人的具体行为的作用，保证大学组织不至于最终演变为行政组织，也不会沦为商业机器，并且使大学之间的关系是开放的而非封闭的，使大学内部的关系是弹性的而非刚性的。目前，大学有严重的行政化趋向，这是当下人们诟病最多的；不少公办大学也正在沦为营利性组织，正在变成文凭的工厂；大学之间门第森严，导致各个学校都在贪大求全，相互攀比，避免在资源获得和社会地位上被歧视；大学内部还存在着各个系统相互割裂的状态，不同性质部门间信息也无法实现共享，这样的大学就不能成为一个有机的组织系统，从而导致了大学系统效率低下。此外，大学内部的学科壁垒现象非常严重，这就严重阻碍了知识创新。这种现象并不因大学合并、学科齐全而有所改善。所有这一切弊端都需要通过修法的方式加以纠正。

建立现代大学制度第四步就是鼓励大学进行现代大学制度创新实验。进行大学制度创新实验的重点是发挥大学校长的创造性，即鼓励他们从完善大学内部组织制度设计进行探索，为建立现代大学制度操作性模型提供经验。因为一切制度的设计最终在于人，而且制度落实与否也在于人，对于现代大学制度建设而言，最关键的人物就是大学校长，如果大学校长缺乏创新精神，进行现代大学制度创造就是不可能的。

第二节　现代大学制度的价值导向[①]

一、现代大学制度是一种理想的建构

现代大学制度问题是国内高教学界非常关注的一个话题，因为该问题涉及对高等教育改革和发展方向的设计（王冀生，2000），涉及国家教育政策的调整，也涉及高校的自身发展定位（董云川，2002），同样还涉及对高校学者自身命运的关注（顾人峰，2004）。鉴于此，人们在探讨该问题时非常慎重，希望自己的言论能够代表学术发展的正宗，能够代表高等教育学界内在的声音，能够保护学术发展的切身利益，能够有助于自己的进一步发展。基于这些利益考虑，国内对现代大学制度探讨没有太大的收获。[②]

对于现代大学制度，由于体制方面的原因，国外学者并不十分关注，因为他们或者是在分权的体制下，大学发展并不具有统一的格式，因此不认为应该有一个统一的模式，也就没有必要去寻找一种最理想的制度模式。对于大学而言，最适应社会需要的模式自然就是最理想的制度，而这种模式在大学之间不存在一个通用的模式；他们或者秉承了大学自治传统，大学享有高度的自治，这种优越的地位也使他们放弃了对最理想的大学制度寻找的企图，他们往往用传统来对抗来自外界的压力。只有在倾向于集权体制的国家，人们才对一种比较标准的、理想

[①]　本文原发表在《复旦教育论坛》2005 年第 3 期，收录在本书时有部分修改。

[②]　国内对现代大学制度的探讨基本上可分为三种观点，一种是认为现代大学制度是一种固定制度，指源自德国洪堡大学的模式，即提倡学术自由与大学自治，讲究教授治学与校长治校；另一种认为现代大学制度是指相对传统的计划经济下的大学制度而言，因而将降低政府管制作为现代大学制度建设的主要内容；第三种是把现代大学制度理解为一种产业，从大学法人制度来构建现代大学制度。从国内关于"现代大学制度研究"的主要文献中可以发现这一点。

的大学制度十分关心，认为这样大学可以保持一个比较超脱的位置，而且这也是大学应对各种社会需要和各种压力的最有效的方式，进而认为国家政策调整或大学发展前途应该朝向这个共同的方向努力。显然，其中代表了一种价值的诉求。对于这种理想的大学制度模式，他们不一定冠以"现代"的称谓。

对于"现代"二字，国内学者和国外有不同的诉求。从国内学者普遍使用的含义看，"现代"是一种理想的象征，是指最适应现代社会要求的意思，而一切与现代社会不适应的都不能被称为"现代的"，而是被打上"传统的"标签遭到拒斥。现代社会自然是当代的社会，也就是现阶段社会发展的最高水准。因此，"现代的"就是代表社会发展方向的，与社会发展方向和内在要求相一致的，否则就可能被冠以传统的、保守的或落后的之名。① 在西方学者眼里，"现代"是社会发展积淀的结果，它代表一个社会的发展历程，指启蒙以来的叙事，指社会发展越来越理性化的发展方向（余碧平，2000)[1-294]。在他们的语义中，现代社会是与农业社会相对的，现代社会是与机械大工业发展的历程联系在一起的，也可以说现代社会是机器大工业为主导的社会，所以现代化的过程与都市化、工业化相伴随。也只有在这个含义上，才出现了"后现代社会"或"后工业社会"的称谓。如此可以看出，在中西方学者的眼里，"现代"是具有不同的内涵的。在中国学者的眼里，"现代"一词的内涵非常不确定，仅是一种象征性的说法，是美好理想的总汇。而在西方学者眼里，"现代"代表一个历史发展阶段，具有确定的内涵，是对一个历史发展阶段的具体描述（罗荣渠，1993)[3-26]。因此，有的西方学者把"现代化"描绘成"理性化"，认为是工具主义占据上风的时代，并认为"现代"已经过时，已经转入了"后现代"，"后现代"就是要回复价值主体的时代，是一种传统返魅的时代（凯尔纳，贝尔斯，1999)[1-43]。

二、价值导向引导大学制度变革方向

既然"现代"在国内学者眼里具有"理想的"象征意义，那么它的最显著特

---

① 德国著名学者哈贝马斯在论述"现代性"还未完成时，也把"现代"当作面向未来的建构方向。

征就是诉诸一种价值追求，并以此来把握"现代的"最根本特征，这同样也是国内学者对现代大学制度的诉求。基于此，探讨大学制度架构的价值追求就是讨论现代大学制度问题中首先要解决的问题。

对现代大学制度的探讨并非空穴来风。对现代大学制度的探讨是基于人们对现存大学的批判性认识，换言之，人们认识到现实中的大学组织架构存在着诸多不合理或不尽如人意的地方，认为这些不合理部分都需要革除，需要用一种新型的或全新的制度模式来替代（王冀生，2002）。在人们能够寻找到的语汇中，人们选中了"现代"一词，用"现代"指代大学制度进展的方向，希望在"现代的"框架内来克服现存大学制度中的种种弊端，并认为"现代"理论具有强大的正义或道义的力量，能够赢得政府的同意，能够代表人心的趋向，能够获得一个对改革前途设计的共同话语平台。

大学制度建设必然包含着许许多多具体制度的建设。人们所说的"现代大学制度"建设只是一个总框架设计，它内涵了一系列的具体制度建设。但人们对"大学制度"的设计不可能将一系列的、林林总总的具体制度设计都无遗漏地网罗在内，那么对大学制度设计也只能是一个轮廓、一个大致方向，是引导具体制度设计的纲领（王洪才，2003）。而且在现实生活中人们也不接纳有一个最理想的制度模型，也不认为有一个能够适应不同情况的大学制度，对于具体制度而言更是如此。因此，对于现代大学制度探讨的有效言说也只能局限于价值层面。

价值层面的探讨代表对一个事物本质探讨，是对一个事物灵魂的把握，也就是对事物发展的质的规定性的把握。因此，把握了一个事物存在的价值也就把握了事物发展的方向。

在文化研究中，价值把握属于核心层次的把握，它是对事物内在属性的抽象把握，它虽然没有对制度层面的把握那么直观，但却是对事物发展变化总体特征的把握，因此属于一个更高层次。我们对一个事物获得真正理解往往是从价值层面进行的，而不是从显在的制度层面或行为方式层面，因为制度或行为方式都只是价值的承载体而已。没有价值的存在，制度就只是一具僵尸，就徒有其名而已，是价值赋予一个事物以灵魂和生命。

　　人们对大学制度的认识或对大学制度的设计是从四个方位来进行的，也就是说，人们是从四个方位来探讨大学制度价值的或功效的。功效与价值具有不同含义，价值是一种内在的属性，功效则是一种外在的或显在的属性，它们是事物的两极。探讨大学制度的四个方位是：大学对民族国家发展的意义、大学对社会经济政治文化发展的意义、大学对个体发展的意义和大学对知识创新的意义。这四点恰好构成考察大学发展的四个维度，也构成了大学发展中的四种基本关系，即大学与国家的关系、大学与社会发展的关系、大学与个体发展的关系、大学与知识促进的关系（王洪才，2004）[61-71]。人们在认识大学与国家的关系中往往是从大学对提升国家整体实力或提升国家的国际竞争力角度来审视的。比如我国进行的"211 工程"建设和"985 工程"建设都蕴含了这一含义，在这个时候，大学凸显的是它在培养领导人才和原创性科研成果方面的贡献，国家也正是因为在这方面的预期才赋予大学以非常崇高的地位。正是这种价值导引，才吸引许多大学去竭力争取进入"211"和加入"985"，这样，大学的贡献就不是具体的某一方面，而是对国家、对民族发展的价值，这样就具有了神圣的价值。关于大学与社会发展关系的认识，人们是从大学对政治改革、经济发展、社会关系协调和文化进步等方面来界定它的意义的。大学担负这一责任同样是大学的光荣使命，这一工作是大量的、具体的，往往是难以立即显功的，但这些却构成大学日常生活的主要部分。也就是说，大学是在它的日常生命中来表现它对社会经济发展和政治文化进步的责任，其中需要大学的批判精神和进取精神，需要大学与社会各种利益集团进行有效的互动并平衡各个利益集团的需要，进而才能起到对整个社会发展的促进作用。这一工作是艰巨的，需要所有大学的共同努力。大学与个体发展的关系就更为具体，因为大学必须认真地面对每一个生命，认真地面对每一个个体，正是这每一个活动的个体才赋予大学以实在的生命，没有他们的真实参与，大学的生命就终止了。因此，大学活动首先应该体现出对现实的每一个生命的负责精神，关注他们的生存状况，为他们提供精神的寄托。其次，大学应该真实地关心他们的发展，而不是以监督者的身份来审查他们，从而体现出一种人文关怀。再次，应该引导他们投入到大学的共同生命中去，为大学发展注入活动力。最后，大学应该为他们的自由言说提供阵地，使他们的自由意志能够得以舒展，使他们能够在思想的碰撞和方法技艺的切磋中获得共同提高的机会。因此，大学既是一个物质的生命体又是一个精神的生命体，大学不能推辞对个体发展的责任，不能对个体采取粗暴和简单化的做法，因为每一个个体生命都是脆弱的，他们的创造智慧很容易在不经意中熄灭，对每一个生命个体的呵护就是对每一个创造天才的保护，是对大学生命的保护，是对大学命运的维护，不然的话，大学就是一个赤裸裸的物质存在，就是一个没有灵性的躯壳，就是一个异化的实体。所以，许多成名的大师和一流大学的校长都无一例外地认为大学的学术自由最重要。这当然不是一句简单的口号，而是需要实际的行动，需要实际的建构，但没有一种文化氛围是不可能诞生学术自由精神的。

大学对知识创造的责任是大学功能的本体，也就是说，如果大学没有知识的创造，那么大学就不成其为大学了。显然，大学的知识创造不是某一大学独力而能为之的，而是大学集体共同努力的结果，这种大学共同努力就是学术共同体的建设。没有学术共同体的建设，大学希望自己"一飞冲天"，多半是痴人说梦。因此，大学与知识创造的关系实质上是大学行业内部的关系，是大学团体建立一个自律机制的问题，没有这个自律机制的建设，大学自治的努力或学术自由的期盼多半都是建立在虚空中。

大学与知识创造的关系归根结底是要创造学术活动的规范，也可以称之为知识的规范，没有这个规范，大学的活动就是在无序中进行的，无序衍生出学术腐败，无序衍生出学霸和学阀，无序衍生出学术管理需要外行来执行，无序使学术价值审判从内在转向外在，使学术评价从对质的崇尚转向对量化指标的依赖。这一切都可以概括为学术活动的"失范"。

现代大学制度建设就是要从四个维度出发为学术生存找到一个适宜环境、一个"温馨"的家。大学生存的价值就表现在它对民族国家责任的承担上，表现在它对社会政治经济文化责任的承担上，表现在它对个体发展责任的承担上和它对知识体系规范建设的贡献上。

三、四种价值导向的基本蕴含

从这四个维度出发，大学制度建设表现出四个方面的基本价值追求，这四个方面的基本价值是大学与周围世界建立和谐关系的宣称，这四个基本价值是：问责性、适应性、适切性和创造性。

"问责性价值"是大学对民族国家发展责任主动承担的表示。在现代社会，国家是大学的投资主体，讲求效益是现代社会的基本追求，国家要求大学为它所提出的经费要求提供解释是一个现实的问题，不存在任何障碍之处。因为在现代社会，大学已经不是某个人的大学或某个组织的大学，而是国家的大学，是民族共同体的大学，在这里，大学所反映的意志是全民的意志，不仅仅是政府的意志，政府只是全民意志的执行人。对于国办大学尤其如此，是纳税人出资举办的大学，因此大学必须经常反问自己，是否已经反映了全体纳税人的意志，是否反映出对民族和国家利益的关切。大学只有在这样的不停反问中才能真正找到自己的位置，才能反映出工作的效率。

"适应性价值"是大学对社会政治经济文化发展责任的表达，这意味着大学在工作中是否具体关注了社会各方面的需求，是否出现了对各方面的迫切需求无动于衷，是否抛开了各方面的社会需求而专注于自己的象牙之塔，是否认为学术活动就是一种精致的游戏，只是满足个人理智好奇的愿望。① 在社会发展中会提出很多非常具体又十分复杂的命题，这些命题的解答已经不可能再靠传统的经验方式来完成，而必须依靠知识的前瞻性去创造性地回答这些问题，这无疑要求站在知识前沿的学者们去思考和关注，学者们不能摆脱社会发展所赋予的责任。而现实的课题总是复杂的，总是异于学者的思维逻辑而进行着，这既是对学者的理智思维方式的挑战和考验，也是对学者能否站在社会发展前沿这一问题的回答。显然，对社会发展问题的回答总是具有风险的，并非可以完全

---

① 满足理智的兴趣在学术界长期以来被认为是最值得提倡的一种学术价值观，它被认为是纯学术的，与价值无涉的，是自亚里士多德开创的学术传统。

"免责的"。在这种情况下，学者对社会发展问题的回答需要大仁、大智、大勇，没有"以天下为己任"和"匡扶正义"的大无畏精神是不可能承担这一责任的。如果学者把自己的视野完全限于自己专业的小方格，则是一种学术自我放逐的行为，是一种自我清高的行为，也是与社会发展逐渐脱离的行为，其注定是不能获得社会认同的行为。

"适切性价值"表现在对个体生命历程的全方位的关注上，即满足生命成长的每一个瞬间的需要，满足他们对崇高生命价值的追求，满足他们对理想的生命状态探索的欲望，满足他们对生命境界拓展的欲求，这一切都表现在对他们的生活和生存状态以及生存方式的关心上。每一个生命体都是精神灵动的人，是具有独特气质的，当他们对生命关怀的需求得到满足之后，他们就能够表现出创造性才华来，就能够表现出他们对世界赋予生命的责任感来。如果他们对生命关怀的基本价值不能得到满足，那么他们的成长状态就可能走向歪曲，就可能追求与生命价值的背离，就会出现不负责任的游戏人生的态度，这时表达的价值仅仅是"存在"而不是"生存"。生存是一种生命意志的灌注状态，而存在只是一种苟且地活着；生存是一种精神的表达，存在仅仅是作为一个有机体的存在。

"创造性价值"表现在大学对知识活动的负责态度上，表现在一种思想的严谨作风上，表现在对生存意志的思考上。在学术共同体中，知识的首创性最具有价值，也最具有意义，这不仅仅是指知识对人类智慧事业的贡献，更主要的是指知识对个体潜能的挑战性，个体在应答这种挑战性中获得了一种新的生存样法①，也就是说获得了一种新的生命，个体将这种新的生命精神传达给世人，传达给学术整体，从而赋予学术新的生命动力。这种新的生命反映出人类智慧的进步，反映出人类生命境界的拓展，从而促进了人类生命进程的更新。在这种意义上，创造性价值反映了大学生存的本体精神，反映出大学作为一个学术机构的生命。没有创造性，大学的生命就苍白了，它的价值将走向空虚。

---

① "生存样法"一词借鉴了我国著名学者梁漱溟的"生活样法"的提法。

四、四种价值导向与大学制度建设路径

四种基本价值为大学的制度设计提供了具体的思路。首先，大学在活动中应该证明自己是一个能动的主体，即在工作中是有效率的，这就是问责性价值的体现。在此，大学必须关注每一项经费投入后的使用状况。大学无论在什么时候都不能企图只要求经费无限制地投入而摆脱对经费使用状况的问责。大学必须在行动中能够证明自己在使用经费上是负责任的。这就要求大学内部建立有效率的管理委员会，大学校长无疑是这一委员会的第一责任人，他必须能够向世人证明这个管理委员会的工作是有效率的，能够反映出经费的合理使用状况，能够指出经费使用中存在的问题及如何进行改革。对经费使用状况的负责，是大学校长的第一位责任，是他作为社会意志的委托人存在的原因。如果他不能对经费使用状况表现出应有的责任、能力和耐心，那么他就不是一个合格的责任人，也就不可能成为一个称职的大学校长。这种对经费负责的能力也就是人们日常所说的经营素质。在现代社会，经营素质是一个团体领导人所应具备的最基本素质，没有这一素质，他与现代社会就是格格不入的，那么社会也就无从考核他的工作绩效，因为不能被考核的东西是注定要从现代视野中淡出的。

其次，大学必须建立一个有效服务于社会需求的机制，从而反映大学对社会需要的有机适应性。这个机制自然是它的基本工作机制，这就是它对教学科研工作的基本组织。这一工作机制是否成功，考核维度第一仍然是效率。如前所说，没有效率的机制是注定要被淘汰的。一个能够有效服务于社会需求的工作机制就是它适应性价值的体现。作为一个有效率的工作机制，教学科研工作应该有一个与社会联系的有效渠道，这个渠道能够直接地将社会需求表达出来，而不需要中间环节。传统的计划体制将政府作为大学与社会联系的中间环节，经过政府意志的渗入，社会的许多需要被过滤掉了，同时也将不能真实反映社会需要的东西增加了进来，从而导致大学生活与社会生活的脱离（袁贵仁，2000）。而反映社会需要的渠道就是将社会需要的声音直接传递给大学，变成大学决策层思考问题的重心。在联系社会的渠道中，建立一个负责任的董事会制度是比较适宜的，董事会

就是将各种投资人的利益进行充分表达的场所，他们可以把自己直接关心的东西带到大学的决策层，从而使大学的具体工作方案设计与社会需要的初衷相吻合。如果没有这一个机构或制度性的设计，社会需要的意志就需要多次地被"转译"，那么当它传达给大学的时候肯定就已经失去了真实。因此，大学制度建设需要这样一种能够直接反映社会需要的机构出现，从而为大学活动的具体决策提供方向性指导，不然的话，大学对社会需要的感知总是抽象的、模糊的和不可触摸的。而大学校长是反映社会需要的直接责任人，他自然是大学董事会的当然董事，因为他要向大学董事们解释大学的现实状况，与大学董事们讨论大学存在的问题，向大学董事们提出自己的意见看法，并征求大学董事们的意见，希望获得大学董事们的理解和帮助，如果他仅仅是一个执行者，那么他就没有与大学董事们对话的机会。在此，大学校长是大学意志、国家意志和社会意志的中间人，也是各种利益关系的平衡人，在这种平衡过程中表现出他的大学理念和个人人格魅力。

作为一个有效的工作机制，大学必须根据自己的定位来选择自己内部的管理结构。对于规模巨大的大学而言，分权的架构不可避免；对于规模较小的大学，必须有权力的集中，否则就可能造成各行其是、学校力量的分散。对于所有大学而言，适度的集中都是不可避免的。至于集中到什么程度，必须以决策层的意志能够传达到基本工作层为准。这意味着，即使大学规模非常巨大，也不可能采取无限分权的模式，也必须使权力的分散行使达到一定层次而止，将剩余的权力交由学者个人来行使，这就是学者的自决权。没有这一基本的权力，学者的学术自由权利就不可能获得保障。所以，大学的管理分层一般止于第四层，很少有分到第五层或更多。①

大学的适切性价值，是大学的基本价值之一，它既是对大学的适应性价值的具体执行，也是一个独立的价值。这个独立价值表现在大学活动中的每一个个体首先是作为一个独立的社会个体而存在的，其次才是作为一个学术活动的个体而存在，换言之，只有在大学活动个体的基本社会需要满足之后才会出现学术需要

---

① 大学管理第四层一般是指在学校层、学院层和系科层之下的教研室层或研究室层。

的满足。这意味着，大学管理首先必须满足作为大学活动的个人的基本社会需要，其次才能考虑到他们所负担的学术责任。所以在大学制度设计时，必须考虑个体需要满足的层阶，而不能出现价值秩序上的混乱。这要求在塑造大学管理文化时首先应该以人为中心，将人的需要放在中心地位，其次才是他们的工作需要。满足他们作为学术个体的基本社会需要，就需要对学术个体的基本社会需要的特征作一认真分析，根据他们需求的特点来设计具体的奖惩制度，从而形成有效的激励机制。目前，大学管理中存在一个很大问题，就是将大学学术活动个体的基本社会需求与社会上一般个体的社会需求混同，使学术活动个体的尊严大受挫折。这一问题已经引起学界的高度关注，同样也引起了政府的关注和社会各界的关注。这当然是现代大学制度建设中必须认真考虑的内容。可以说，目前我国的大学改革已经从宏观管理改革转向微观的制度改革，如高校内部人事制度或分配制度的改革，其目的也是要建立一个有效的激励机制。但在改革出发点上往往不是将学术活动个体的特殊性突出出来，而是抹杀了这一特殊性，运用社会通用的法则来进行大学内部改革。固然这样改革的成本比较低，但收益同样也是比较低的，因为它忤逆了大学的学术意志，注定会遇到很大的阻抗，因此就会出现许多欲速不达的状况。这也是现代大学制度构建中必须认真考虑的内容。

管理文化自然是以效率为中心价值的，这是管理活动内在的要求，它对学术活动的评量注定也是如此，学术活动不可能逃出这一命运。因为对效率的诉求是现代社会的基本要求，是任何社会活动都必须采纳的评量尺度，所以学术活动注定不能例外。但是有一个基本出发点问题，即是否考虑学术的真实需求。如果没有考虑学术的真实需求，就会出现为管而管的情况，这就是人们常说的大学管理以行政权力为中心的状况（别敦荣，2004）。如果是建立于尊重学术活动的基本需要基础上的，考虑到学术人员社会需求的基本特点，这样的管理决策就体现出为学术活动服务的精神，体现出人本关怀，这样的大学管理才体现出适应性价值，而不是自我中心主义的价值或行政中心的价值。对学术人员的管理同样也适用于对学生的管理，这就是说大学针对学生的管理必须适应大学生成长和发展需要的特点，满足他们认识世界和成为社会发展主体力量的需求，在这样的基础上，大学管理就更具有人性化，就会更有效率。显然，这种管理要比采取简单化的管理方式成本要高得多，但它的效益也是大得多，而且是持久的效益。因此，管理活动也是一种文化建设，它体现出一个什么样的精神和以什么样的价值为主导，反映了大学管理的水平，反映了大学的理念。而克服简单化的管理方式的基本出路是建立一个高效率的专业化的管理队伍，只有这个专业化的管理队伍才能承担"价值"的使命，才能把"适应性"价值贯彻到行动中去。

创造性价值是大学本体存在的价值，是大学制度建设的核心。显然，这个制度建设不能不联系以上的制度建设。如果大学不能反映民族国家的意志，不能与社会建立起主动的联系，不能激发其学术人员的创造积极性，"创造性"这一价值注定是无法实现的。创造性价值要求最基本的制度规范是学术自由、学术民主、学术平等，反对在学术上设置人为的障碍，反对学术上的霸权，反对在学术上推行论资排辈，这一切都是束缚学术创造性的藩篱，是封建等级意识的产物，是与现代社会发展趋势对立的，也是现代大学制度构建中必须着力去解决的。

弘扬创造性价值的基础是尊重个性的价值。尊重生命的独特性是一种基本的人文精神，尊重个性应该是一种基本的学术规范。在我们的传统文化中有一种"大同精神"，这种素朴的价值观体现了远古社会对平等理想的追求，然而这种价值下意识地抑制了人们追求个性的价值，从而塑造出一种不鼓励创新精神的趋同文化。趋同文化的直接后果造成了学术界的党同伐异现象出现，造成了人们怕被划入"另类"，一旦划入了"另类"，如同染上了瘟疫，使人们避之唯恐不及。这种文化的实质就是在扼杀个性，遏制创造性。我们必须说，当我们听不到少数派的声音时，社会是停滞的、没有活力的，这样的社会状态也是可悲的。在这样的社会中生活，人们是缺乏自信心的，人们感到了个体生命的微小和无能为力，感到自己的作为无足轻重，这样就找不到创造性价值的归宿。

尊重创造性价值的另一个基础就是抑制学霸和学阀，建立学术评价规范，排斥行政的过分干预。往往是学术身份与行政权力的结合垄断了学术评价权力，在此情况下，学术评价权力往往被滥用，往往是某个人意志的反映，而不是学术集体的声音。这样的评价使学术失去了真正的规范，最后在各种压力的作用下只好依靠数量、个人资历和与评价者关系的远近程度定输赢，而无从检验学术成果的含金量。因此，建立独立的学术评价制度，使学术评价体制真正回归到以检验学术的原创性、对社会发展的贡献性和对生命关怀的人文性上来就是学术共同体一致努力的方向，现代大学制度建设当然也不能回避这一课题。

五、现代大学制度旨在实现多元价值平衡

毋庸置疑，现代大学制度的这四种价值诉求是整体的、一贯的，它们具有内在的相互依赖关系。我们可以看到，这四个基本的价值追求都与现代社会的基本价值追求——效率有着密切的关系。没有效率的诉求，就谈不上有现代大学制度，因此现代大学制度是在效率作为基本价值的基础上构建的。现代大学制度的效率精神是反映在大学与国家、大学与社会、大学与个体发展和大学与知识产业这几个基本关系上的，它具体表达为问责性价值、适应性价值、适切性价值和创造性价值。我们进一步看到，这四个价值之间存在着互动关系，并且存在着步步递进的关系，因此构成一个基本价值系统。当然，这个价值链的基础就是效率。在这个价值链中，创造性价值是本体价值，也是最核心的价值，它是前三种价值的实现方式或实现载体，也即没有创造性价值的实现，前三者就没有表达的基础。而前三者又是创造性价值实现的条件。试想，如果对国家和民族利益漠不关心，对社会各方面的需求置若罔闻，对个体需要毫不尊重，欲实现创造性价值岂非是在制造空中楼阁？现实中也不可能出现这样不管不顾的情况，真实的情况往往是处于"管与不管"和"顾与不顾"之间的状态，只是程度不同而已。我们说，对国家民族利益的关注，是创造性价值的最高关注，也是大学作为一个社会实体的最高关注，因为大学与民族国家利益是同体的，不存在国家民族危亡时期的学术利益或大学利益的完整性。所以，学术利益不可能脱离国家和民族利益的域限，同样也不存在脱离社会需要的独立的创造性价值。我们说，知识是对事物客观存在状况的真实反映，没有现实存在就没有知识生长的基础。而社会需求正是拉动知识发展的动力。知识也是在应答社会各种需要中来实现自己的价值生命的，因此，往往与社会需要结合得越紧密越容易产出高质量的学术成果，而不能反映社会需

要的闭门造车往往会被人们束之高阁。也就是说，没有社会价值，学术价值就难以表达出来。在国家需要和社会需要之间同样存在着联动关系，因为社会需要往往是国家需要和民族需要的具体体现，国家需要和民族需要是各种社会需要的高度概括，所以国家民族利益与社会利益本质是一致的，在表现方式上一个更为抽象，一个更为具体。当然，它们在表现过程中也会存在着不一致的地方，这些冲突往往表现为局部与整体、眼前与长远关系的冲突。在这些利益的取舍上不存在非此即彼关系，只存在一个利益平衡的问题，而这种平衡就取决于大学的价值取向，取决于大学对各种利益的兼顾方式。适切性价值的实现与创造性价值的实现的关系则更为直接。如前所说，只有在个体价值获得尊重的基础上，个体的创造性才能迸发出来，因为大学创造性价值的实现就依赖于每一个个体的创造性才能的发挥。显然，适切性价值的实现与国家利益和社会利益的实现也有直接的关系，因为当个体获得尊重的时候，大学才能表现出创造性，才有可能满足国家的问责要求，才有可能满足社会利益相关人的适切性要求。同样，只要国家需要和社会需要得到满足，个体的需要才能更好地得到满足。因此，问责性价值、适应性价值、适切性价值和创造性价值都是现代大学的基本价值追求，是现代大学制度建设的基本价值导向。

传统的大学制度往往有一元论幻想，把某种价值夸大到不切实际的地步，从而妨碍了各种价值之间的平衡。如将国家利益奉为至上，无视社会需求，无视个人需求，无视知识自身的价值，这样就曲解了大学的意志，将大学置于畸形的发展状态中。苏联的情况无疑是这一状况的一个案例。有的学者宣传无边际的学术自由，忽视学术对国家民族和社会的责任，从而导致了一种学术保守主义，这也正是一些有见识的大学人士提出现代大学要超越象牙塔的根本原因（博克，2001）[16-101]。如果比较一下近百年的英美两国的高等教育发展史，就可以清晰地发现，盲目地固守传统阻碍了大学的发展，就可能使学术陷于落后状态，这也正是目前英国高等教育改革走集中化的根本原因。而我国的传统中对个人的价值重视不足，所以造成了创造性价值难以实现的局面，于是虽然有国家大笔的投入，而原创性的成果始终是"千呼万唤难相见"。所以，在学术发展中不能单强调某一价值的绝对性，必须建立价值的平衡，有了价值平衡，才能出现一种生态现象，学术价值才可能出现繁荣的景象；否则，对现代大学制度的呼唤只能是一种孤独的追求。

第三节　现代大学制度内涵及其规定性①

高等教育改革的必然指向是促进高等教育现代化。高等教育现代化是一个系统工程，它以观念的现代化为前提，以制度的现代化为核心，以行为的现代化为目的。制度的现代化是核心，因为它是观念的具体化，同时又是观念向行动转化的中介和保障。大学是高等教育运行的基本实体单位，高等教育现代化首先是大学制度的现代化。因此，建立现代大学制度是高等教育现代化的关键。建立现代大学制度首先需要突破认识上的误区，其次明确现代大学制度的实质内涵，再次是根据现代大学制度的内涵来确定具体行动指向，最后是落实到高等教育改革的行动过程中。

一、对现代大学制度认识存在的四个误区

目前在人们对现代大学制度的认识中，主要存在以下四个方面的误区。

第一种误区：认为现代大学制度是一种"既成的"大学制度，要么是指自清朝末年从西方引进的大学学制（别敦荣，2004），要么是指由洪堡建立的德国柏林大学制度，即大学自治、教学与科研相结合的制度（韩水法，2002）。虽然这两种指称在说法上略有区别，但在根本上却是相同的，即都认为现代大学制度来源于西方，是既成的或历史的。研究现代大学制度的目的就是为了恢复这种制度设计所包含的大学自治、学术自由的内容，认为这是现代大学制度的核心内容（周光礼，2003；杨东平，2003；顾人峰，2004）。

第二种误区：认为现代大学制度只是一种现实的、当代的和相对的话语，是

---

① 原文发表在《教育发展研究》2005 年第 11 期，收录在本书中略有调整。

针对传统大学制度而言的。传统大学制度主要指建立在计划经济体制下的大学制度，现代大学制度则是适应市场经济体制的大学制度。认为传统大学制度的特征是中央高度集权，大学无自主权，学术无独立性，大学运行以服从计划指令为特征（袁贵仁，2000）；而现代大学制度则主张放权、大学自主权、学术自治、大学独立应对市场需求。这种说法曾在一个时期颇为流行。根据这种意见，现代大学制度建设的核心是以实现大学自主、大学成为独立法人为内容的（王冀生，2000；王冀生，2002；董云川，2002；张俊宗，2004）。

第三种误区：认为现代大学制度是比照现代企业制度进行的（张应强，高桂娟，2002）。现代企业制度就是实现所有权与经营权的分离、以产权明晰为基础，因此，建立现代大学制度就是要实现大学产权和办学权分离，大学实现专业化管理（杨望志，熊志翔，2004）。有一种大学校长职业化的说法实际就派生于该观念（赵文华，等，2004）。有人认为我国民办高等教育发展思路应该是这种模型。因此，现代大学制度就是一种现代的大学经营管理制度。

第四种误区：认为现代大学制度就是促使大学走向市场化和产业化的制度；或者更直接地说，就是大学的营利化。国际上有一种教育私有化趋势，在一定程度上反映了这种诉求。我国国内有一种教育产业化思潮表现在高等教育领域就是大学产业化或市场化。该认识的关键点就是认为大学行为与企业行为无本质差异，都可以完全由市场来调节，大学应该根据其是否具有盈利能力决定其是否存在。该论点的一个重要论据是我国民办高等学校具有盈利能力，西方出现了一批营利性大学，从而认为传统上规定教育不能盈利是错误的，现代大学应该是能够盈利的类型，现代大学制度建设的目的就是促进大学从非盈利向盈利转变。

由上可见，第一种认识误区在于把现代大学制度看成是既成的、不变的，而且是西方中心主义的，这是我们不能接受的。按照这个思路，现代大学制度研究实际上是历史的研究，这显然有复古的味道。我们认为，无论是大学自治还是学术自由都必然有其时代的内涵，不可能一成不变的。即使在西方，关于大学自治与学术自由的理解也是不同的，更何况是在一个发展条件和历史状况迥然不同的中国。因此，我们反对这种纯历史主义的研究。

第二种认识误区貌似有理，因为它与我国目前的改革趋势基本符合。大家知道，我国高等教育面临着体制转换，在很大程度上就是从适应计划经济体制向适应市场经济体制转化，但仅仅实现这样的体制的转化是否就是建立了现代大学制度？这显然是不能等量代换的。我们认为，从总的趋势看，教育放权、大学自主、学术自治和适应市场要求是没错的，但作为一个具体制度构建以何为度却是不清楚的。此外，这种视点的最大局限是现代大学制度仅仅是与经济体制的适应，而没有照顾到历史的和未来的变化。因此，这种观点是不足取的。

第三种误区虽然指出了现代大学制度中的一个症结就是所有权与管理权的混同，但它没有指出进行所有权与管理权的区分是否能够达到大学改革的目的。因为大学毕竟与企业不同，企业以盈利为目的，而大学是以育人为目的，产权与管理权分开是否就能够解决现在大学中存在的根本问题也是值得怀疑的。当然，这种误区的最大问题是方法论的错误，在思维方法上采用的是简单类比法。

第四种误区就是直接提倡大学以盈利为目的，这显然是违背教育规律的，也是与大学传统所扮演的角色相背离的。如果大学以盈利为目的，恐怕大学的宗旨就要发生根本转变，大学能否生存或人们能否对大学认同就产生了重大问题。我们认为这种改革趋向其实就是"去教育化"，这是无法让人接受的。如果大学市场化或产业化仅仅是遵照市场经济原则、按照效益最大化原则进行资源配置当是无可厚非的，因为现在大学管理中确实是很不讲究效益，平均主义和形式主义非常严重，甚至可以说浪费现象非常严重。

以上四种认识误区都涉及方法论上的错误，第一种采用了静态的、西方中心主义的看问题视角；第二种采用了经济决定论的视角；第三种采用了大学企业化思路；第四种采用了非教育化的思路。这四点都是要反对的。我们在研究现代大学制度过程中应该采取动态的、本土化立场，坚持教育与经济互动说，具体问题具体分析，反对非教育化的立场。

二、社会适应性是现代大学制度的核心特征

建立现代大学制度的目的从根本上说是促进大学更好地与社会经济发展需要

相适应。因此，现代大学制度的核心特征是大学与社会经济发展需要的适应性。所谓大学与社会经济发展需要的适应性，是指大学能够主动应答社会经济发展中提出的问题，满足社会经济发展的需要，促进社会经济的发展。这意味着现代大学具有四个基本属性，即开放性、自主性、参与性和自律性。

开放性指大学不要把自己封闭起来，搞所谓的纯科学研究，搞象牙塔学问（博克，2001）[16-101]。开放性具体就是指大学中所研究的问题不是自己苦思冥想出来的，而是现实中存在的问题，是社会发展中迫切需要解答的问题。开放性还指大学主动开放自己的信息，承认社会对大学活动具有知情权，并非社会无权过问大学中的一切。因此，开放性是与传统的大学自治相对的，传统的大学自治讲求学术自由、社会无权过问。这种自治原则在当今社会越来越不适应了，因为现在办学主要是花费纳税人的钱，社会公众有权知道这些钱做什么用，这些钱花费之后是否对他们的福利改善有所帮助。因此，这意味着大学应该主动地提供关于自己活动的信息，以便让社会知情，予以更好的支持，而不要把社会当成完全无知的大众。当大学坚持向社会开放信息的时候，它自然就具有了一种社会责任感，就不会将自我封闭起来了。

自主性指大学具有自主抉择能力，能够按照自己的意志行事。这一点是建立在大学具有理性能力的基础上的，即大学有能力判断自己行为的后果，知道如何行事才能有利于自己进一步发展、更大发展和长远发展。这也意味着大学能够有效地约束自己的行为，正确地选择行动目标，促进行为效果的最大化。同时，自主性也意味着大学要为自己的行为负担责任，而不能只有决定权而不尽相应的义务。当然，自主性的前提就是不要把大学仅仅当成一个附属的机构，一个没有独立行为能力的机构，一个只能听从命令指挥的机构。自主性是大学行为具有有效性的前提，是大学能够取得绩效的基础，否则大学的行为都是盲目的。

参与性指大学积极参与社会建设，也指社会积极参与大学管理，从而形成一种积极的互动关系。参与性意味着不仅社会离不开大学，大学也离不开社会。或者说，大学的能力也是有限的，它们需要深入社会了解问题，也需要社会主动地向它们提出要求。可以说，社会需要是大学发展的根本动力源，大学只有在参与社会建设过程中才能使社会进一步认识到大学的力量和作用，社会在参与大学管理中才能把自己最关切的问题反映出来。参与性就意味着大学为社会提供服务不是可有可无的，不是完全根据自己的意愿来提供服务的，而是需要了解社会的发展需求。同时还意味着社会对大学管理的参与不是可有可无，而是大学联系社会的一个有效机制，是大学为社会服务意愿的表示。此外，社会参与大学管理是社会了解大学的一个有效通道，这样社会才能更深刻地了解大学的需要，为大学发展提供更多的支持。如此，大学与社会之间就能够结成一个相互依存的关系。

自律性指大学已经确立了一个比较成熟的发挥作用的机制，能够将科研教学的能动性激发出来，能够自觉地遵照教学研究规律办事，而不需要外界来告诉大学该如何进行教学和科研。此意味着大学内部已经形成了一套成熟的学术晋升制度、学术招聘制度、学术规范制度和学术审查制度，能够在行为上做到完全自律，而不需要外部进行监督。有了这一套完善的制度，学术就能够不断竞争完善，不断激励创新，不断产出社会所急需的科研产品和实用人才。自律性说到底就是为了保证学术有一个民主气氛，鼓励学术创新，使人们的努力方向与研究成果和教学质量的取向达成一致。这种自律性本能地反对学术霸权，反对行政对学术的过分干预，反对学术上的论资排辈。一句话，自律性就是学术自我激励的机制，是保持学术良知的机制，它能够保持学术活动的主体性，保证学术人员具有独立的人格品质和学者在学术活动中具有独立判断能力。

这四个基本属性就说明现代大学制度的内涵是以突破传统的封闭性自治为特征，强调大学与社会经济发展需要的适应，以建立大学与社会之间有效的良性互动机制为关键，以大学具有独立的行为能力为前提，以大学内部的自律性建设为根据的制度。

所以，现代大学制度并不是简单地依照某个模型进行改造，而是对大学行为能力的系统建构。显然，形成自律性的学术体制是大学有效运行的基本规范，没有这个规范，大学制度存在的依据就失去了。大学对社会经济发展的适应是现代大学办学的目的和出发点，在这里，不适用于学术价值无涉原则。建立大学与社会之间有效的联系机制是一个手段问题，而大学具有自主性则是一个条件问题，也就是说，没有这个条件，很难做到大学与社会发展需要的适应。

如果一味地固守传统大学自治，则大学就不能有效地与社会经济发展需要相适应；大学运行与市场经济要求相适应是指大学具体运行方式上的适应，它是大学与社会发展需要相适应的一个条件，而不是根本目的；大学产权与管理权分离可以是促进大学与社会经济发展适应的手段，但不是唯一的，也不一定必然达到目的；产业化或市场化仅仅是补充手段，由于这种手段可能会改变大学运行的根本性质，所以必须限制产业化或市场化的范围。

三、现代大学制度的基本规定性

根据现代大学制度内涵所固有的基本属性，对现代大学制度建设提出了以下基本要求。

第一，建立大学信息公开制度，使社会更广泛地了解大学的运作过程和运行的效益。大学的开放性首先应该表现在大学信息公开上，即大学应当主动向社会报告它的年度运行结果，包括招生波动状况、就业分布趋势、经费使用状况、教学计划变动、课程革新内容、科研计划执行、仪器设备更新、学校社会服务、学校国内国际影响、科研的社会效益等内容。这意味着大学应该具备"院校研究功能"，能够将自己运行中的各种信息收集起来进行综合分析，向社会提交一份反映其实际运行状况的报告。同时，还意味着高等学校主管部门有责任来检验这些信息的可靠性并向社会定期发布。这就要求主管部门应该建立一个大学信息中心来收集大学提供的各种信息，并进行标准化的处理以备社会各方面的查询。以此来改变社会对大学运行状况不知情和信息不对称的状况，同时也可以改变政府和社会对大学投资存在的盲目性和无效性。显而易见，这些信息是政府和社会对大学运行状况进行评估的基本依据。

第二，建立社会中介机构评估大学的制度，避免政府直接评估大学。保持大学的自主性就需要改变政府对大学采取直接的命令式的管理方式。要改变这种管理方式，首先在于建立一种科学的大学绩效评估机制。传统上，政府评估大学总带有一种垂直的、居高临下的姿态，这样大学与评估主体之间的地位是不平等的，因而决定了大学只有按照政府的意图办事才能在评估中获得好成绩，这样大学的自主性就不能真正实现。为了避免政府的意见以强制性的姿态出现，最好采取由具有专业资格的社会中介组织来负责评估。在这里，大学与评估组织之间处于一种平等的地位，从而大学能够为自己的行为进行辩护，就不必为了达到某种目的而刻意地掩饰自己并妨碍了突出自己的办学特色。在尊重大学办学自主性和鼓励大学办学特色方面，美国认证组织的经验值得借鉴。政府可以通过对中介组织资质的认证并委托具备资质的中介机构进行大学质量评估。

第三，建立大学董事会制度，吸纳社会力量参与大学管理。吸纳社会参与的重点是将社会的有识之士吸收到高校管理中，将社会管理中的有益经验迁移到大学管理中，并对大学办学方向提供有益的决策咨询。建立大学董事会，一是为了吸收社会智力参与大学管理，提高大学决策的科学性；二是为了避免政府对大学过多的直接干预。大学董事会应该是大学最高的权力主体，从而享有对大学事务的最高决定权。在大学董事会里，大学校长是当然成员，但他主要作为大学董事会的执行者的角色出现。大学校长负责日常管理，执行董事会决议，负责与董事会进行沟通，并向董事会提出自己关于大学治理的意见，最后交由大学董事会进行决定。在构成上，大学董事会必须吸收政府的代表参加，从而表达政府对大学办学的意见。这样大学治理就是建立在一个协商的基础上，而不是传统的仅仅以一种执行政府命令的形式出现。这样可以使政府从对大学的过多过细的管理中解放出来，更注重于宏观决策，从而促使政府职能转变，变直接管理为间接管理。

第四，建立专业化的大学管理制度，防止学术权力与行政权力相互渗透和干扰。实现学术自律首先要实行大学管理的专业化，兼职化容易导致行政权力膨胀，学术自主性难以得到尊重。目前，大学管理中存在着严重的兼职化趋向，这种状况使得行政效率低下，行政权力侵犯学术权力，学术委员会的职能名存实亡，教授会组织成为摆设。因为许多行政主管本身都挂有学术头衔，而他们不能专心于管理业务，相反利用手中掌握的资源便利为自己谋取福利，从而使行政权力与学术权力高度合一，这样既侵犯了学术活动中的公正性，也影响到学术活动的效率。为此，必须建立使行政与学术脱钩的机制。唯一的出路是管理专业化，即由专职人员负责管理，担任行政职务就意味着放弃自己的学术岗位，这样才能专心于管理，也使学术活动不受妨碍。专业化的大学管理制度首先要求行政负责人具有专门的业务所长，其次要求他们有充足的时间投入以便于能够钻研他们的业务，从而提高管理的效率。实行任期制和提高相应的报酬是不可缺少的环节，不然学术和管理双方面都将受到侵害。当然，要推行这一点需要有一个较好的管理文化导向作为基础，否则改革可能会出现更加的特权化。但无论如何，管理的专业化是克服大学中官本位的根本出路。

四、现代大学制度的基本启示

第一，教育主管部门应着力构建一个高等教育信息检测中心。该中心汇集来自大学各方面的信息，包括大学提交的正式报告和社会各方面对大学运行状况的反馈，从而在管理层形成一个信息渠道多样化、具有自主的信息处理能力和对大学提供的信息具有分析和诊断能力的机构。这不仅是教育决策的基础，也是政府职能转变的基础。大学信息检测中心应该以格式化的形式定期向大学收集办学信息，并提出要求，让大学对它们所提供的信息进行解释说明和担保。该中心在经过检验和处理后定期向社会公布以备社会查询。教育主管部门责成各大学建立自己独立的院校研究机构，负责对大学运行状况进行长期的跟踪研究、信息收集与汇总，定期向学校和地方政府提交研究报告，起到下情上传的作用。

第二，教育主管部门应鼓励建立独立大学评估机构。该评估机构由具有资质和声誉的学术组织构成，独立地担负起对大学运行效果评估的职责，通过单项评估积累经验，逐渐形成一个全面的评估系统。教育主管部门通过规定其职能、活动范围和具体操作规程，引导有实力的社会组织组建大学评估机构，政府对社会评估机构的资质定期进行认可，并委托它们从事一定项目的评估，从而引导和培育社会机构具有独立从事大学评估的能力。

第三，教育主管部门应鼓励大学建立董事会形式的管理机构实行新的有效的管理模式，并委派代表参与大学董事会，传达政府对大学发展问题上的关切，解释政府的具体教育政策，特别是对国家财产和国家的办学要求尽到善良管理之责任。教育主管部门可以规定大学董事会的组成形式，对不同层次和类型的高校提出不同的董事会组织原则要求，并保留特别行动权利，从而保证大学的社会主义办学方向。

第四，教育主管部门对大学内的行政人员管理逐渐实现与行政系列相剥离的制度，实行专门的职员化管理；对大学内部处级以上的干部实行职务聘任制，与行政级别脱钩，要注重管理业绩的考核。此外，教育主管部门应根据组织上原则规定，对大学院校层次的行政负责人实行独立考核，保证各行政负责人能够专注于大学的管理事务而不把它当成副业。

第四节　现代大学制度的雏形[①]

一、现代大学制度的理想特征

现代大学制度具有一种理想的性质，它代表了大学制度建构的方向，因此并非一种既成的事实（王洪才，2005a）。因为人们关于"现代"的寓意是"先进""发达"和"成熟"的意思。事实也如此，在当今世界上还没有一个最为理想的大学制度可以为世界上各个国家去模仿。即使是当今世界上号称高等教育最为发达的美国，其大学制度也处于不断完善中。

理想的大学制度是什么？对此还没有人能够给出一个完整的答案。我们认为，理想的大学制度的本质在于能够妥善地处理大学发展需要与社会发展需要的平衡、大学与政府的关系、大学与学术发展的关系以及大学与学生发展的关系（王洪才，2005c）。在当代，大学已经成为社会发展的中枢，同时也是各种利益诉求和矛盾关系的交会处，因此大学的健康发展有赖于大学与社会各方面建立一个和谐的关系，现代大学制度的本质就体现在和谐的大学发展关系的构建上。

故而，建构大学与社会各方面的和谐关系就成为现代大学制度构建的焦点。

[①]　本文原发表在《中国高等教育》2007 年第 13/14 期，收录在本书时略有调整。

社会发展对大学的要求是多面的、多重的，在各种社会要求中，社会经济发展的要求往往被视为优先的，因为经济发展常常被视为和谐社会关系建设的基础，所以大学就必须担负起促进社会经济发展的责任。今天，如果大学不能为经济发展做出贡献，大学地位将毫无疑问地边缘化。而且当今大学能够获得社会中心的地位在很大程度上也取决于它对社会经济发展的贡献。传统上，大学一直担负着引导社会文化发展的责任，今天也不例外，但大学对社会经济发展的作用更容易被人们看重，也更容易与大学的文化功能发生冲突。当今，大学越来越依赖于国家投资，自然与国家政治发展的关涉就越来越紧密，那么社会对大学发展也就越来越关切，对大学所寄的期望也就越来越高，有时也会使大学感到不堪重负。这时就迫切需要构建一种大学与社会发展需要之间的理想关系，于是该问题就成为现代大学制度构建的核心问题。

随着社会对大学提出的要求越来越多、越来越复杂，政府对大学的干预和介入就越来越多，影响也就越来越大。如今已经没有任何一个国家的政府能够超然于大学发展之外，都必然对大学发展格外关心。因为政府常常要以社会需要的代表人的身份而存在，这样就增加了它对大学发展的关注，无形中也就增加了对大学的压力。大学在政府"过分"关注下常常感到难以自适，因此迫切需要建立一种新型的、比较理想的关系，从而保护大学自治，实现学术自由，促进知识创新，进而使大学更好地为社会服务。

尽管面对各种外界的压力和"关注"，大学依然认为自己的根本工作是做好学术研究，使自己的学术成就卓越。因为大学相信，没有学术的卓越，就很难在学术界立足，也很难在政府立信，当然也无法在社会树立威望。大学界有自己的一套运行规则，但这套规则与政府的要求、社会的期望并不是完全吻合的。大学也相信，只有坚持这套规则才能够使自己的学术卓越，也才能保证大学持久地生存下去，所以这套规则是大学生存的基本。

在大学坚持学术创新这种内在的压力下，大学还遇到了来自学生发展需要方面的压力，这种压力的突出表现就是人们经常遇到的教学与科研的冲突。在洪堡所创立的德国大学模式中，教学与研究是不相矛盾的，是自然、和谐地统一在一起的，因为教师有教的自由，学生有学的自由，他们共同的目标是追求纯粹的学术，因而他们都可以超脱于外在的束缚。但今日，这种教学自由很难存在，因为现在的大学已经进入了大众化时代，大学规模越来越庞大，大学所面临的科研难题越来越复杂，因而大学运转需要的成本越来越高。不仅如此，大学师生之间的关系也在发生变化，在一定意义上，学生开始变成了顾客，教育过程中开始渗透着经济利益，为此社会还要监督大学，政府还要对大学某些急功近利的行为进行管制。在这样多重矛盾的关系中，大学无法实现传统的自治理想，当然也无法实现原先意义上的学术自由（王洪才，2004）[358-359]。具体而言，"教的自由"在一定意义上已经不存在了，因为它在很大程度上直接受制于学生的兴趣与需要，而且还要与外部就业市场的需要保持一致，同时还要与政府的意志保持一致，而且又不能与学术活动规律相悖。在这样多重压力的关系下，大学如何生存就面临严峻考验，也就迫切需要建立一个理想的大学制度来调整各方面的关系。反映、调整各种矛盾关系、实现各种利益关系的平衡是建立现代大学制度的本质需求。

二、现代大学制度中四个关系点

现代大学制度第一个需要处理的关系就是大学与政府的关系。在法治社会，没有政府的认可，大学就不可能生存。政府认可既是大学行为合法性的来源，当然也是大学内部管理权威性的依据。但在处理大学与政府的关系问题上，一个核心的问题就是讨论政府是以直接方式还是以间接方式管理大学为宜。显然，直接的管理方式就是以行政命令的方式来进行管理，最常见的手段是控制大学的人事权、财政权，从而决定大学的发展取向。可以说，近代大学制度模式就是以此为基础建立起来的，包括法国的大学和德国的大学，大学教师成为公务员表明了政府对大学的直接控制。在我国，政府对大学的直接管理还表现在一些具体事务的管理上，这一点与我国过去的计划经济体制有关。而这一点也是我国目前大学制度改革和完善的重点，大学所争取的办学自主权在很大程度上也体现在这里。

间接的管理方式就是通过拨款和投资的方式来引导大学发展的走向。这样政府就给大学以自主权，大学与政府之间就不是一种行政上的隶属关系，而是一种契约关系，从而就不是一种直接的命令与服从关系。美国的大学制度基本上就是采用这种方式进行构建的，特别是联邦政府与大学的关系就是这样。在美国，大学是在遵守联邦宪法和州宪法的前提下实行自治。相比之下，私立大学比公立大学有更大的自主空间。

事实说明，政府直接管理大学容易束缚大学的主动性和创造性，而间接的管理方式相对更容易激发大学的主动性和创造性。这也是为什么近代以来欧洲大学的领先地位终被美国大学所取代的重要原因。换言之，美国在处理大学与政府关系的制度设计上更为合理。

现代大学制度第二个需要处理的重要关系就是大学与社会发展需要的关系。可以说，大学与社会之间的关系，与政府的管理方式直接相关。当政府采取直接管理方式时，就有一种包办社会发展需要的倾向，大学在无形中就受到了国家的保护，这样大学就不需要直接面对社会需要的压力，进而就造成了大学对社会发展需求的反映比较迟滞，当然就影响到大学活动的效率和创新能力。如果政府采取间接管理的方式，就容易使大学直接面对社会需要压力，那么大学也就必须主动地去反映社会需要。这时大学与社会的联系机制是经费杠杆，也就是市场机制所发挥的调节作用。

当政府直接管理大学时，大学就在无形中成为官僚系统的一部分，那么它们的位置就凌驾于一般社会需要之上，这时大学发展所感受到的可能只是来自科层制的压力，这样使它们认为只要听从政府意志就足够了，无须去倾听社会的声音。不少公立大学机构越来越行政化、官僚化的原因可能就在于此。

所以，人们设想，如果要想让大学主动反映社会需要，那么就必须给大学相对独立的地位，使之具有独立的法人资格，能够主动处理自己的事务。而且这样使大学的办学效果与反映社会需求的能力建立联系（袁贵仁，2000）。这时大学与社会之间所建立的关系就是一种平等的法人之间关系。

现代大学制度第三个需要处理的关系就是大学发展与学术发展内在需要的

关系。因为大学作为一个社会组织的存在，必然也是一个经济实体，也有功利动机，并非一个纯粹的学术组织，所以大学自身也有一个经营问题，而经营本身就是为了维持它在学术群体中的地位。但大学经常在学术目的与学术手段之间发生争执，这种争执通常表现为长远目的与近期目标的争执、学术与创收的矛盾。在当今大学发展中，许多矛盾都集中到学术与创收的关系上，可见这也是现代大学制度构建中面临的一个突出问题，当然也是现代大学制度建设必须认真对待的问题。

在很多时候，大学发展与学术发展关系的问题常常被人们简化为学术权力与行政权力的冲突，也常常被表示为以大学校长为首的行政机构与以教授委员会或学术委员会为首的学术组织之间的矛盾。这种简化本身就无视了大学发展中矛盾的复杂性。关于谁更能够代表大学发展的方向，谁更能够保护学术利益，这是有严重分歧的。但随着大学组织越来越复杂化，靠传统的教授治校来进行大学治理恐怕就落伍了，必须过渡到校长治校上来。但这并不意味着剥夺了教授治学的权力，教授在学术事务上的发言权必须受到尊重。可以说，教授治学本身也受到学科的局限，遇到跨学科的问题就必须由学校层面的管理来综合，这虽然仍是一个与治学关系密切的问题，但已经转化为治校的问题了。所以我们认为治学与治校本身是难以严格区分的，对它们的区分只能从管理层次上进行区分。所以，大学发展越是在具体学科层次的问题上就越应该尊重教授们的意见，而上升到跨学科层次或学校发展层面就应该运用专门的决策系统进行管理，即实行校长治校（眭依凡，2001）。

所以，在处理大学发展与学术发展关系的问题上，学院层次更适宜于学术自治，必须由教授参与治理来决定学科发展方向，并且要以教授治理为主导；在大学层次则宜采用校长治校，尽管仍然要保证教授的充分参与，但要以校长治理为主导。不过，其前提是选择合适的大学校长，如果校长不懂得学术管理事务、不懂得经营管理，就很难担负治校的重任。

现代大学制度需要处理的第四个关系就是大学发展与学生发展需要的关系，其中最突出的就是大学教学与科研之间的关系。在当代，追求学术质量无疑会将大学管理重心放在科研上，教学无形中就会受到忽视。对于以知识创新作为首要目标的研究型大学而言，重视科研一点也不为过，而且它所培养的学生也应该是具有研究能力的人才，所以它们以科研为中心、以科研带动教学、以科研促进社会服务是可以的。但对于其他以教学作为主要任务的各类型院校，把科研放在中心位置就容易忽视学生发展的需求。

对于教学型的院校而言，进行课堂知识传授活动只是其人才培养工作的一个方面，而满足学生发展需要、给学生提供多方面的发展机会，特别是社交、实践等宽松的环境对大学生成长非常重要。由于缺乏合理的制约机制，致使现在许多大学在发展过程中一律走研究型大学的路线，这显然是制度设计上的一个失误。尤其需要注意的是，目前大学本科教育和研究生教育也越来越应试化，使得该问题越来越严重。所以，如何针对社会需要、针对学生个性发展需求进行培养就成为当前现代大学制度构建中的一个突出问题。

对于教学型的大学和学院而言，以学生发展为中心应该变成一种自觉的办学取向。大学只为自身的升格需要就会忽视学生的发展需要，这是现代大学治理中迫切需要解决的问题。

三、现代大学制度的基本构架

可以说，科学地解决上述四个关系问题是现代大学制度构建的目标，也是现代大学制度构建的基本框架。在处理大学与政府的关系问题上，我们建议实行间接管理的方式，基本途径就是以专业的中介组织管理代替政府的直接管理。可以参考的模型是美国的大学认证组织和英国先前的大学拨款委员会以及今天的大学基金委员会（王建梁，2005）。该机构充当了大学与政府之间的联系桥梁，避免了政府居高临下的直接干预，较大程度地保证了大学自主性和能动性的发挥。此外，专业的委员会组织能够较好地发挥起专业方面的优势，并能够超脱于政府的意志之外，从而能够比较中立地评价大学发展问题，能够对大学发展提供咨询性的意见。这对于改变目前的政府办学、政府评估，提高大学发展评估的科学性、有效性和公正性具有促进作用。

在处理大学发展与社会发展需要关系上，我们建议实行社会参与大学管理的制度，具体方案可参考美国大学的董事会制度，吸纳社会贤达参与大学的治理，发挥董事会在联系社会方面的优势，使董事会在选拔大学校长和审议大学重大发展议题方面发表决定性的意见，这样就能够改变大学是一种"内部人治理"的局面（张维迎，2004）[1-237]。董事会无疑将吸收政府、企业界、文化界和其他社会各界的代表参与，利用他们的社会管理经验为大学管理出谋划策，保证大学决策的科学性，也避免大学成为一个封闭性组织，进而打通了大学与社会各方面的有效联系，使大学能够主动地应答社会各方面的需求（王洪才，2006）。

在处理大学发展与学术发展的关系上，构建双层的管理体系是比较有效的，双层管理系统指划分为学院层次的管理系统和大学层次的管理系统。在学院层次的管理系统上，重点解决好学科发展的关系，发挥学科专家在学术事务上的作用，使他们获得充分的发言权。目前就是要充实学院层次在学术管理上的作用，使它们具有更大的主动性设计学科发展方向和学科发展目标。而在大学层次重点处理跨学科发展问题和学科发展平衡布局问题，以及需要集中管理的行政事务问题。这样使得大学层次避免具体事务管理，集中提高管理的效率，提高对各个学院的行政服务职能，使各个学院的学术发展获得一个有效的支持系统。

在处理大学发展与学生发展关系上，我们建议实行分类型、分层次的管理，即对研究型大学给以学术上的较大自主权，而对教学型的大学和学院则实行监督管理。具体而言，研究型大学可以自定发展目标和评价标准，而对教学型大学和学院则采用比较统一的管理标准，目的在于引导大学在培养目标上更加明晰化，符合大学的发展层次和发展类型的要求。换言之，对于教学型的大学要加强行政管理，对于研究型大学则要弱化行政管理。

我们认为，正确处理好大学发展的这四个基本关系，现代大学制度就具有基本的轮廓了，也就具备了现代大学制度的雏形了。

第五节　现代大学制度的建构逻辑①

一、现代大学制度并没有一个标准摹本

正如前述，现代大学制度是一个正在建构的事实，远没有完成。有人把现代大学制度特指为洪堡所创立的德国大学制度，进而认为我国现代大学制度自清末引进西方学制即已建立（别敦荣，2003）。不错，包括我国目前施行的大学制度，很多是来自西方的，无论是取道于日本还是取道于苏联或是取道于美国，但其原型都是欧洲大学制度，都是发源于欧洲中世纪大学在近代出现的变种，如德国洪堡创立的柏林大学模式、法国拿破仑帝国大学模式和英国牛津剑桥大学模式等。但这不说明西方近代大学制度就代表了现代大学制度。诚然，研究现代大学制度不能完全撇开历史，但历史不能代表今天，因为这些被奉为原型的大学制度在今天都已经经历了很大的变革，而且也在继续的变革之中。如被公认为近代大学制度理想模本的德国大学模式，在流传过程中已经得到了很大的改造，如在美国进行了本土化，它与原先的英国大学模式相混合，加上美国特有的市场机制，形成了今日发达的美国大学模式。在一定意义上说，当代美国大学模式代表了世界上最先进的大学制度，其最大的特色是大学发展与社会经济发展需要的紧密结合，无论是研究型大学还是州立大学，包括社区学院，甚至现在的虚拟大学（即网络大学）都带有这个特征。这说明，美国的大学发展与科技发展同步，与社会经济发展相呼应。即便如此，美国大学制度也不是一个最为完美的模型，其他国家也无法完全效仿。照抄照搬的结果肯定是有悖初衷的，会出现南辕北辙的结果，进而丧失了现代大学制度的本性。因此，把现代大学制度固执于某种既定的大学模式是明显不妥的。

因此，在我们的语义中，现代大学制度不是按历史分期而将其定位为现代大

① 本文原文为《试论现代大学制度结构特征》，发表在《复旦教育论坛》2006 年第 1 期，收录在本书时对题目和各部分标题及内容作了较大修改。

学制度（王洪才，2005c）。因而，我们也不承认我国自清朝末年就已经建立了现代大学制度。如果照此等划分方式，世界上现行的大学制度几乎都可以归结为现代大学制度，因为很少有不受西方大学制度影响的，那样我们对现代大学制度的研究就变成了历史研究，研究当初洪堡到底实行的是什么样的大学制度，然后再将现在的大学制度进行对照就可以了。这俨然是一种复古主义论调和西方中心主义观点，是我们不能接受的。我们认为，现代大学制度的根本特征在于大学与现代社会经济发展需要的适应性，因此现代大学制度不是一个历史概念，而是一个开放的大学制度建设，它不固执于某一方面，而代表了一种发展动力和发展活力，这种动力和活力的标志是大学发展与社会经济发展相适应，即能够促进社会经济发展，而社会经济发展又积极支持大学的发展，这样大学与社会发展处于一种良性的互动过程中。从这个意义上说，美国大学制度是目前世界上最现代的大学制度，因为美国大学在美国社会经济发展中表现得非常活跃和积极，大学没有向社会封闭，而是与社会发展融为有机的一体。这种开放与融合态势正是大学发展具有活力的表现。而欧洲大学则带有相当大的保守性，这也是自"二战"以后欧洲大学改革呼声不断的原因。当然，大学促进社会经济发展并不是要泯灭自己的个性，相反，大学不仅要保持自己的个性，而且要保持它与具体的社会经济行为的距离，重点是发挥它在知识创新方面对社会经济发展的引领作用，从而保持它作为学术机构的特色。所以，开放性、主动性、适应性、独立性是现代大学制度赋予现代大学的基本含义。

　　现代大学制度的另一个重要特色是本土化，即具有民族性，它不是搬用别国大学模式的结果。这意味着，现代大学制度并不存在一个标准的模式，即我们并不认为世界上存在一个唯一的大学制度模型，并不认为舍此别无选择。我们认为，只有与本国发展有机结合才能表现出其主动性、适应性和创造性。而本土化过程就是现代大学制度所具有的创造性特色的体现。本土化，就是将在别国实践中非常有成效的大学制度融入本民族文化过程，实现与民族发展的历史融合，从而成为民族社会经济发展的一部分，变成民族文化中具有活力的、创造性的一部分。所以，比照任何一个国家的大学制度发展模型来建设我国大学制度的发展思路都是错误的，注定是生搬硬套的，也注定是不能成功的。

当然，不可怀疑的是，现代大学制度具有国际化或共性的一面，这意味着，大学制度是可以相互借鉴的。正是这一点，才表现出大学发展过程中的规律性来，才表现出大学制度文化的先进与优劣来。国际化就是大学制度在基本框架上具有通用性，它所表达的价值理念具有先进性，表现出人类相互交流和借鉴的需要，从而使大学制度的建设表现出相互促进和相互学习的一面。

因此，当我们完整地表述现代大学制度所应具有的属性的时候，我们就不能回避它应该具有这些特征：面向未来的敞开性，与社会发展需要的适应性，民族性和国际性。这四个方面的特征是任何现代大学制度设计者必须关注的方面，也是我们构思现代大学制度的出发点。

二、现代大学制度建构以适应性为核心特征

那么，现代大学制度的核心特征是什么呢？我们认为就是它与社会经济发展要求的适应性。这一点保证了大学本身不保守，保证大学对社会的开放，保证了它与民族文化的结合，也保证了它能够与别国大学制度之间进行比较和借鉴。因此，现代大学制度的特性不是强调"传统大学自治"的那种大学自我封闭的象牙塔属性。诚然，纯粹真理追求仍然是相当一部分学者的挚爱，但我们认为这种追求不是建立在虚无缥缈的基础上，而是建立在社会现实的基础上。现实的基础就是社会经济发展的需要，就是国计民生的需要，就是人的发展的需要，以及民族文化发展的需要。脱离了这些基本需要，是很难搞出什么真正的学术来的。所谓纯粹真理追求，应该是建立在价值追求不偏颇的基础上对真正知识的探索，它不是将一个先验的价值封为真理，然后再设法去验证它。因此，纯粹真理追求是探索者对事物或探索对象所保持的"无我"态度，即它不把先入为主之见带到对事物的观察中，不把这些东西视为当然真理，而是从对事物的观察和深思中获得经验，然后再经过抽象和去粗取精、去伪存真，进而得出关于事物的一般结论。有了这一层的"去蔽"功夫，才能对事物的认识加深一层，才能进一步获得对事物的真知灼见。而社会经济发展需要是学术研究的现实课题，从事这些研究不是为

了迎合某一方面的意志，而应该是学者自己的内在使命。这些现实的课题就是学者思考的对象，也是学术活动生命力的源泉。

所以，现代大学的核心特征是与社会经济发展相结合，而不是相脱离。自我中心、自我封闭都是传统大学的特征。现代大学的本质使命是进行社会改造，即通过知识发展来推进社会进步。这种推进和改造不是依靠传统的道德说教来进行的。而是通过为世界揭示美好前景、昭示前进路径和提供可行方法来进行的，在这里，知识创新就是学者改造世界的工具；在这里，知识创造是真诚的、是独立的，它不是为了附和某种外在力量的要求，而是出于学者的良心驱使。所以，知识不仅代表一种认识成就，更代表一种人格境界，代表学者的独立判断能力，代表学者对人类前途的理解和他对人类前进方案的设计。所以，学问容不得半点虚伪和掺假，它首先来自诚实的品格和对真理的忠诚。因此，真理不是自封的，不是自我标榜的，更不是孤芳自赏的，真理是通过它对社会发展的贡献来表达它的价值的。

传统大学最大的弊端在于它的保守性，它自立为真理的守护神，它不关注世俗的需要，只关注虚无缥缈的精神世界，最后沦为教会的同谋，成为社会进步的阻抗力量，变成上帝的代言人。这些都是大学自我封闭、知识垄断所造成的后果。因此，实现从传统大学向现代大学转变的核心点在于促进大学开放，使大学融入社会经济发展的需要中，而不是对社会发展漠不关心。为此，最关键的是建立大学与社会发展需要的联系机制。所以，建立大学与社会的联系通道是现代大学制度构建的中心任务。

传统大学最为自我称颂的是对文化遗产的继承。所以，它们在思考的视点上最显著的特征是回头看，对知识持永恒主义的态度，试图以历史上或古人的做法来教训今人。厚古薄今是传统大学的一贯表现。这诚然使大学在文化的继承方面发挥了巨大的作用，然而这并不能代替它们对未来的思考和对未来应负的责任。文化需要发展，文化更需要创造，文化在创造中才能展现出活力，而且也只有在创造中才能完成对文化的传承。这意味着对文化必须不断地作出新解释，拘泥于过去的成例或权威或圣人的言论就可能使人们在变革的时代寸步难行。因此，文化的命脉在于创新，故而"创新是一个民族的灵魂，是一个民族进步的不竭的动力源泉"。大学就担负着文化创新的功能。只有主动地承担起这一使命，大学才能变成现代的。现代大学制度就是为大学的文化创造提供制度性的保障。而大学的文化创造功能也只有在主动地回答社会经济发展提出的具体课题中才可能展示出它的创造能力。

对于我国大学而言，大学的文化创新的原动力远远不足，这种原动力缺乏从根本上而言是由体制束缚造成的。虽然我国逐渐走向市场经济，但大学受计划体制的束缚尤深，还没有从根本上跳出计划的框框。目前，大学办学体制的最大弊端仍然是国家控制得太多，政府几乎控制了大学联系社会的所有渠道，从而使大学没有独立应答社会经济变化的能力。从大学的经费构成中就可以看出这一点，社会捐助的收入和通过科研及社会服务的收入所占比重很小。在大学的收入中，比重最大的仍然是国家拨款和学费收入。国家拨款收入份额过大标志着国家控制力量非常大，而学费收入很高标志着高等教育的供求关系仍然是卖方市场，这在民办高等学校那里最为明显，学费收入甚至是民办高校盈利的源泉。可以说，直接取自国家或直接取自学费都表明大学与社会联系的薄弱，说明大学还没有真正进入市场经济中。大学进入市场经济中的标志是社会支持大学的费用应该占到相当的比重。这些收入只有通过大学的科研业绩和大学对社会服务项目来获得，从而它们也是大学主动反映社会需要的能力的标识。目前，大学在招生计划、专业设置上无选择性、无自己个性的事实，表明大学真正走向独立自主办学的道路还很遥远。这一点不能不归结到大学与社会联系渠道的缺失上。

大学联系社会渠道的缺失，从根本上说，大学还没有摆脱行政本位的束缚。大学在与社会交往中是带着枷锁进行的，这个枷锁就是行政枷锁。行政枷锁使大学不能与社会各界展开平等交往，而是按照行政关系来处理与对方的关系。这样就不免产生使对方依附或依从的愿望，而不是将对方构筑成合作伙伴的关系。而在市场经济中，交往关系应该是平等的、互利的，而不是差等的、依附性的。另一方面，大学的各种活动需要行政部门审批，这也限制了大学的行为能力。大学要使社会各界在与之交往中保持一种完全公益的态度恐怕是不切实际的，而且效益也是非常低下的。这正是社会支持教育的根本动力没有被激发出来的根本原因。大学联系社会渠道的缺失，也无法尽快地消解其传统的保守特征，无法真正地面对社会需求，无法激发其投身社会需求而作出重大的原创性的研究成果。

因此，现代大学制度的关键在于建立一个能够主动反映社会需求的机制。传统上政府包办了社会需求，从而使大学对社会需求的感受建立在不真实的基础上。大学要形成主动反映社会需求的机制的根本途径就是直接面对市场，建立与社会需要联系的直接机制，这就需要构筑大学与社会的新型关系，重新调整大学与政府的关系，并进行大学自身管理结构的调整，同时要重新审视与教师群体的关系及与学生的关系。这些都是大学制度构建的内容。但首要的环节是建立大学联系社会的制度，克服大学对政府需求的完全依赖。做不到这一点，大学就不能独立，就不能实现自主办学，也就很难实现学术自治。

三、现代大学制度建构以社会参与大学治理为重心

显然，大学联系社会的制度建设不可能由大学自我完成，它必然是在社会参与大学管理的过程中完成的。或者说，在现代大学制度中，必须包含有社会力量参与大学治理的内容，否则不能构成现代大学制度。只有社会参与大学的管理，才能将社会的真实需要带入到大学办学过程中，才能激发起大学对社会需要的关注。我们认为，对社会需要的关切，完全靠学者的自觉或完全由外部推动都是不合时宜的，只有在建立一种大学管理者、学者和社会各界广泛交流的平台后，才能促进大学治理理念的转变，才能促进大学办学方向从封闭走向开放。

社会参与大学管理的形式可以是多样的。注意，政府可以作为社会的一个构成分子参与大学治理以表达自己对办学状况的关切，但不是以主宰者的身份参与。具体而言，政府派代表参与大学管理是社会参与的一种形式，这时政府不是以一种高高在上的管理者身份参与，而是以一种意见的协商者的姿态出现。过去经常认为政府就是社会声音的代表，这种说法在今天越来越受到质疑，因为政府治理决策受政治因素和意识形态因素的干扰太大，不能完全代表社会的声音。因此，政府力量往往只是行政力量的代表，它代表一种强势的社会力量，不能完全代表

社会的意愿，在政府力量之外还有其他社会力量，因为它们的力量是分散的，所以它们的力量常常以市场机制的方式表现出来。当然，政府也可以利用市场机制的方式来表达自己的意志，但它更习惯于运用政策法律甚而是命令的手段来表达自己的意见。在社会要求参与的情况下，大学教授们并不甘心接受外行的指使，而是要处心积虑地表达自己的独立意志，这个意志所代表的是学术共同体的利益，可以说中世纪以来的大学行会组织就是这种声音的代表。各种学术团体的建立，其志向就是要保持自己的学术探讨不受非学术因素的干扰。不管是学术的还是政府的或是社会的，它们都带有本位主义的色彩，都不可能完全代表独立个体的自我成长和自我发展的意愿，尽管它们都试图代表个性发展需求，但它们都不是正在成长一代的真正利益主体，那么代表它们的只能是它们自己。这样我们经常听到四种声音交错在一起发挥作用，并且经常有一种声音试图作为永久主导的声音。能够使多种声音并存同时又能够显现出某种主导声音，这正是现代大学体制的特色所在。而这四种声音构成了大学制度的结构基础。

作为现代大学制度，它反映了大学与社会需要的直接结合，而不需要中间途径。由国家主办的大学容易形成国家对大学声音的控制，从而不能使大学直接感受到社会的需要；而由社会力量直接办的大学容易受市场功利主义的驱动，容易抹杀大学的意志；而大学独立或自治造成的弊端就是不关心大学的世俗需要，造成大学的自我封闭；而以个性发展为主导的大学容易形成放任主义，不能保证学术的水准，不能使学术事业持久发展。因此，现代大学制度并不是要建立哪种声音的绝对主导，而是要建立一个平衡机制，使各方面力量在一个协商氛围下能够充分表达自己的意志。

当然，无论什么时候，都不可能忽视大学的本体作用或学术的本体作用。也就是说，没有学术自由作为基本保证，大学就不可能存在。而其他几种力量是发生牵引作用的东西。在现代社会越来越可能的结构是：在尊重学术独立的前提下，政府调控是主导作用，并主要以为大学行为立法的形式来进行；社会力量参与通过多方位进行，调整大学的具体行为；个体对大学行为的影响是间接的，是通过选择来表达自己的意见。而当个体能够充当充分主体的时候，也是大学学习机会变得非常充分的时候。

因此，在大学办学过程中，任何一种声音都不可能成为真正的唯一的主体，大学存在是一个多元主体的存在。在对大学进行宏观引导方面，政府决策自然是非常重要的；而在大学具体行为目标选择的过程中，社会力量又显示出它的主导作为；但直接决定大学行为方式的是大学自己，即是它自己对学问的信念和自己对学术的追求。在极其微观的领域，学生的意见也参与其中，这决定了学问是否能够被传播出去，从而也决定了大学是否真的有影响力。从这个意义上说，教育对象又是大学活动的真正主人，他们并不是可有可无的存在。

由于大学目的不是为了绝对自身的目的，而是为了社会的存在或是为了社会的发展，所以大学的最终承认仍然以社会承认为主。政府承认是一种合法性承认而不是实质性承认；大学的自我承认不具有合法性基础，必须在政府承认基础上进一步获得社会的承认。而受教育者的承认虽然是大学获得合法承认的一个必要条件，但并非是必然的，当然也不是充分的。

这决定了现代大学制度的构建是以社会参与为重心的构建。在大学未进入制度化的时期，大学是作为一种社会政治经济团体而存在的，它可以依赖于大学内部的自治。而在进入制度化的精英高等教育时代，单纯依靠自治已经不行了，必须有政府承认，甚至说有政府承认就已经足够了。但在大众高等教育时代，政府承认已经远远不够了，必须有社会承认，社会承认是大学得以有效运行的基础。可以设想在未来的高等教育普及化的时代，个体选择将是最具有决定性的力量。

四、构建社会参与大学治理的三条基本途径

现在我们正处在大众高等教育时期，社会还没有真正参与大学发展，大学发展基本上完全是由政府主宰，这对促进大学与社会的广泛结合而言是不适宜的。那么就需要培育大学与社会的结合力量。而大学与社会的结合点就在于建立社会对大学的参与机制。

社会参与大学治理的途径基本有三：一是通过建立实体性的董事会制度以增加社会对大学的管理；二是建立专业的社会中介组织来评价大学的学术质量；三

是政府通过发布大学运行信息来吸引社会监督大学的运行。

建立实体性的董事会制度，就是发挥社会上有重大影响人士的作用，运用他们的智慧和他们对社会需要的识见直接地告诉大学社会需要什么样的人和什么样的产品。这可作为大学制订培养计划的蓝本。大学的发展规划设计就是根据社会基本需求的轮廓来决定究竟采用什么样的人才培养方案和需要什么样的课程结构以及决定从事什么样的科学研究。从大学自身而言，它们对社会需要的感觉不是非常直接的，也不是非常敏感的，只有这些来自职业发展前沿人士的意见才能告诉大学未来社会产业发展的方向、人才需要的种类和需要哪些科技产品。所以，董事会的职责就是对学校发展项目进行年度审议，对旧的不合时宜的发展项目进行淘汰，确立新的发展重点，这将有利于避免大学内部的自我保护主义的产生，避免由于校长的主动作为引起教授会的不满。除此之外，大学董事会建立的一个很重要的目的就是平衡大学预算，避免大学出现过度赤字。

建立专业的社会中介组织来评价大学学术质量，也是要打破传统的大学自治规则，引入社会参与机制。所谓"专业的"，就是从学术评价的从业资质角度而言的，即对大学学术质量进行评价，必须是专业人士，甚至是学术方面的权威，从而能够评判大学学术质量，否则就没有发言权。"社会中介"，指应该独立于大学，不附属于大学，当然也不应该是政府派出机构，这样才能保证其声音是独立的。毋庸置疑，大学无论是民办还是国办，它们都必须维持在一定的学术水准上，否则就是不合格的。而这个学术水准如何来保证呢？靠政府认定吗？恐怕这缺乏公正性，因为政府在直接参与办学，这样有可能对公立高校形成偏袒，使民办高校处于不利境地。大学的自我评判当然更缺乏公信力，在市场经济条件下，大学的任何自我宣称都有广告嫌疑。而完全听凭市场裁判则可能使大学行为失去理智，因为市场选择很多时候是非理智的，大学为了生存可能会跟着市场转，这样可能会将学术抛在一边。特别是在信息不对称的情况下，市场秩序就不可能避免混乱的状态。那么，只有第三方的出现才能对大学的运行状况作出客观、公正的评判——这就是专业的社会评价机构。

当然，作为专业的社会中介组织存在的前提是获得大学的承认，也即没有大学承认，就证明中介的资质存在问题。一般而言，一个完全不了解大学情况的第三方是不可能取得大学承认的。所以，熟悉大学运行状况的第三方只能是大学自我认证组织。这种大学自我认证组织是超脱于具体大学限制的，而且是以大学共同体利益为重的，这样大学的特殊性受到尊重和保护，也才能得到大学的承认。所以，完全持批评性态度的第三方是不会被大学认可的。这样就依赖于大学之间的协会组织。像美国的大学联合会组织正是在这种背景下建立起来的。大学联合会是大学自治组织，也是大学之间相互认同的结果，在这种认同的基础上，就能够建立共同的评判准则，就能够对基本的学生质量起到保护作用。当然，这种评价机构的一个重要缺陷就是对大学行为过分宽容，所以它往往适用的是最低原则，即对最基本的学术水准的维护，而不能对比较高的学术水准进行认定。可以设想，一旦进行具有利益分配性质的评价，这种评价机构就很难保持它的公正性。这种最低保证本身仍然说明，大学的学术质量保证仍然需要大学自己的努力，而不能依靠外部的刺激或监督。

大学当然不希望有一个完全独立于自己的第三方对自己如何行为指手画脚。这就是由政府组织建立的评估组织的缺陷。政府组织的评估具有先天的优势，使得大学只能将自己的真实自我掩藏起来，刻意地表现出自己精彩的一面，这样就难免造成千篇一律的情况，既不能反映大学运行的真实状况，也使大学丧失了个性。在这种情况下，大学发生了异化，并不能通过评估促进其发展，相反，评估变成了一种"做戏"表演，变成了一种折腾。这是因为政府评估的地位所限制的，大学不得不如此。

相反，如果有一个并不是居于优势地位的评估组织，而是以一种平等姿态或伙伴地位出现的评估组织，那么大学就会表现出合作的姿态来，主动地请求评估组织为自己提供解决问题的策略，因此这种评估是带有咨询性的，而不是指导性的，从而有效地保护了大学的自尊不受伤害。同时，大学也会尊重这种机构的意见，因为通过这些机构的评估是一种最低限度的要求，不能通过这个基本的评估，对它意味着什么将是非常清楚的。

当然，这时的评估就不可能是一种商业行为。因为评估组织并没有自己独立目的，其目的是为了促进大学发展，保证大学有一个共同认可的基本水准。这是保护大学共同体利益的，与大学发展目标是一致的，在这里大学的个性能够受到充分尊重，所以大学就不会用怀疑的眼光来看待社会的评估组织了。

正是由于社会中介组织本质上是维护大学利益的，它对大学质量进行评估时所进行的是基本水平评估，而不是排名，往往难以满足社会公众对更为精确信息的需求，那么就需要别的机制来进行补充。新闻媒体以其强大的受众优势迫使大学必须予以合作，因而基本上能够采集到所要求的各种信息。当然，大学提供的往往是能够反映它优势的一面的信息，而回避提供对自己不利一面的信息。这样新闻媒体也可能采集不到全面的信息。另一个能够采集到全面信息的机构是政府。政府为了管理的需要也必须掌握大学运行状态的各种信息。但是政府总是有自己独立意见的，在采取措施时也是独立的、不受干扰的，这使政府出于慎重的考虑而倾向于不公布所知道信息。但在公众的压力下，政府也必须有选择地公布关于大学运行状况的信息，当然也不可能完全拒绝对各种信息进行分析和加入自己的观点。所以，政府发布的信息仍然以最少为原则。

但大学有向社会发布信息的主动性，因为大学要树立自己的形象，要吸引生源和师资以及投资，那么就不能缺少宣传。大学宣传无疑具有自我渲染性，那么政府就需要对大学发布的各种信息进行审查，防止欺诈性信息存在。当然，政府可以对大学发布的信息项目进行规定，或直接由政府统一发布，这样能够防止信息作弊。

政府对大学信息的要求不外乎以下几个方面：一是大学对社会发展的贡献；二是大学的运转效率；三是大学发展的定位；四是大学发展问题的诊断。

大学对社会发展贡献是通过大学的招生和就业率状况来反映的。招生能够反映出大学服务的倾向性，如地区特征、性别特征和年龄特征；就业率能够反映出大学教学活动与社会发展需要的关系密切程度，同时也反映出大学被社会认可的程度。大学运转效率是通过单位人均培养成本、学费水平、教师的薪酬水平、大学获得的科研项目、大学科研成果数量和提供的大学奖学金机会来反映的。大学发展定位是指大学培养人才的层次、学科专业方向等。大学发展中的问题主要是指大学在实现预期发展目标中所遇到的困难。

目前，大学信息中最难以反映的是大学的特色一项。应该说，大学校长的治学思想是最能够表现大学特色的，在他的治学思想指导下相配套的具体措施是大学特色的具体表达。现在，具有思想家水平的大学校长越来越少，这样大学的特色就越来越不明显，同时大学的行为越来越常规化，也越来越行政化和官僚化。

应该说，能够体现大学办学特色和效益的是大学对毕业生情况的追踪信息和大学科研项目在社会发挥作用的状况。然而这两方面的信息是极端缺乏的。在美国，大学有发达的校友会组织，这对于促进大学与社会联系和社会参与大学管理是非常重要和有效率的。这些都是大学自发的组织，而不是通过行政命令手段进行的。而且美国大学有比较发达的院校研究组织，这种组织对于收集和处理大学信息也是非常重要的。

在学生进行大学入学选择时，有关大学的信息是非常重要的，一般而言，学生既要审视自己的竞争力，同时也在评价学校的竞争力，他能够进行正确判断的基础是他能够获得比较准确的信息。目前，关于大学信息的严重缺失是造成学生选择学校困难的非常重要的因素。

五、建构大学内部治理的权力制衡机制

大学的内部治理结构一直为人们所关注。因为在涉及大学内部治理结构时有几个关键的价值是不可突破的，一是学术自治的价值。所谓学术自治，是指学术发展由学术界内部人事说了算，不能由外行进行统治。学术自治也被表述为大学自治，意思是说在大学管理中不受党派意见的左右，不受社会上各种政治势力的左右，要求大学在活动中一切按照学术的规范行事。价值中立原则是学术自治所坚持的核心价值之一，它的含义是指，学术研究不能带有价值预设色彩，学术研究不受价值干扰，对于学术研究的结果只要是按照科学上诚实的原则进行，那么它无论得出什么样的结论都是不承担社会责任的。价值中立原则尤其要避免受到研究者先入为主观念的干扰，要求研究者不得把自己的情感因素投入到研究的过程中。价值中立原则具体表达为学术自由和学术独立，要求研究者不得把政治意

见或政治纷争带到学术界，在研究过程中超越党派政治，超越意识形态的束缚。价值中立在一定时候也被理解成大学的无私利性，即大学只服从真理探求的事业，没有自己独立的利益。这种真理探求是超越国界的，是为全人类服务的，在这里服从的是知识公有的原则。

在大学自治、学术自由的主张下，延伸出大学教授治校原则。它意味着，在大学事务中一切以发展学术为准则，而对于学术事务，教授才有发言权。这也是学术界公认的内行治理原则。后有人提出校长治校、教授治学，主张把校政转让给校长，认为随着大学的发展，再依靠传统的教授俱乐部性质的治理方法就难以适应社会发展变化节奏的要求。这同时也意味着，大学活动不再是超越于社会，而是社会发展的一个有机组成部分。在这种情况下，大学必须将自己的发展轨道与社会整体的发展轨道统一起来，否则就得不到社会对其给予的强大支持。而且现代大学运行所需要的花费越来越大，这种经费的支持只有由社会有机组织起来的国家才能支撑，而单靠大学自谋财政是不可想象的。虽然国外也有非常著名的私立大学，但它们的经费也并非其独立自筹，在相当程度上需要政府的支持，特别是对大的科研项目而言更是如此。在接受政府支持时就产生了"问责"要求，因为政府动用的是纳税人的钱，而公众具有问责的要求。这就产生了效率问题。大学不仅在科研方面需要政府的支持，而且在扩大大学规模时也同样遇到了财政问题（完全自费原则越来越难以适用），仍然需要政府的支持。即使大学可以接受大量的社会捐助，社会对大学的支持也并非是完全无条件的，这同样产生了问责要求。而大学的责任主体不可能是松散组织的教授会，而必须是代表学校运转效益的大学行政团体，它的首脑就是大学校长。从负责任的角度看，无论是学校组织的校务委员会，还是大学教授委员会或大学学术委员会，或者大学的一些其他什么组织，都不能完全代表学校承担责任，唯有校长代表的行政组织才是具有资格的责任主体。这自然产生了校长任命权力问题。在公立大学，当然是政府任命校长。而在私立大学，则由举办者组成的董事会来任命校长。那么校长就是对政府负责或者是对董事会负责。在国外，政府不直接主管大学，而是由组成的董事会具体管理，而董事会按照一定规则组成之后再负责招聘校长，校长对董事会负责，而不是直接对政府负责，而董事会则是政府意志和社会意志的代理机构，负责将政府的意志和社会的意志传达给大学校长，由校长进行具体决策。

在大学内部，校长为了完成董事会所托付的职责，开始行使自己的职权，首先他有权力组织一个具有高效率的行政机构，直接任命各部门的第一责任人，也就是行政的一把手，他们负责完成校长交付的任务。而部门负责人也有权力组织自己的行政骨干以完成自己的职责，其中就包括招聘教师和行政队伍，实现各部门的有效运转。但行政负责人并不把教授的招聘权揽为己有，而是通过教授会的组织来行使这一权力。行政负责人具有同层级的最终决定权，也就是说，他可以运用否决权来反对教授会的决定。这意味着，在大学广泛参与社会之后，教授会的权力不是绝对的，而是相对的、有限制的，教授会的权力与行政负责人的权力之间存在一个平衡关系，即存在着一个各自运行的规则，相互之间都尊重这种界限，而不是试图越过它，在这种情况下才能获得一种平衡。行政部门对学校事务具有组织权和否决权，但不能具体操作。因此，行政部门与教授会之间不是上下级关系，而是一种平行关系。也就是说，教授会按照自己的原则和规章办事，并不是行政意志的执行机构。

校务委员会是各部门行政首脑和教授会代表议论学校事务的机构，学校重大事项需要由校务委员会议决，校长有提议的权利，各参与成员都有均等的发表意见权利，当通过协商一致后由校长负责执行推动。当出现严重意见分歧，或搁置或提交董事会裁决。任何人都应该尊重议定结果，不得出现阳奉阴违的情况。

教职工代表大会是全体教师参与校政的渠道，它能够反映学校教职工对校政的基本意见和对学校制度的看法。由于它的代表广泛性，所以对学校总体计划和对校长执政能力都有一个基本判断，这是考察学校治理效果的一个重要渠道。显然，教职工代表大会只是一个议论机构，没有决定权，决定权在校务委员会，终审权在董事会。因此，我们可以看出，无论是在什么样的情况下，校长都不是决策者，而只是执行者。教授会在学术事务上有基本的决定权，但没有最终的决定权，最终的决定权在校务委员会，它是否被采纳取决于校内的政策平衡。在关于学校发展方向等重大问题上，最终的决定权在董事会，这是安排学校预算的基础，也是董事会进行筹款安排的重要依据。

所以在大学内部，存在着以校长为代表的行政组织的力量和以教授会为代表的学术组织的力量的平衡以及由校务委员会所进行的综合，董事会是学校的最高权力机构，它并不处理具体的学校事务，主要是对学校发展中的重大事项问题进行裁决，特别是对校长任命效果提出评价意见。校长的主要职责是对学校发展政策提出意见并提交校务委员会讨论，校长对教授的任命具有最终决定权。教授会对学校的发展政策有建议权，对教授的任命有推荐和提名权，但不具有最终决定权。教授会由全体正教授、部分副教授和个别其他教师组成，教授会自然是以委员会的形式来组织，教授会主席由选举产生，实行任期制。在各种制度安排上都不使某一种势力成为一种绝对的权力，制衡是权力结构唯一绝对的规则。

六、结论：现代大学制度是一个系统建构

总之，从大学的外部治理而言，应该完善董事会制度、社会中介评估制度和高等教育信息公开的制度。但从大学内部治理而言，应该从完善大学教授对学术事务的参与制度、校长对教授晋升的批准制度和建立专业化的行政队伍入手。

教授对学术事务具有发言权，这一点是不容置疑的。在学科发展方向上，无疑应该多听听教授的意见。所以，建立教授委员会是有效的学术治理形式。但校长具有选聘教授的权力，从而有效地实现自己的学术发展目标。校长对选聘教授的决定权主要表现在对新聘教授或最高职位的教授的决定上，如讲座教授和特聘教授，当然也包括对新升任的正教授的聘任，从而反映他对学科进一步发展的意见和倾向。建立专业化的行政队伍，目的是将分散的兼职的行政权力集中起来，提高管理效率，避免出现教授兼职行政职务而不能专心于管理事务。随着大学规模的扩大、大学对外联络的频繁，专业化的行政队伍是必需的。唯如此，大学的内部治理才能与大学的外部治理相一致起来。

因此，现代大学制度的建设，不是进行某方面的修修补补或改善，而是一个系统的制度建构，这种系统性就在于使大学各个组成部分和大学各个规章制度之间构成一个统一的整体，发挥一个整体制度的功能。所以，现代大学制度建设是

一个系统工程，它是根据某一特定目标进行的整体设计，从而在制度的各个组成部分之间建立紧密的联系，从而使各个制度环节相互促进、紧密配合，构成一个内在紧密的结构。这是现代大学制度的要求。

第六节　现代大学制度结构特征[①]

一、现代大学制度的建构特征

学术界对现代大学制度关注已经很久了（彭江，2005），但对现代大学制度的确切内涵及建设方略始终没有达成比较一致的意见（刘楠，侯怀银，2011），而对现代大学制度结构特征这个专门话题论者甚少。从文献检索的结果看，仅笔者于2006年在《复旦教育论坛》第一期发表过该方面论述。文中笔者明确地提出了现代大学制度在结构上具有四个特征，即开放性、适应性、民族性和国际性（王洪才，2006）。之所以提出这些结构特征，主要是从现代大学制度的生成性特点进行阐发的。这一探索与笔者之前关于现代大学制度的价值导向（王洪才，2005a）、现代大学制度内涵及其规定性的探索（王洪才，2005c），及之后对现代大学制度雏形（王洪才，2007b）、现代大学制度与高教强国建设关系（王洪才，张继明，2011）、高水平大学校长选拔制度（王洪才，2009）、大学内部治理结构（王洪才，2008）、大学制度的历史继承（王洪才，2010a）和未来展望等探索构成了一个系列（王洪才，2011a）。今天重新审视现代大学制度结构特征问题，发现需要进一步加强方法论的探索。在进行方法论反思之后，发现需要进一步强化现代大学制度的生成性特征，即需要从历史比较的视角对现代大学制度结构特征进行重新阐释。

在此，我们首先将突出文化对话的逻辑（王洪才，2010b），即我们所探讨的现代大学制度，一方面是基于对传统大学制度进行的反思，另一方面则是对国际

[①] 本文原题为《再论现代大学制度结构特征》，发表在《中国教育政策评论2012》（教育科学出版社，2012：44-55)，收录在本书时略有调整。

上先进大学制度的借鉴。我们认为，任何制度在构建过程中都借鉴了国内外制度建设的经验，如堪称拥有当代最发达高等教育体系的美国大学制度就是在传统的英国大学制度基础上，吸收了洪堡德国大学制度的优点，然后再根据本国发展需要进行创造。所以，中国大学制度的建设过程也不能缺乏这一比较借鉴过程（王洪才，2012）。

故而，我们今天所说的现代大学制度既不是洪堡时代的德国大学模式，也不是流行于当代的美国大学模式，必然是基于中国社会经济发展建设需要的新型的大学制度——中国特色的现代大学制度或中国大学模式。如此，现代大学制度建设过程就具有以下鲜明特征：

一是批判性或反思性。此即指对传统大学制度的批判或反思，这一点是比较容易理解的。可以说，没有对现行制度的批判就没有改革的必要，也没有建立新型制度的可能。

二是建构性或生成性。此即指新型大学制度处于探讨摸索过程中，还缺乏一个理想的摹本。这说明它不可能是既定的，而是一个建构的存在，是一个面向未来的存在。

三是针对性或目的性。此即指我们建设现代大学制度的目的是为了提升学术创新力，为了促进知识生产，换言之是为了解放学术生产力。更进一步说，是为了建设世界一流大学，为了建设国家创新体系，为了中国社会经济发展获得持久的动力源（熊庆年，2003）。

四是创造性或探索性。此即指现代大学制度探索有明确的价值吁求，从长远目标而言是为了建设中国的大学模式。要实现中国目标，就必须与中国文化实现有机的融合，否则就很难建立一个稳定的学术发展机制。所以，对现代大学制度的探讨，最终也是为了探索中国的大学模式（王冀生，2000）。如果不能与中国文化结合的话，大学制度就很难获得持久的生命力（张应强，高桂娟，2002）。

我们知道，中国最初的大学制度就是从西方搬过来的，但在搬迁过程中却与落后的中华文化特别是封建文化传统实现了结合，而没有与中华文化中具有创造力的文化进行结合，这一点是阻碍中国大学发展的重要根源。这才产生了蔡元培在北大的改革。即使在当下，中国大学发展与"学而优则仕"的文化传统结合得比较紧密，也与传统的中庸文化结合得比较紧密，讲究一种非常实用的文化，这也是为什么在大学里官本位盛行的原因。因此，在现代大学制度建设中，就应该自觉地剔除传统文化的糟粕因素，弘扬中华民族的优秀文化，从而推进学术发展。

中华文化博大精深，一下子确定适宜中国当代社会经济发展的文化元素并不易，因此，对中国大学模式的探索是一个艰难的过程，不可能一蹴而就。

二、传统大学制度的结构特征

传统大学制度就是当下的大学制度，也是从传统计划经济时代继承下来并不断被改造的大学制度。提出建设现代大学制度的目标，就是对这个制度改造过程的继续。

由于传统大学制度是计划经济产物，所以它带有浓厚的计划经济时代特征，总体而言，在制度结构上是一个刚性结构。虽然经历了三十余年改革开放浪潮的洗礼，但现行大学制度并没有完全脱去计划体制的特征（李江源，2001）。市场经济要求国家赋予每个个体以充分的自主性，但由于各种各样因素的影响，至今大学的办学自主性不强，学术创新力不足，大学的行政化趋势仍然在蔓延，这已经成为大学制度建设中迫切需要解决的问题（袁贵仁，2000）。

没有人否定，改革开放以来，中国高等教育体制确实已经进行了重大变革，如大学的自主权越来越多，特别是以"985"高校为首的大学。但不管怎么说，这些自主权并未成为大学学术创造的动力，而仅仅成为行政权力扩张的时机，这就不能不促使人们反思，我们的大学制度究竟出了什么问题以及该如何进行改革。必须承认，现今的大学学术管理基本上没有脱离计划管理的框框，计划学术的特征非常明显。尽管许多大学获得了招生、专业设置、课程开设和教学管理等许多方面的自主权，但没有发挥出学术创新的效力，甚至不少高校认为这些自主权是个负担。我们不得不说这是传统的高等教育决策体制造成的，因为这种决策体制的特点是自上而下的，而非自下而上的。如此，下放的自主权就没有实质性的作用。这样决策体制下的大学制度在结构上具有以下三个明显的特征。

1. 行政中心性

它是指在大学制度构建中始终把对行政权威的服从置于第一位，而对其他利益主体的地位没有给予应有的尊重，从而形成了一个官本位的大学制度结构（别敦荣，2004）。换言之，在这样的大学制度构架中，政府意见永远居于中心地位，其他意见永远是从属的。这种大学制度构建逻辑实质上就是坚持"单一主体说"，即不承认其他利益相关人拥有参与讨论、协商的权利。我们认为，在一个制度设计中，如果不承认其他利益相关人具有独立地位的话，他们的主动性就无法发挥。在这样的大学制度构造中，除政府声音外，其他的声音，如办学者（大学）、学者和学生这些直接的利益相关人的声音都听不到。这个构造的最大缺陷在于违背了学术组织的特性，学者的自由意志没有得到尊重（周光礼，2003）。如果没有学术自由，学术创造性就不可能出现。当然，如果不尊重办学者意志的话，大学对社会的主动反映能力就不能发挥出来，就无法正确引导学术方向，也无从办出学校特色。同样，如果不尊重学生的主体地位，那么所培养的人才就不具有创造潜力，因为很难设想他们在缺乏创造价值观的引导下的自发成长的结果会怎样，因为他们还不是自觉、能动的主体（杨东平，2003）。在这样的体制下，学术运作是在指令下完成的，行政逻辑取代了学术逻辑。

行政中心性特征在今天的集中表现就是越来越严重的大学行政化现象（王洪才，2011b）。大学行政化的真实含义乃是指大学中的官僚主义作风日盛，对权力的追求代替了对学术价值的追求，从而使大学产生与学术文化疏离的现象。人们一致认为，如果大学行政化趋势得不到抑制，大学的知识创新能力就无法发挥，那么我国建设世界一流大学的理想就无法实现（赵文华，2002），当然也不可能实现中华民族伟大复兴的理想追求。

2. 自我封闭性

传统大学制度在结构上的另一个重要特征就是自我封闭性，它以行政首长的意志为尊，拒绝和排斥了外部声音。如此，社会的批评声音就无法得以体现。由于大学管理制度是一种垂直式设计，与社会外界不发生直接关系，因而对社会外界的声音能够产生自动屏蔽的功能。虽然大学与外界有一定的交往，但社会力量无法影响到大学的决策，因为外部资源对其制约作用很小。除非大学能够真心地对待社会的需求，否则就不能听到社会的声音，也不可能对自我产生重大变革的需求。但在功利主义驱动下，大学没有耐心来听取社会诉求。即使对直接的利益相关人大学教授和学生的声音，大学行政当局也没有足够耐心听取。

社会声音的重要代表是实业界，他们对大学办学质量具有相当的评判能力，因为他们在选拔和使用人才过程中能够发现人才培养环节的问题，如果大学能够倾听他们的意见，将对大学办学质量的改善和提高发挥重要的作用。但大学对毕业生就业问题并没有足够的重视，换言之，他们对社会发出的声音只是有限听取，一旦社会的声音与上级指示不一致时就会把这些意见弃之不顾。

封闭性结构的另一个重要表现就是大学对于学术界的批评声音也是充耳不闻。如目前人们所诟病的量化考核与绩效管理，以企业管理方式代替学术管理方式等行为，大学对这些声音只是装聋作哑，因为一旦听取这种声音就会增加它们的管理负担，与它们推行行政意志发生冲突。所以，大学对校外各种学术组织的态度完全是功利性的，大学只希望这些机构服务于提高名声的需要，而对它们学术方面的呼吁并不关切。换言之，民间学术组织对大学行为没有批评能力，即使批评，大学也不理会，因为大学还不是一个独立的办学机构。

我们认为，这种自我封闭性特征是与行政力量过分强大有关，因为行政力量几乎垄断了所有的资源配置，不仅包括物质的资源，而且包括精神的资源。所以，即使是传统的学术人员，一旦担任了行政职务，其思维方式马上就会发生偏转，就会以行政的思维方式取代学术的思维方式。这也是为什么大学行政化趋势愈演愈烈的重要原因。

3. 身份等级性

传统大学制度在结构上的另一个重要特征就是等级性，这一特征贯串于整个学术活动场域，既构成了大学的基本身份，也常常是学术人员所追求的另一个身份。在目前学术活动场域中，人们对一个人的资历审查往往是三重的，首先是单位身份（级别），其次是行政身份（职务），再次才是学术身份（职称），显然单位身份是最重要的，而行政身份往往是优于学术身份的。这种身份的多重性、等级性，既形成一种资源分配体制，也是一种权力结构，它直接决定了话语权力的大小。显然，这一切等级的划分是与计划体制联系在一起的，也是与科层制结构联系在一起的，它首先表现在不同大学之间的地位是不平等的，而这种不平等主要是以行政级别相区别的。这种不平等的关系明显加剧了大学之间的封闭性，阻碍了大学之间的交流与合作。当然，这种封闭状况也不利于大学之间开展公平竞争。在这样的等级体制下，学校之间的竞争虽然不能够被禁止，但确实是不受鼓励的。说到底，传统管理体制是一种垂直性的管理模式，而非一种协作性的管理模式。

可以说，行政中心性、自我封闭性和身份等级性都是传统大学制度刚性结构的具体体现，它的最大弊端在于无法灵活地反映市场经济的发展要求，与知识经济社会要求大学积极主动作为的呼声不一致，当然与全球化时代建立国家创新体系的要求不适应。因此，克服传统体制刚性，去除行政中心性、自我封闭性和身份等级性就是现代大学制度建构的重要任务。

三、现代大学制度的构建原理

面对传统大学制度所形成的种种不利的局面，现代大学制度建设就必须从根本上破除这些障碍，也即我们必须从理论上探明去除传统大学制度弊端的方法。这就要求我们讲清楚构建现代大学制度的基本原理。我们认为，现代大学制度建设必须遵循一定的原理，如此，建设现代大学制度才是有规律可循的，否则我们就是在盲人摸象，那样结果是不可预知的。我们认为，现代大学制度建设需要遵循以下基本原理。

1. 学术创新原理

现代大学制度在本质上就是要服从于学术本位的逻辑，还原大学作为学术组织的本性。此即要服从于"学术创新第一原理"（以下简称"学术创新原理"）。它意指大学里的一切制度安排或权力结构设计即资源配置应该以激发学术创造性为转移。行政机构的架构应该服从于学术发展的需要，而不是根据行政意志来发展所谓的学术。一句话，要还原学术求真的本来面目，而非走传统的计划学术的路线。学术发展需要尊重客观真理，需要排除任何主观偏见，不能把强力意志植入学术研究，那样的研究就变成了伪学术。

学术创新原理意涵了大学的使命和学者的天职。大学的使命就是发现知识、整理知识和传播知识。学者的天职就是对知识的真伪进行批判，提出自己系统的见解，并采用理性对话的方式，将自己的认识传播出去。学者从事这一工作的前提就是服从良心自由原则，即不接受任何外在的强制命令，只服从于内心的对真理的审判决定。

学术创新原理意味着大学管理部门要相信学者具有自我批判能力，能够尊重客观事实，自觉地探索客观真理，自觉地维护国家和民族利益；自觉地代表人民大众的声音，能够反映做人的诚实和良心。一句话，就是要承认学者的能动主体的地位。如果不承认这一点，充分尊重学者的学术自由就谈不上。

学术创新原理也意味着学术自由与学术自律是并行不悖的，没有学术自律就谈不上学术自由。学术自律不仅是学者个体的修养，更是学术行业的律则。为此，需要加强学术行业自治，提高学术行业的门槛，加强学术规范建设，从而为现代大学制度建设创造良好的社会氛围。

2. 大学自治原理

现代大学制度建设的第二原理就是大学自治原理，即大学管理者要把大学自身作为一个自觉、能动的实体，认为它具有自我负责的精神，它会关注自己的经营状况、社会声誉，它希望把自己打扮成社会的良心，它在本质上也希望把自己当成一个学术机构、一个传播真理的机构，而不是异化为一个行政机构附属品的形象出现。虽然目前不少大学正变得越来越低俗，如迎合商业文化追求建筑豪华，迎合消费需求追求流行时髦，大学之间热衷于相互攀比，但这些都不是大学的本质表现，也不是大学的主流反映，这些仅仅是部分大学行政的乱作为和大学管理无力的结果，所以，它们并没有代表大学中大多数的声音。从大学的本心出发，它希望自己是一个真正的知识探讨机构，是一个具有社会责任感的育人机构，是一个能够为社会提供多方面服务的智囊机构，还是一个能够将最新科研成果迅速地转向生产应用的转换站，也是一个能够促进大学生顺利进入职业生活的服务机构，特别还是一个服务于人的终身成长的教育机构（王洪才，2010a）。

大学自治原理意味着大学必须成为一个独立承担社会责任的机构，是一个独立的法人实体，是一个能够独立表达自己意见的机构，从而能够对社会上形形色色的现象作出对错是非价值判断的机构，否则大学就无法承担培养高级专门人才的责任，就无法为社会提供智力咨询，当然更无法服务于人的终身发展需要。事实上，大学作为社会上智力最集中的机构，能够对社会发展趋势和自己的价值抉择作出明智的判断。问题的关键是，大学的主体地位必须得到尊重，大学管理者必须具有这种自觉。

大学自治原理同时意味着大学能够管理好自己的学术事务，在学术上该怎么做它们最有发言权，它们会以学术诚实的态度来对待学术事务管理。换言之，学术具有自律原则，它不需要也不能够依靠由外部来告诉它该怎么做。因为学术是一个高度专门化的行业，外部指令常常是无效的。

大学自治原理并不意味着完全不需要外部监督。因为学术自身也常常具有保守性的特征，所以加强社会问责是必需的。但社会问责必须以不干涉学术事务、不妨碍学术的独立判断为前提。如果妨碍了学术自由，抑制了学术主动探索精神，那样的干预就是得不偿失的。

3. 社会共治原理

学术本位逻辑的第三原理则是社会参与治理原理（简称"社会共治原理"）。我们强调学术本位，但不是追求学术唯一。事实上，在任何时候都没有绝对的纯粹学术，任何学术都是一定条件下进行的，学者也有自己的理智局限，大学也有判断失准的时候，所以，任何机构、任何人的行为都有自己的局限性。对于大学自治而言，也并非就是纯粹的内部人治理，外部人的参与有可能也会纠正学术自身的保守性和偏执性乃至武断行为。任何人都不是完人，在看问题上都存在自己的盲点，因此，有效的社会参与治理能够抑制学术重大偏颇的发生，也能够避免学术走进纯粹象牙塔的死胡同。当代社会，学术如果不能为促进社会经济发展服务，就是大学的失职行为。

　　社会共治原理的提出是对当代社会经济发展的反映。当今科学进入大科学时代，传统的单学科作业和由大学独立承担的研究任务越来越少，社会发展不仅需要认识上的突破，更需要实践中的突破，要使理论认识发挥实际效用就必须与社会实践部门紧密结合起来，倾听社会多方面的声音，这就要求在大学制度设计中将社会力量的代表吸纳过来，成为大学管理制度构成中的一个有机组成部分，而不是在大学与社会之间建立壁垒。传统大学制度在吸引社会参与治理方面存在严重缺陷，从而阻碍了大学对社会需要的积极、能动的反映。

　　社会共治原理意味着学术活动并非一个独语行为，它需要与社会需要形成一个有效的互动机制。因为真正的学术需要反映客观存在的问题，这些问题必定是社会发展的客观需求，而这些问题绝非学者头脑中可以杜撰出来的，它们只有在与社会进行有效的互动中才能够发现。那么，如果社会参与治理的话，就能够把社会意见直接地反映过来，从而能够尽快地得到学术界的回应，这也是提高学术工作效率的重要渠道。如果缺乏这个渠道，大学与社会需要之间就易形成一种隔膜。

　　社会参与治理，也是遏制大学行政专断行为的有效武器。大学的科研量化考核把大学教师几乎全部的精力都吸引到论文发表上，而不关注他们是否在研究真正的问题，所研究的问题是否能够解决现实社会发展需要中的关键问题。如果社会意见能够参与到大学决策中去，就能够有效地平衡学术与行政两者之间的关系，从而使大学的行为更稳健。

　　4. 学习自由原理

　　学术本位逻辑所延伸出的第四原理则是学习自由原理。这个原理是指有效学习永远是在一种自由的、自发自愿的状态下才能发生。换言之，学习是不能被强迫的。学习只能被吸引、被激发，最终仍然是依赖于个体主体性的发挥。学习自由与研究自由服从于同一个原理，即好奇心的激发，如果没有好奇心的驱使，学习是没有价值的。教学活动应该尊重学习自由原理，充分发挥学习者的主体性、能动性。只有尊重学习者的学习自由，教学活动才可能是高效的。

　　学习自由原理是学习自主性规律的反映。学习是一个主动的过程，而不是一个被动的行为。学习也是一个开发智慧潜力的过程，它不是一个简单地识记固定知识材料的过程。传统的灌输式的教学就没有尊重学习自主性规律，致使大学课程里流行着照本宣科的教学模式。在这种学习氛围下，学生的智力得不到发展，学生的创造潜力得不到激发，学生对学术就不会感兴趣，那么学术的后继人才就得不到有效培养。

学习自由原理之所以重要，就在于为大学教学制度构建提供理论基础，也为大学科研制度改革提供支持。从本质上讲，学习自由原理就是要尊重学习者的学习权利，也即要尊重学习者的主体地位。在任何大学里，学者始终都是第一位的主体，而大学生就是另一个最重要的主体，而且是人数最多的群体。大学行政管理者只有在把学者和学生当成主体之后，他们才能成为真正的主体；否则，他们的行为就不是以人为本的，而是以权力为本进行运作的。

有了学习自由之后，才可能有教学自由，才可能有课程设置自由，也才可能有学术研究自由，最终才可能出现学术创新。如果不能确立学习自由的地位，其他的一切自由都谈不上。

四、现代大学制度的基本构成

探讨现代大学制度构建的原理是为探讨现代大学制度的组织架构服务，现代大学制度的组织架构也必须反映现代大学制度运转的逻辑。

1. 学术权利保护制度

反映学术创新第一原理的制度要求尊重学者从事学术活动的自由，为此就要求建立广泛的保护学术自由的制度，这是现代大学制度的基础结构。这一制度包括三个方面：一是从宪法和法律方面保护学术自由，即在未来宪法修订中更加明晰地规定学术自由保护范围，并且在具体的部门法中制定更加明确的实施细则，如在高等教育法修订中或在未来制定的专项大学法或学术权利保护法案中明确规定等；二是从行政管理制度上进行设计，这种制度的设计是对宪法和法律规定的具体化，并成为审查大学办学行为是否合法的重要依据；三是从大学内部组织管理办法中规定学术自由权利保护的具体实施程序。西方大学特别是美国大学所实施的教授终身制就是一种实践中保护学术自由的大学制度。可以说，保护学术自由制度是现代大学制度建设的核心内容。

当确立学术自由这一根本制度后，学者的学术权利才得以确立，大学的具体制度设计也能围绕这一制度而展开。如大学的机构设置就以此为准，大学机构设置必然涉及人员的配置，也必然涉及人员招聘原则、人员的管理规定、机构运转的规则等。因此，学术自由制度是根本，人员招聘管理是核心，学者积极参与是关键。显然，规范学术自由是国家的责任，首先是政府的义务，因为政府有履行国家法律的义务。而学术自由规定在很大程度是为了限制行政权力的膨胀，这就意味着政府必须主动限制自己的权力范围。实行什么样的招聘制度则是学术自由制度的具体体现。在法律规定明示的情况下，如果学者不能积极主动地作为，那么法律规定也不可能自动地实行。由此可知，关于学术自由立法是最基础的环节，没有法律的明示，大学运行仍然会按照传统的轨迹运转，也很难超出大学行政化的逻辑。

2. 大学独立法人制度

大学自治原理要求国家不直接干预大学事务，大学自行制订发展规划，自己决定自己的办学定位，政府依法管理大学，改变政府直接任命校长做法，实行政府不直接任命大学校长，校长由大学内部组织的遴选委员会产生，避免校长成为行政意志的简单执行者。这意味着必须承认大学的独立法人地位，确立一种大学独立法人制度。此外，大学自治原理要求学术委员会作为一个实质性发挥作用的机构，能够对学术发展计划提供基础性的意见。大学管理在于服务于学术发展，有效地分配资源，促进学科协调发展。此意味着必须建立一种学术与行政权力平衡的制度。可以说，大学独立法人制度、学术与行政权力平衡制度是现代大学制度的实践机制，是现代大学制度从理想走向现实的关键。

由上可知，大学独立法人制度要求建立新的大学校长选拔制度，这是平衡学术权力与行政权力的关键设计。如果大学校长由上级任命，而学术委员会又由校长任命的话，学术权力要发出独特的声音就不可能。相反，如果校长遴选经由教授会决定，那样校长就不可能单听上级的意见而无视教授会的声音。

3. 社会参与大学治理制度

社会共治原理要求大学决策机构必须吸收社会人士参与，发挥对学校发展的建议作用。此意味着大学在申请设立过程中、在具体章程规定中必须建立自己的监事会机构。监事会作为大学最高决策机构设置，负责组织大学校长的选拔过程，负责监督大学校长的权力实施，负责调整学术权力与行政权力的平衡关系，负责学校发展方案的审议。这些机构的设立是大学自治的前提。而在这个决策机构中，必须能够充分地反映社会意见，所以，它不能单纯由内部人构成，更不能由大学校长任命的行政部门首脑构成，它必须能够反映学术的声音、行政的意见、社会方面的意见。

我们认为，吸引社会力量参与大学治理的重点是在管理决策方面，而非具体的管理过程。在具体管理过程中，以校长为首的行政系统仍然要发挥主导作用。社会参与的目的在于平衡学校的决策，使决策结果不仅仅只照顾到行政的意志或学术的意志，而要重点照顾大学对社会的责任。社会参与治理的制度必须由法律明确规定，在大学章程中明确体现，这是审查大学资质的基础，也是发挥社会监督作用的前提条件。

4. 大学生参与学校管理制度

学习自由原理要求大学开放专业选择，在课程设置上更加反映学生的成长需要，并且在教学管理制度设计上使学生能够对教学直接发表意见。同时，学习自由原理也包括大学生具有实现学习自由条件的呼吁权利，即学生有权对大学提供的各种服务提出自己的意见。所以，选修制、学生参与评价和转学制度都应该是一种基本的管理制度。

目前，大学生参与大学管理方面的能力还很有限，这是大学制度建设中的一个非常薄弱的环节。在未来的大学制度设计中，必须要凸显大学生作为学习主体的地位，保证他们的学习权利能够顺利实现。

在上述四种基本的制度设计中，国家对学术自由的保护是第一位的，是现代大学制度建立的前提条件，它也是规范政府对大学管理行为的基础，没有这一关系的调整，现代大学制度建设就缺乏实质性的意义；而建立大学独立法人制度是核心，如果不能真正确立大学的独立法人地位，就仍然会延续行政命令中心的习惯，那样大学的运行机制就不可能改变；引入社会参与是改变大学与政府之间不平衡地位的关键，只有在三角权力架构中才能获得一种力量平衡和稳定性，否则就会向某一方偏移，那样就可能导致无约束的自由或没有自由；而大学校长选拔制度的改变正是反映权力结构变化的风向标，从而也是现代大学制度建设的突破点（王洪才，2009)[1-202]。这样就形成了从一般到具体制度的进化逻辑。但现代大学制度实践在很大程度上取决于大学校长的创造，因而实践的逻辑往往是反向的，因为大学制度建设成功是一个不断尝试、积累经验和经验提升为一般制度的过程（王洪才，2011c）。

五、现代大学制度结构特征

经过上文探讨，我们基本上确立了这样一个信念：现代大学制度的基本内涵在于重新确立政府与大学的关系、大学与社会的关系、大学与学术的关系、大学与学生发展的关系（王洪才，2003a），使大学制度建设的重心围绕以学术为本的逻辑而展开，以实现知识创新为目的。如此就确立了以保护学术自由为基础的制度，以人员聘任管理作为实践载体的制度，以大学治理模式变革作为保障的制度，以保护学习自由为基本成果的制度。如此，大学制度的根本属性就发生了改变，它从传统的以行政命令为中心构架转向现代的以学术为本为中心的构架。

所以，在现代大学制度原理的指导下，现代大学制度在结构上表现出如下基本特征。

1. 主体多元性

它与传统的"主体单一性"相对，明确地承认现代大学的高效运转需要多方面合力，而非单由某一方面力量决定。特别是要使学术工作发挥出创造性的效力，就必须首先承认大学学者的主体地位，必须赋予大学教授以充分的自主权，他们不能被动地从事学术。此外，学生的主体地位、社会力量的主体地位都需要得到充分重视，他们在现代大学治理中的地位是不可或缺的。

在多元主体的结构中，各主体在遵守法律规定的前提下是一种平等合作关系[28]。如果是一种不平等身份的话，则无法进行协商，也无法实现社会共治。因此，大学与政府之间可以形成一种特殊的合作关系。此外，在社会力量的参与下，学术权力与行政权力可以形成一种平衡关系。在这样的治理结构下，学术自由和学习自由都能够得到较大保障。

2. 不断调适性

它与传统的结构刚性相对，是由现代大学制度的建构性特征所决定的，因为现代大学制度构成不是一次成型的，需要一个不断调适的过程。因此，在权力分配过程中需要不断协商、不断磨合，需要充分发挥民主，同时更需要校长的创造才能。我们相信，这个探索过程是比较漫长的，这个摸索过程是大学办出特色过程，也是大学主动与社会需要进行反馈的过程。

不断调适性意味着我们必须打破对现代大学制度形成的刻板印象，认为某一模型就是最理想的、最现代的。我们认为，最现代的大学制度也是最适合的大学制度，是最能够激发大学学术创造性的制度，所以，它不是单一模型，而是多个实践模型，而它们运作的内在机理又是一致的。如此就实现了高等教育体制的多样化的统一。

3. 有机开放性

它与传统的自我封闭性相对。现代大学制度在结构上是开放的，它吸纳社会治理的一些基本经验，乃至吸收企业法人制度作为自己的经验借鉴，当然要吸收国外大学制度建设的经验，这些都可以我国大学制度建设的内涵出现。当然，大学制度建设的开放性是建立在学术本位逻辑尊重基础上的，不是一种简单的拿来主义。所以，吸收外部经验是建立在对自我主体性确认的基础上的，是有计划的，不是模仿与复制。其中，特别要注意学术继承和发展的规律，使大学制度建设在有序的轨道上进行。

有机开放性的另一个含义就是对民族文化的尊重，对传统优秀文化的萃取，并把这些优秀文化因子转变为大学精神，从而受到制度的保护。有机开放性是大学制度建设中主体性的表现，是一种文化甄别力的体现。而大学制度建设也是丰富发展民族文化的一个有效途径。

4. 逻辑自洽性

它是对传统大学制度所导致的学术与行政对立、大学与社会隔离、研究与教学冲突的反思。现代大学制度在结构上都围绕学术创新进行，所以各种制度设计都必须以促进学术发展为旨归。学术本位、学术创新，是大学的内在逻辑，现代大学必须是在适应现代社会发展要求的基础上做好学术创新工作，从而更好地促进社会发展。各种有关大学制度的设计也不可能脱离这个逻辑，否则就变成了无效的大学制度，也是注定要被淘汰的制度。

所以，在大学制度构建过程中，不断地调适，形成一种逻辑自洽的结构系统是现代大学制度的努力方向。

六、结语

现代大学制度是一个关于现代大学有效运作的制度系统，它是现代社会发展要求的必然产物，它产生于具体的社会发展环境之中。我们认为，现代大学制度首先是一种保护学术自由创造的制度，其次是一种保证大学独立运作的制度，再次是一种促进社会有效参与管理的制度，最后也是一种适宜学生健康成长的制度。这样的大学制度结构就反映了多元利益主体的诉求，反映了它与社会需求不断调适的特性，同时也必须对外有机开放，最终要达到逻辑的自洽。多元主体性和逻辑自洽性是本文对现代大学制度结构特征认识的深化，而"不断调适性"和"有机开放性"则涵盖了之前的"开放性、适应性、民族性和国际性"四个特征（王洪才，2006）。

第三章
大学精神反思与建构

第一节　现代大学精神之意谓[①]

一、大学精神究竟是指什么？

我们经常在说大学精神，但大学精神究竟是什么呢？我们认为，大学精神就是对绝对知识的追寻，视知识为大学价值的唯一，这具体而言就是遵奉知识价值至上原则。很难设想如果大学不追求知识的话，那么它应该追求什么。"知识价值至上"这个观念似乎有点偏激，似乎绝对了一点，但正是这个似乎有点偏激的观念使它摆脱了中庸观念和无所作为的思想，使它更趋于理想状态，使它摆脱了功利思维的困扰，使它摆脱了世俗价值的纠缠，从而也才能够进行纯理论探索，进而把知识的抽象价值推向极致。传统中华文化中的"中庸"思想因为反对这一观念，所以中华文化始终没有那么超脱，思辨水平也比较低，这正是传统中华文化需要认真反思的地方。蔡元培的"大学者，研究高深学问者也"所言的大学精神就是这个含义，他在很大程度上要纠正传统文化风气中"重术轻学"的倾向。

---

① 本文为《中国社会科学报》约稿。

133

大学精神是从什么时候开始形成的？这就不得不追溯到中世纪大学。即从中世纪大学开始，大学就开始追求一种绝对的知识，这种知识自然是一种超越的知识，是脱离世俗的知识，从而也是神圣的知识，大学之所以能够作为象牙塔出现也就在于知识的神圣性品质。

这种知识追求的特性在近代之后，也就是自启蒙运动以来，被颠覆了，为什么？因为在民族国家兴起之后，国家希望大学研究和传播实用知识为提升国力服务，不希望知识是脱离世俗生活的，这样就出现了一个知识转向，即知识走向实用化。但这种功利化倾向确实是有悖于大学内在精神的。这样大学就产生了摆脱国家控制的冲动。但这一努力始终没有成功过，最后仅仅是与国家达成了某种默契，这种默契是在洪堡建立柏林大学的时候达成的，即国家支持大学，尊重大学的自治和学术自由，而教授则宣誓忠诚于国家，教授也由国家进行聘任。在大学内部实现教授治理，校长是由教授们推选而来的，从而教授们的意志能够得到充分尊重，这样就为学术自由提供了条件。

教授如何为国家服务呢？洪堡认为，教授通过科学研究而贡献科学知识是对国家最大的服务，这些知识是普遍知识，不是眼前的功利知识或实用知识，但却是服务国家长远利益的。所以，大学教授在研究什么的问题上国家不应该过问。由于洪堡的这个主张得到当时普鲁士国王的认可，因此大学与国家就达成了一种默契。

无疑，当时的普鲁士威廉国王是一个开明君主，而这种默契达成也是特定历史条件下的产物，因为当时的普鲁士正处于战败时期，战败的耻辱才使得普鲁士国王痛下决心通过提高教育水平来提升国力，因为他认识到拿破仑之所以能够战胜德国就在于法国进行了教育改革，建立了新式的高等学校，这些新式高等学校为拿破仑储备了大量的实用人才。所以他认为德国是输在了教育上，也就是输在了人才上。

二、柏林大学的创建与现代大学精神的确立

普鲁士国王能够具有这样的睿智与远见，原因就在于当时德国的战败之耻和

一批德国学者的奔走呼号，如青年哲学家费希特多次发表了《告德意志民族同胞书》讲演，他的热情讲演对唤醒德国的民族意识起了重大作用，这些影响当然对忍受战败耻辱的普鲁士国王产生了很大的震动，也使他产生了要建立第一流大学的决定，所以为了筹办柏林大学，他捐出了自己的皇宫，还为大学的开办提供大量的经费，这就形成了德国创办柏林大学的动力。最为难能可贵的是，他充分尊重学者的意见创办大学，而不是按照自己的意志创办大学。所以，他把筹办大学的大权委任给当时任教育部长的洪堡，这样柏林大学就与洪堡结下了不可分割的联系。而洪堡又委任对德意志民族充满激情的青年哲学家费希特出任柏林大学第一任校长。

但柏林大学的创办并没有走模仿法国新式高等学校的路线，而是走了一条纯粹学术的路线，他把纯粹的理论研究作为大学发展的重点，并改变了传统大学的组织结构。在传统大学中，神学院的地位最高，而在洪堡新建的柏林大学中，哲学院则变成了地位最高的学院，成为新的大学中心。哲学探究所追求的是最普遍的知识，而非具体的实用知识，这样就奠定了大学长远发展的基础。从此，大学就变成探讨高深学问的圣地，柏林大学的纯学术研究追求使它很快成为欧洲的学术中心，也使它很快成为世界科学的中心。

这样，德国柏林大学就奠定了现代大学的模型。它之所以是现代的，就在于它使知识建立在科学探究的基础上，而非像传统那样建立在宗教信仰基础上。从此，科学研究就成了大学的中心活动，而大学教学与科学研究活动是结合在一起的。所以，在洪堡的柏林大学，教学和科学研究相统一是办学的基本原则，而它的前提则是教学自由和学习自由，这也是学术自由的具体化，并开创性地把"习明纳尔"作为大学教学的基本制度。他实行的讲座教授制度使教授位于学校治理的中心位置，也即大学的事务由教授来决定。这样，中世纪的大学自治原则在这里演变成大学自治、学术自由、教授治校原则，这就是现代大学精神，它区别于传统的在神学主导下有限的大学自治和学术自由。

柏林大学建设成功很快就产生了巨大的实际效力。在第二次德法战争中，德国不仅战败了法国，收复了第一次德法战争的失地，而且强迫法国签订赔款协议，同时还实现了德意志民族的统一，从而使德国的声威大振。人们不由自主地把德国国力的强盛归结于德国大学的成功，从此德国大学成为世界大学学习的榜样。这一状态一直持续到"二战"之前。

三、德国大学模式成功是现代大学精神的胜利

不得不说，德国大学的成功，实际上就是现代大学精神得以确立的结果，因此也是现代大学精神的胜利。至今，这个精神仍然是许多大学努力效仿的榜样。美国把德国大学模式搬到北美大陆，虽然受到殖民地时期遗留下来的保守势力的抵制，但最终在一大批留德学者的持久努力下，使德国大学精神在美国大地上扎下根来，并成功地改造了美国大学，这促进了美国大学研究生院的建立，实现了美国高等教育从学院向大学的转变。

美国在接受德国大学模式过程中遇到的最大阻力莫过于实用主义的文化氛围。在美国，大学始终缺乏对纯粹学问追求的热情，人们更希望大学直接为社会服务，这一思想始终困扰着美国大学的发展。这样，政府始终想干预大学发展，大学的举办人也想方设法控制大学教授，直到达特茅斯学院判例之后，政府才开始停止对大学的控制。而美国大学教授联合会的成立及其对终身教授制度的推动，才使学校举办人对大学教授的干预受到了较大的限制。美国大学教授联合会所确立的大学自治、学术自由、价值中立原则是现代大学精神的美国版。正是"大学自治、学术自由和价值中立"原则被广泛尊重，才奠定了美国的世界上最发达的高等教育系统的思想基础，才使美国大学逐步走进世界一流大学的行列，到今天，美国大学无疑是世界上最成功的大学，几乎半数以上的世界一流大学集中在美国。不得不说，这是美国大学遵循了现代大学精神的结果。

可以说，在任何时候，学术自由都是大学精神的基石，而大学自治是实践学术自由的基本条件，教授治校则是学术自由的有效保障。现代大学任何时候都不能放弃这三点，放弃其中任何一点都无法保护学术的独立价值。这也是大学实现治理的前提。

我国要建立现代大学制度，就不可能不追寻大学制度的精神源头，就不能不

以实践现代大学精神作为自己努力的方向。

第二节　想念洪堡^①
——纪念柏林大学创立 200 周年

我一直想说，想念洪堡，想念洪堡对现代大学创立所作出的杰出贡献。

有了洪堡，才有了德国大学模式，才有了德国大学的振兴，才有了日后崛起的德国，这一切都与洪堡出任当时普鲁士教育部长职务时所进行的教育改革有关。虽然他在位只有 18 个月的时间，但其所留下的财富永远值得人们纪念。

我们今天纪念洪堡，是为了纪念他对柏林大学创建所作出的丰功伟绩，同时也纪念现代大学制度创立 200 周年。这一纪念对我国今天探讨现代大学制度建设别具意味。

一、洪堡提出了教学与科研相统一主张

一提到洪堡，我们自然首先会想到的是他提出的大学"教学与科研相统一"的主张（克拉克，2001）¹⁻⁴⁰。这是一条现代大学发展的基本原理，没有这条原理，就很难出现今天的研究型大学，也难以出现今天如此发达的高等教育系统，甚至很难说大学能够变成今日的社会中心，当然高等教育也不可能变成如此受社会各方面高度关注的事业。可以说，"教学与科研相统一"的主张开辟了大学发展的新纪元，使得大学摆脱了只注重复述过去经典的历史，大学开始了创造文明的历史，而非简单地继承昔日的文明与辉煌。

洪堡的大学"教学与科研相统一"的思想不是简单地提出的，而是建立在他对知识统一的认识论基础上的。因为他所追求的知识是一种纯粹的知识（黄福涛，2003）¹⁵⁹⁻¹⁶⁰，这种知识就是昔日哲学家们所共同追求的真理，如同柏拉图的绝对理念或亚里士多德的最终实体，这些正是世界上一流的学者或哲学家一直试图去

---

①　本文原发表在《复旦教育论坛》2010 年第 6 期。

揭示的世界奥秘，因为在这些思想家的头脑中都有一个理想的世界，即认为真正的世界是统一的，而不是分散的、分离的。这显然是一种哲学主张，是他们对世界终极存在的思考。这一思考是古今中外真正学者对世界真正存在的本质的思考，这一思考也是纯粹的形而上的思考，没有这个思考，世界的景象就无法构架。

洪堡由于对世界命运和人的精神世界的关心，所以具有强烈的人文主义情怀。作为一个人文学者，他不是简单地从古典经书中去寻找答案，而是希望在科学探讨中寻找答案。换言之，在他的下意识中，如果经典中存在了既定的答案，则世界不可能仍然处于现在一般的无知状态，世界之所以如此这般状态就是因为仍然没有认识到世界的本质，那么就必须继续探讨（黄福涛，2003）[160]。这个探讨就必须面对客观的世界，采取最先进科学技术，把关于世界的最先进理念付诸实践验证。进而言之，就是要把理想世界变成现实世界。这一工作显然是异常艰巨的，它要求学者必须具有高度负责的精神，也就是说要有对人类命运负责的精神才能承担这一重任。他的思想得到了当时学者的呼应，如费希特和施莱尔马赫等当时德国乃至欧洲最优秀的学者（贺国庆，1998）[48-49]，他们都对世界提出了自己的新解释，并有着自己的方法论主张。如费希特提出了自我哲学的主张，施莱尔马赫提出了解释学主张。这些主张不仅代表了他们对世界认识的成就，也代表了他们的方法论主张。这种对世界本真的探求态度与洪堡的人文主义主张是内在一致的，这也是他所主张的探求真正的科学，而非如正在兴起的实证主义所主张的探求冷冰冰的世界，完全采取分离和分析方式所探求的物质世界。因此，他们不认同那种对有感情存在的理智世界采用与对没有情感存在的物质世界一样的认识方式。这种人文主义的风潮在德意志民族复兴运动中发挥了巨大的作用。

洪堡的哲学思想主要体现在他对大学的设计上。在他对大学的新架构中，哲学再也不是神学的侍女了，哲学开始成为智慧之树上的明珠，代表了知识的最高成就。各门学科均是在哲学的指导下进行探讨（黄福涛，2003）[161]。换言之，各门具体的学科探讨不是无目标的，而是均建立在一定哲学思想指导的基础上，没有这一指导，分科探讨就不可能达到预想的结果。这也意味着，各门学科知识均应该是哲学知识的具体化，各学科探讨都是对哲学假设的验证。两者之间具有分化和统一的关系。同时这也意味着，各门学科孤零零地存在就没有真正价值，只有它们共同组成一个整体的世界时才有真正价值。这种思想显然与正在兴起的功利主义思潮是不相一致的，在功利主义思潮的影响下，各门学科满足自己采取实验手段所进行的细小的发现，而这些发现又在改变和控制物质世界的过程中取得了出色的成绩，从而获得了巨大的物质利益。洪堡显然认为这种行为是短期的、短视的，破坏了世界的整体形象，所以建议对世界的探讨应该建立在一定哲学的基础上，也即建立在完全理性的基础上，避免对世界盲目探索从而为人类招来无穷的祸患。他的主张无疑是充满睿智的、远见的。

二、洪堡确立了教学自由原则

鉴于洪堡对世界的独特理解，他建议在大学建设中要把科研活动与教学活动结合在一起进行。他认为，教学活动不能脱离对科学的具体探讨过程，否则教学就变成了空洞的教条传输，这样就束缚了人的潜能，而不是对人类智慧潜能的尊重。教学活动的本质就是引导学生去认识真正的世界，这一认识过程必然是一个探索过程，而不可能只是一个教条接受过程。这意味着，学生也只有在从事科学研究的过程中才能认识到真正的世界。当然，这个科学研究是有教师引导的，教师通过参与其中来进行的，教师的参与能够为学生进行思想的激励和行为上的指导，这样就能够大大提高认识的水平。这些主张与费希特和施莱尔马赫的大学改革主张是一致的，此二人日后先后执掌柏林大学校印（贺国庆，1998）[41]。

显然，师生的共同探讨不可能是一对一的，而应该是一对多的，因为其中不仅是一个教化的问题，而且是建立一个共同探讨背景或氛围的问题。如果是一对一的探讨环境，不可避免地会变成教师对学生的主导，就不可避免地变成传统的灌输习惯，因为无论如何学生在知识方面和智力发展程度方面都无法与教师相比。但如果变成了一对多的关系，学生在知识和智力方面就可能与教师所拥有的知识和智力水平达到一种平衡的关系，在其中学生可以表现自己的个性，可以运用他们的智慧对世界的本性进行多方面的猜测。在学生与教师的互动中，教师需要分散精力面对各种各样的质疑，这个过程就分解了教师对自己既定观念的坚持，必须在质疑面前重新建构知识，这样学生的知识探求兴趣就会得到满足，教师的知识得到进一步完善。这种教学形式就是今天大学所广泛采用的研讨班形式，这一教学形式可谓是德国大学的发明（黄福涛，2003）[162]。

为了保证不使教师对学生形成主宰和专制，柏林大学提出了教学自由原则。教学自由首先是学习自由，即学生按照自己的兴趣来选择学习内容，换言之，一切学习应该建立在自己主动性发挥的基础上，而不是建立在强制性接受的基础上，这样学生就有了学习的自主权，其直接的含义是学生求学不是为了接受教化，而是在于发现自己的潜力和证明自己的潜力，其证明的途径就是通过满足自己的探求兴趣来实现，这正是学习自由的精髓。这个原则也适用于教师的学术探求活动，教师不再固定地捆绑于一定的课程和知识，而是可以自由地探索，探索自己所感兴趣的领域，并引导学生一起进行探索，这就是研究自由与教学自由的结合。这一原则成为德国大学研究水平提升的法宝。所以我们说，教学和研究的结合是建立在学习自由和研究自由基础上的，是研究自由和教学自由的体现。

为了实践研究自由和教学自由，洪堡在柏林大学筹备之初就提出了大学学术自由原则。因为学术自由的实现不仅需要避免教会的干预，而且要避免国家的干预，为此就要求国家对大学发展持长远的眼光，而不是指望从大学的眼前活动中获得直接的好处。这意味着国家要大力支持大学，并且要尊重大学的学术自由。学术自由具体就是指教学自由和研究自由。这一原则的坚持是德国大学模式能够成为世界大学效仿榜样的重要基础（黄福涛，2003）[159-160]。

可以看出，这一切都是建立在洪堡对人的自由探索天性尊重的基础上的，如果不尊重人的求知兴趣，不尊重人的自由天性，教学自由原则就不可能提出，也就无法发展出他的教学与科研相结合的原则。因而，教学自由与研究自由、教学与科研结合是内在一致的，都是洪堡人文主义思想的具体体现。

三、讲座制奠定了教授治校的根基

洪堡的教学与科研相结合原则及学术自由原则如今已经成为现代大学发展的基本定律。在此基础上，洪堡开始构建他的大学制度，在这个制度中，教授是位于学术活动的中心地位，这就是德国大学所创造的大学教授讲座制（克拉克，2001）[39]。作为讲座教授，教师有权安排自己的助手，有权安排自己的课程和研究计划，有权决定低级教师的晋升，当然也有权决定招收什么样的学生。可以说，教授拥有大学活动的基本决定权。在讲座制教授基础上，柏林大学建立了教授会组织，教授会对学术的总体事务拥有决定权。讲座相当于今天各个学科的教研室单位，各个学科又以学院的形式组成自己的学术活动单位，由正教授作为主体组成的教授会进行治理，学院院长负责组织教授会活动并执行教授会的决议。当他与教授会意见发生冲突时，他可以否决教授会的意见并请教授会另议；如果仍旧存在冲突，则提请上一级的教授会裁定。这也是日后美国大学教授会运行的基本模式，也是今日德国大学学术治理的基本原型。一般而言，学院院长都非常尊重教授会的决定。因为德国大学的组织架构是以学术为中心的，教授会拥有学术决定权。行政组织是服务性的，而且学院院长也是经过选举由教授轮流出任的，它不是一个固定的行政岗位，没有多少实质性权力，其职责是进行协调和平衡，所以一般不做发难人的角色，因为它需要大家的充分合作。（克拉克，2001）[124]

在这个组织架构中，大学校长是荣誉性质的，是由主要教授选举产生的，往往是学术高度的标志。大学校长往往不负责具体的行政事务，他主要是作为大学的形象代表。负责具体事务的是常设的副校长或校长办公室或校长秘书等，但这些机构也主要是负责日常的行政事务，而不负责学术事务，学术事务则由大学教授会决定。大学教授会则是由各学科的讲座教授代表组成。在这样的组织架构中，大学不负责资源的分配和管理，大学资源的分配和管理则由大学法来规定，各大学行政组织负责执行。在遇到特殊问题时，则由大学教授会进行商议决定，从而不会出现大学行政专权的现象。

德国大学是由国家主办的，大学教授也是由国家聘任的，这就使得国家在保证大学教授学术自由的同时又实现教授学术研究与国家利益的高度统一。德国又采用国家考试制度，使大学生的学习自由与国家意志相一致。这一制度使德国大学在德意志民族崛起过程中发挥了重要的作用，同时也为政府控制大学埋下了伏笔。一旦政府出现非理智的行为，大学将面临巨大的危险，教授的学术自由将不复存在，这一点是洪堡无论如何都不愿见到的。但历史证明，这一事件往往是难以预料的。20 世纪上半叶纳粹掌权后，大批有才华的学者受到迫害后被迫逃离德国，从而导致德国大学的衰落，就是一个非常鲜活的事例。

四、大学自治是学术自由的保障

实事求是地说，德国大学的组织架构只能在分权体制下运行，如果高等教育采取中央集权的形式就无法执行。同时，这个组织架构要求建立大学并实行法制，大学的功能角色都是法律规定的，是不以个体意志为转移的，所以良好的法治传统也是这种大学组织架构能够运转的基础。此外，从文化氛围讲，一个国家必须具有尊重知识的传统，否则就不可能实现学术自由，当然也就不可能赋予教授以学术自主权。德国之所以能够实行这种大学组织架构，与德国浓厚的哲学文化传统有关，与德国文化中浪漫的文化传统有关，特别是与德国战败的耻辱有关，当然也与一大批卓越的学者的坚持有关。在此我们不得不说洪堡作为一个杰出的人文主义思想家，他的人格魅力和学识特别是他的组织能力在其中发挥了重要作用。

正是由于这个限制，德国大学模式就只能成为德国大学的模式，而无法成为世界通用的大学模式。所以，国际学者在羡慕德国大学模式之余试图将这一模式移植到自己国家，但必须根据自己国家的国情进行转变，最著名的就是美国大学对德国大学模式移植后进行的改造。创办美国霍普金斯大学的吉尔曼校长试图按照德国大学模式建立自己的研究生院，但在本土的压力下不得不建立本科生学院，这就是后来的霍普金斯大学（舸昕，1998）[324-325]。而在之前吉尔曼试图运用德国大学模式来建设加州大学，结果完全走不通（舸昕，1998）[94-95]。其他美国学者都试图把德国大学模式移植到美国去，这促进了美国一批现代大学的建立，他们都试图摆脱传统的从殖民地时期继承下来的英国大学模式，但这些努力都没有完全成功，如新建立的芝加哥大学（舸昕，1998）[459]。德国大学的影响也促进了美国传统的殖民地学院的改造，最显著的标志是许多大学都建立了研究生院，哈佛大学就是其中一例（舸昕，1998）[24-28]。这些大学虽然形成了自身的卓越地位，但并非是最适合美国本土需要的。而真正适合美国本土需要的则是新建的州立学院即日后的州立大学，这些学院是适应美国工农业经济蓬勃发展需要而产生的，代表了美国大学发展的主流趋势，从而成为美国大学模式的原型。这些学院日后吸收德国大学模式特点和传统英国大学模式的优点，形成了比较完善的美国大学模式，进而成为20世纪中叶之后主导世界大学发展的大学模式。这就是美国大学模式的崛起，也是世界学术重心转移的标志，从而也成就了美国世界头号强国的霸主地位。

在美国大学的成长过程中，我们发现了美国本土对德国大学模式的吸收和抗拒。许多殖民地学院的宗教性质非常浓厚，谈不上什么学术自由，更谈不上教授治学。正因为缺乏学术自由，才有了美国大学教授联合会组织，美国大学教授通过争取终身制来维护自己的学术自由地位。即使不具有宗教性质的州立大学也是如此，这些学校的行政色彩更加浓厚，加州大学就是鲜明一例，直到后期惠勒、斯普儒尔校长执政时仍然是校长主导的大学，忠诚宣誓就是学术自由受到干扰的一个极端事例（舸昕，1998）[96-103]。可以说，直到今天，行政主导一直是许多美国大学的特色。虽然美国大学逐渐实现了学术与行政的分离，构建了董事会、教授会和校长的分权治理结构，但不是德国大学模式的教授自由。所以，看德国大学模式在美国的嬗变过程，我们就能够明白德国大学模式的真正含义，就能够明白没有完全通用的大学模式。但有一点是肯定的，洪堡确立的学习自由原则在美国大学开花结果了，最具有标志性意义的是哈佛大学推行选修制，从而成为美国大学选修制的先锋。这不仅是学术自由思想的体现，更是学习权利的体现。

第三节　中国古代书院与现代大学制度[①]

一、书院制度开创了中国学术新风尚

书院制度在中国文化史上具有非常独特的地位，因为它对中华传统文化的延

[①]　本文为2012年11月在厦门大学举行的两岸三地高等教育史年会提交的论文，收录在本书时略有改动。《大学教育科学》于2013年第1期发表。

续、中兴和发展都产生了重要影响。特别是它在许多方面都契合了现代大学的基本精神，如尊崇学术自由，讲究自修和论辩的结合，尊重学术大师在学术中的主导地位等，从而一直为人津津乐道（朱汉民，等，2011）。但在近代中国社会转型过程中，书院制度随同科举制度被废弃了，因而成为中华文化史上的一大憾事。胡适曾感叹"书院之废，实在是吾中国一大不幸事"（胡适，1993）[193]。

在近代中国社会发展中，许多有志之士在寻求真理过程中都从书院制度中获得了灵感，如毛泽东在《湖南自修大学创立宣言》中就宣布要用书院的读书与研讨相结合的方法进行学习，改变传统的灌输式的学习方法（毛泽东，1923）。这一做法颇得时任北大校长的蔡元培的赞赏，甚至有人认为蔡元培的北大改革也是书院精神与西方大学制度的结合（丁钢，1995）。直到今天，人们仍然津津乐道书院制度，认为它在研究学问和培养人格方面是成功的。因此，在香港很早就有一批学者一直把这种制度当作中华文化传承的一个重要平台（洪明，2009）[140-275]，而且这一做法也大有扩大之势。这一做法近来也越来越多地得到大陆办学者的青睐，因此在中国大陆部分高校开始建立书院，大有书院复兴之势。① 在此，我们非常有必要对书院制度再作一个系统的评价，特别是与我们今天的现代大学制度联系起来进行评价，这样就具有重大的历史和现实意义。

著名的中国教育研究专家露丝·海霍教授在对中国文化考察后就对中国的书院制度情有独钟，认为中国大学建设必须基于中国文化，必须要建设中国大学模式，这样才可能真正使中国大学走上一流大学的地位。而且中国大学模式建设必须借鉴中国历史成功的教育制度，她特别提到要借鉴书院制度，从书院制度中汲取智慧（王洪才，2010b）。她尤其认为中国大学复兴必须要进行中西文化对话，这样才能真正超越西方大学模式特别是美国大学模式（王洪才，2012）。这一观点不仅与民国时期的新儒学大师观点相同（钱穆，2004）[50]，而且也与当代中国国内一些著名学者的意见比较一致，他们认为"21世纪中国大学不应该是欧洲大学的

---

① 人民日报. 从香港中文大学到复旦、西安交大，学院之外再设书院 [EB/OL]. (2011 - 09 - 28) [2012 - 09 - 28]. http://www.kongrong.com/news/news/2011 - 09 - 28/27240.html.

凯旋"（陈平原，1998）。

这一切都向我们揭示，研究书院制度不仅具有历史意义，更具有现代意义，能够起到古为今用的作用，这对于我们今天传播中华文明、实施"走出去"的战略具有重要的意义。

二、书院精神与现代大学精神趋同

书院制度究竟成功在什么地方？这是人们首先要思考的一个问题。根据人们的研究总结，书院制度的成功不外乎以下几个方面的创举。

（一）开创了自由讲学的学术风气

所谓自由讲学，指不再严格地遵循传统的学术道统，而是致力于一种学术创发（王炳照，1997）[56-62]。而且在教学风格上不再遵循传统的"老师讲、弟子记"一言堂的灌输式教学模式，而是开始采用辩论、自学研讨等灵活的方式进行教学。可以说，这个学术风气直到南宋时才开始（章柳泉，1981）[116-122]，但这个方法并非普遍采用，而是仅适合于大师之间的讲学（侯外庐，1984）[221]，著名的"鹅湖会"就是这一方式的典型案例。

（二）开创了游学之风

当时学子已开始打破传统的师承门户之见，到处寻访名师，不远万里跟随名师学习（章柳泉，1981）[18-22]。这种游学之风的盛行，也开创了学问与实际的结合，"读万卷书，行万里路"开始成为一种学问的风尚。

（三）开创了书院自治的风气

早期的书院开始大多设在深山老林，起初主要是为了躲避战乱；之后主要是作为个人读书之所，同时也是为了方便个人静修。这一点主要是吸收了佛教寺院禅林的做法（章柳泉，1981）[10-13]，所以也带有一些出世的味道。在这一点上也隐含了与世无争，从学问中自得其乐的学问独立精神，与传统的科举取士的功利学问之间存在着很大的不同（孙培青，2000）[219]。

当然，这种学问的独立精神并没有成为传统保持下来，仅仅是在战乱时期的一种不得已选择而已（孙培青，2000）[205]。后期书院建设大多获得了富户的捐助，书院有自己的学田，从而经济上可以自给自足，这对于学问独立精神是有帮助的。特别是当书院制度兴盛之后，学田开始由官方拨给，这样书院又重新回到了依附的状态。但事实上，书院一直没有在精神上获得过独立，自治是一种不得已的选择。所以，当社会进入安定时期，书院仍然变成一种利禄追求的场所（李兵，李文艺，2010）。事实上，书院也没有真正坚持学问独立精神，相反，它们一直希望得到官方的承认，甚至以得到官方的承认为荣耀。只是在政治灰暗的时期才表现出一种独立倾向，甚至成为反对黑暗专政的阵地（孙培青，2000）[62-63]，但这种激进的政治倾向也为书院长期发展埋下了祸根。

（四）自学研修风气的开创

胡适曾把自学研修称为真正书院精神（胡适，1993）[193]。读书自学这是学习的一般方法，适合于个体学习，任何要获得学问上成就者莫不需要自己用功。而把读书与研讨结合起来并作为一种学习则是一种创举，因为这是一种集体学习的方法，不同于个体之间的交流。这种学习方法有助于达成一种共识，而这种共识是寻求普遍知识的路径。

遗憾的是，中国书院在这方面仅仅是个开端，而没有真正成为学术风气和学术传统，在具体实践中仍然是以权威为中心进行学习探讨。因为这种自学研讨是在大师带领下进行的，并没有发展成为一种普遍采用的辩论式教学。尽管在明朝时书院中开始流行"讲会"制度，但这种方式仅仅限于大师之间，而不是在教学中普遍采用的方式。中国人不爱理性辩论，似乎辩论有失谦谦君子的形象，似乎与儒家传统中的"君子讷于言而敏于行"的教条不一致。因为孔子比较反对辩论，他认为"巧言令色鲜矣仁"。① 这是十分值得思考的。

---

① 《论语·学而》。

（五）书院开始对一些超越的问题进行探讨

新的探究风格就超出了传统儒家的学问传统。传统儒家学问并不追究根本性的存在问题，主要是一种行为修养的学问。南宋书院兴起后开始探讨一种纯学问，即关于世界本体的学问，这就是著名的"理气之辩"和"理欲之辩"（孙培青，2000)[240-242]。许多著名论断的出现也是在这个论辩过程中产生的，如朱熹的"存天理、灭人欲"就是这一辩论的成果。经过这些辩论，开始出现一些朴素的哲学范畴，从而丰富了中国哲学的内涵。这一新的探求是新儒学的标志，在历史上称为宋明理学。

以上五点表明，书院制度确实已经具备了一些现代大学的基本品质。我们知道，洪堡创立的柏林大学所提倡的现代大学制度的精神内核就是"研究自由，教学研究相统一，教授治校"（王洪才，赵琳琳，2012)。在书院里出现了不同于以往的新学，这就是新开创的新儒学或称宋明理学，这种学问创新是研究自由精神的体现。在书院里，教学与研究是一体的，那些经学大师把自己的研究心得传授给学生，学生可以比较自由地向大师问难。在书院里，经学大师都是书院的山长，主持书院工作，具有教授治校风格。

三、书院制度与现代大学制度的本质区别

尽管一些国粹派学者对书院制度推崇备至，但我们不得不说，书院制度与现代大学制度之间有着本质的不同。

（一）书院制度没有发展出一种集体教学制度

书院虽然开创了自由讲学的风气，但没有成为一种常规的教学制度，尤其是没有发展成为一种集体讲学的制度。因为书院是由某个大师主持，而非由一群学者聚集讲学，这大概是书院无法发展成为现代大学制度的根本原因，因为这里所尊崇的是某个大师的个人学识，而不是一种普遍知识。虽然后期发展出了"讲会"制度（孙培青，2000)[241-242]，但却是作为特例的教学方式出现的，而不是作为常

规的教学制度，或者更准确地说，这是一种学术研讨活动，如同今天的学会活动一样。可以说，书院开展的自由讲学仅仅属于学者交流的范畴，很难称为一种教学制度或教学风格。师生之间很少进行这种平等的教学辩论，仍然是以传承为主，而非开展自由探讨，这大概与中国的师道尊严学术传统有关。

（二）书院并没有形成以知识追求为导向的学术风气

书院的学问风格仍然是以道德人格养成为最高追求，而不是以学问本身追求作为根本取向。尽管在理学兴起后，在学问探讨开始涉及一些"形而上"的问题，这是一种学问上根本的东西，但这种追求并非学术探讨的目的。换言之，一些超越问题的探求目的在于解释现实中出现的问题，而非出于学术建设的需要。正因为这样，关于这些超越问题的探讨并没有坚持下去，而是当能够解释现实的问题之后就停止了。可以说，"经世致用"一直是中国学问的风格或传统，对纯粹知识的探求是中国学问所缺乏的精神。

（三）书院没有形成独立的知识系统

书院在发展中虽然出现了如周敦颐、二程、朱熹、陆九渊和王阳明等一批学术大师，但并没有在学术上产生一位真正的综合家。中国学术史上一直缺乏如亚里士多德那样的综合家，能够打破各家的藩篱，能够使知识成为体系，因而中国的学术一直没有脱离传统的经史子集范畴。似乎中国的学术一直受到门户见解的束缚，无法去追求一种超越的知识。可能最大的障碍是没有建立统一的学问方法，如亚里士多德所建立的形式逻辑。中国墨家学派所创的"三表法"在地位上与亚里士多德的形式逻辑和印度的"因明学"齐名（麻天祥，等，2012）[85-88]，遗憾的是，这种逻辑方法没有传承下来。而且正是因为墨家重视逻辑，因而也注重辩论。但这种学问方法没有被其他学派吸收，甚至成为排斥的对象。当然，另一个重要的问题是中国哲学没有建立起自己的概念体系，或者没有像亚里士多德那样建立关于世界的范畴概念，这也阻碍了中国学术向深度发展。这个工作也没有因为书院制度的兴起而得以修补。而中国数学也没有真正发展起来，这对于建立严密精确的科学而言是非常不利的。

（四）书院没有发展出一种规范的学问方法

书院中的自由讲学氛围和学者游学风气，确实对学术繁荣起了促进作用，特别是对于不同学派的产生起到了促进作用（孙培青，2000）[205-228]。不同学派开始有了自己解释世界的方式，产生了自己学问的法门，并且建立了自己的规制，但总体上没有超出个体直觉思考研究的范畴，没有建立一种比较客观的学问方法。朱熹所强调的格物致知，虽然强调了观察的重要，但这种观察仍然是个体观察，没有超出个体经验的水平（张岱年，1982）[558]。这仍然是传统学问思路。而王阳明强调反思方法"心即理"更是直觉方法的表现。可以说，这些都是一种主观主义方法。换言之，在学问思路上，书院并没有建立一种比较客观、理性的思考方法。

从以上几点可以看出，书院制度的兴起并没有使中国学术真正迈向现代化。

四、书院制度更倾向于古典大学模式

如果把书院与中世纪大学所流传下来的牛津与剑桥大学模式相比，就会发现它们之间有许多共性。

（一）学问本身不是目的，培养人格和风度是学问的目的

英国古典大学追求的就是一种绅士风度，也强调博学；而书院培养人的目标不是有多大学问，而是在于有高尚的道德品格。中国的学问路径也主张博学之、审问之、慎思之、明辨之、笃行之，这成为中国学问的传统。这都属于个体修养的学术范畴，不属于探求公共知识的学术范畴。从某种意义上说，这种学问思路比较符合"大学之道，在明明德，在亲民，在止于至善"。这种"修身、齐家、治国、平天下"的修养路线，所贯彻的就是一种以道德为中心的学问路径，而与以求知为目的的学术路径是不同的，后一种路径能够直接达到现代大学建设目的。

（二）教学活动特别重视师德风范

在英国古典大学学院制模式下，导师对学生的影响是根本性的，师生之间通过密切的接触来传授学问，这些往往是通过小范围的座谈实现的。教学方式比较自由，非正式化是英国古典大学教学的重要特色（新华社，2011）。而书院也实行师生之间的亲密接触，不过在这里接触主要在不同弟子之间，而非大师与所有弟子之间。这样的教学具有层次性，但同样也具有等级的色彩。相对而言，英国古典大学的师生之间受学徒制的影响，不存在严格的等级制。

（三）书院与学院都采用讲授与辅导结合的办法

一般而言，在书院教学中，讲授是由大师来承担，但这是少量的，个别辅导常常是在不同层次的弟子之间进行的。相反，在英国古典大学，大课讲授往往是由讲师进行的，而小规模的个别辅导课则是由大师来进行的（赵敏，2001）。相对而言，中国书院的灌输色彩比较浓厚一些，之所以采用大师讲授，即认为大师才是正确的。不同弟子之间进行辅导是他们按照自己对大师的理解进行启发。而英国大学的讲授由讲师承担，是进行一般性传授，如果想深入理解，则需要与大师进行个别交流。这意味着，古典大学模式秉承西方理性主义思维传统，仍然注重自由思考。而中国书院仍然秉承师道尊严传统，把最权威的意见灌输下来，靠学生共同领悟，如果仍然有困惑则进行个别辅导。

（四）书院与学院都注重精神陶冶作用

书院与学院一样都特别注重师生一起生活的精神陶冶作用。它们都比较重视习染的作用，用大师的人格品行的榜样来教育学生。不过，中国书院注重的是内在修养，而英国古典大学学院注重的是仪态风度的训练，似乎对个体的内在修养气质不要干预，重在形成一种独特的个性品格。这个区别也能够体现中西学问风格差异。

五、书院制度与现代大学制度的差异根源

书院制度与现代大学制度之间具有根本性不同，这主要表现在学问方式上。

（一）现代大学追求科学方法，书院仍然是以经典阐释为中心

现代大学与传统大学相比，最显著的差别是学问方法变化，现代大学开始采用实验法来探究事物，不再采用个体心悟的方法来学习，这也就是人们所称实证方法对思辨方法的取代。当然，现代大学所追求的是自然科学知识，而书院所追求的仍然是一种人文知识。从本质上说，现代大学追求的是一种共同的知识，而书院所强调的仍然是个体知识，也即是一种非普遍性知识。

（二）现代大学追求集体研讨方法，书院仍以个别教学辅导方法为主

自从洪堡创立柏林大学之后，"习明纳尔"作为一种正规的教学方法被提了出来，这区别于传统大学服务于记忆的辩论式的学习方法。尽管论辩方法有助于培养个体思维能力，但不得不说它对于获得新知识的作用是有限的。不过，论辩的方法在验证知识方面的作用仍然是巨大的和不可代替的，特别是它在时间上是非常节约的。个别教学不是一种以相互启发为目的的教学方法，而是以个体的理解、接受、掌握为目的的。

（三）现代大学追求学术自由，书院学术自由探讨没有成为制度

现代大学追求独立知识，建立知识自身的判断系统，书院仍然是以官方承认、参加科举作为检验学问的方法（刘海峰，1995）。这是考验知识是否具有独立性或书院能否实现真正自治以及学术自由的根本标准。因为书院仍然是以经典学习为中心，依靠个体的领悟，所依赖的是个体经验和直觉，所以很难变成理性的、共通的方法，这样就很难使知识摆脱神秘的神色，因而也就很难变成一种客观知识，最终只能依靠外部承认作为学问价值的判断标准。以儒家经典阐释为目的的理学在学问方向上仍然没有改变传统的"内圣外王"的政治倾向，这也注定了它很难

产生一种独立的知识系统。

（四） 现代大学探求新知，书院以个体修养为目的

现代大学以探求新知为目标，书院是以个体修养为目标，知识是以个体理解为目标，不强调追求外在的共识性知识。当德国洪堡柏林大学建立之后，大学开始以科研为中心，从而开始从传统大学向现代大学转型。而书院制度不可能适应这个发展要求，如此，也就注定了它在现代化过程中被淘汰的命运。

（五） 现代大学知识走向分科化，书院没有产生知识分化趋向

现代大学以知识分化为基础，书院的学问探求没有出现知识分化的倾向，从而也没有走向专业化。书院所传授的知识集中在儒家经典学习上，没有分化出许多实用的学科，也没有发展出高深的理论学科，这样它在社会发展和国家建设中的作用就非常有限，因而既无法阻止封建统治走向衰落，也无法帮助统治者抵御外族的入侵，从而也就成了空疏无用的代名词。书院制度没有促进中国社会走向现代化，因而在中国现代化进程中被抛弃了。这确是一个不得不记取的教训。

六、几点结论

当我们回忆书院制度的时候，我们不仅要记住它的历史意义，但同时切不可忘记它给我们留下了哪些教训。书院制度与现代大学精神对比起来，最大的缺憾就在于它没有建立起独立的学问精神，从而使学术一直处于一种依附的地位。这一结局当然与中华传统文化风格有关（章柳泉，1981）[38-82]。中华传统文化风格是实用主义的，对超越的精神追求不感兴趣，因而并不深究事物发展的逻辑，进而难以建立起使知识自明的价值，于是只能依靠外部的承认来取得自己的价值。这样就把学术的价值依附于政治势力的认可上。这种学问风格没有给中国带来真正的科学，当然也没有给民众带来科学精神，这正是在中西文化碰撞过程中得出来的结论。正如一些新儒学大师所讲，中华文化不缺乏人文精神，但缺乏科学精神（钱穆，2004）[50]。这种科学精神的缺乏在很大程度上是因为传统的人文中具有反

科学精神因素造成的。因此，我们在重视传统文化中的人文精神价值的时候，切不可忘记其中的反科学精神的因素。这样的话，我们在发现书院价值的时候就不会走向一个极端。

第四节　西南联大成功与大学校长角色定位[①]

一、缘起：曾经的世界一流大学？

西南联大无疑是中国大学史上的一朵奇葩，一直为人们所称颂，因为它在异常艰苦的条件下培养出了许多杰出人才（陈岱孙，2006），因此西南联大的经验就非常值得总结（文胜利，2006）。有论者说西南联大已经达到了当时世界一流大学的水平（洪德铭，1997），这就更增加了它的魅力，也促使人们去探讨，以便为今天的一流大学建设提供些经验与启示（乔东，2008）。当然，人们最关心的仍然是它的制度建设（吴秀文，2006），即它是通过什么样的制度使大学教授们发挥出创造的潜力和激发学子们的认真求学精神的（袁祖望，2007）。这一切对于今天建设现代大学制度而言都非常具有吸引力（张建新，2008）。

事实上，关于西南联大的探讨一直都没有停止过，但人们多是通过追忆的方式进行（朱光亚，2002），类似的著述已经很多（西南联合大学北京校友会，2006）[1-505]。通过这些研究，渐渐为人们展示了一个西南联大的轮廓：西南联大是一个战时临时大学，由三所国内著名大学合并而成[②]；它在大西南偏僻地方办学，办学条件异常艰苦（闻黎明，2007）；它汇集了许多名师，这些名师多具有留学背景且以留美为主（周棉，2011）；它因地制宜地进行了教学改革，成功地实施了研讨法教学，废弃了讲授式为主的传统教学方法（王根顺，等，2008）；大学实行教授治校，校长推行民主治校理念；实行学生自治，鼓励学生参加各种学术团体，培养学生独立探讨问题的能力（叶通贤，周鸿，2008）；它培养了

---

① 本文为《社会科学战线》约稿。
② 西南联大史料库：http：//localsev. lib. pku. edu. cn/lianda/home/about. asp。

大批优秀人才，许多人成为科学院院士、著名作家、学者，并培养了未来的诺贝尔奖获得者①，所有这些在今天看来仍然令人啧啧称赞，这不能不促使人们去探讨西南联大的究竟。

翻阅文献，不难发现，人们一谈到西南联大，就是一片褒扬之声，似乎西南联大已近完美，无可挑剔。这当然是难以令人置信的，因为这不符合事物发展的规律。我们认为，西南联大的成功也必然是在克服种种困难和处理好各种冲突过程中取得的。因此，学术研究需要以冷静的批判眼光去看待事物，避免戴着有色眼镜去观察，否则就难免以讹传讹了。

通过文献搜索，我们也发现了少数不同声音，他们开始从社会资本理论（胡钦晓，2007）、冲突视角（广少奎，刘京京，2012）和大学校长视角（单敏，2008）来分析西南联大的成功经验，这些研究使人们更加接近真实。不难发现，这些研究仍没有跳出分析框架本身的局限，因而对西南联大的成功经验揭示仍然是不足的。这就促使我们进一步去追寻西南联大成功的奥秘。

在西南联大办学过程中，最大的难题莫过于三校合作问题了。因为三所大学地位相当，文化各自不同，有不同的办学定位，要一下子融进一个新的校园环境中，势必面临自我角色调整问题，这就难免带来情感纠葛。所幸的是，因为三位领导人都有一个高姿态，最终推举善于妥协的梅贻琦主持校务，从而保持了联合大学的合作成功（西南联合大学北京校友会，2006）[36-37]。这在很大程度上应了克拉克·克尔的关于大学校长角色认定，即现代大学校长主要是协调人角色（克尔，2010）[21-23]。事实上，真正的校长并不需要特别强势，特别是对于学术成就卓著的大学教授而言更是如此。因为每位大学教授都具有非常强的批判意识，当然不希望别人指手画脚，如果校长太强势，就会抑制教授们的独

---

① 在联大学习过的大学生和研究生中有：中国科学院院士80人，中国工程院院士12人，有2人（朱光亚、郑哲敏）为双院士，故院士总数为90人。联大学生后来取得特别突出成就的有：诺贝尔物理奖获得者杨振宁、李政道，国家最高科学技术奖获得者黄昆，"两弹一星"功勋奖章获得者屠守锷、郭永怀、陈芳允、王希季、朱光亚、邓稼先。这只是自然科学和技术科学方面的部分突出人才，在文、史、哲和社会科学方面也出现一大批突出人才，还有一大批政治家、革命家，人才济济，洵非虚语。http: // baike. baidu. com/view/79546. htm.

立思考和学术自由，甚至会使教授们不自觉地服从行政意志。今天大学办学失败，与过分强化校长的权威有关，此不仅弱化了教授的自由思考能力，而且使教授变成了课题、经费、考核指标的奴隶（叶铁桥，李雪莹，2009）。这是今天中国大学的真正之痛，也是对西南联大办学经验进行反思而可以学习到的。所以，今天探讨现代大学制度建设，探讨中国大学模式建构方向，务必要处理好大学与政府的关系，同时也要处理好大学校长与教授之间的关系。可以说，西南联大经验为我们上了生动的一课。

二、西南联大办学成功的主要标志

（一）成功地实现三所大学的强强联合

西南联大给人的第一印象是：它是一所强强联合的大学（姚加惠，张亚群，2003），而且是一个自主联合的大学，虽然这一联合主要由环境造成并且是响应当时政府要求作出的，但当时政府没有过分干预，这与今天大学合并意义完全不同。我们知道，今天的大学合并是在政府主导下进行的，许多大学合并是出于功利目的，或是为了进入"211"或"985"，或是为了获得更多经费，当然也是为了集体排名的提升。这种匆促中进行的合并，是否经过了科学论证，是否有悖于大学精神，是否对大学发展确实有利就不得而知了。今天的大学合并采用兼并式进行，很少是强强联合，因为强强联合很难。这种非强强联合式的合并虽然有助于扩大学校有形实力，但对名望而言却严重受损。西南联大则是由当时国内三所著名大学联合而成，强强联合当然使学校声望更高，因为三种不同风格的大学融合在一起则给人一种"超级大学"的感觉。

众所周知，北大在经过蔡元培大刀阔斧改革之后学校声望如日中天，并且使学术自由、兼容并包的精神在北大扎下了根。蔡元培大量延聘名师，从而使北大名师汇集，学术风气非常活跃，从而也成为中国新文化运动的策源地；他还大力推行教授会制度建设，实施学生自治方案，在大学里还组织了进德会组织，从而对北大学风建设起了非常大的作用（蔡元培，2003）；清华大学是1911年由庚子赔款建立起来的留美预备学校，1925年建立大学部并设国学研究院，清华国学院自建立起就名声斐然，因为有国学"四大导师"领衔。[①] 1928 年更名为国立清华大学，在梅贻琦执掌校印后逐渐成为国内学术重镇，他的"大学者，非谓有大楼之谓也，有大师之谓也"至今仍为人们传诵（梅贻琦，2003）。南开则是当时最有名的私立大学，在当时国内私立大学中流传着"北南开、南厦门"美誉。南开大学成为一所国内名校，这与张伯苓的"实学"办学理念分不开，这一定位非常符合中国社会发展要求（张伯苓，2003）。有这些成功大学的组合，这就为日后的西南联大的成功奠定了基础。

（二）培养出一大批成就斐然的校友

教育乃百年事功，不能看一朝一夕得失。西南联大之所以今天被人们津津乐道，就在于它培养了许多杰出的校友，正是这些校友们的记忆和传说，才使西南联大充满了传奇色彩。在西南联大的著名校友中，不仅有多位科学院院士，还有许多著名的作家、诗人和哲学巨匠及社会科学泰斗。其中，最著名的当然是培养出两位诺贝尔奖得主校友——杨振宁博士和李政道博士，因为人们常常把诺贝尔科学奖作为学术最高成就标志。他们两人都在西南联大接受本科教育和硕士教育，西南联大为他们打下了深厚的学术基础。我们毫不否认这一点，但我们都知道这不是全部，因为他们之所以能够获得诺贝尔奖，首先是与个体的勤奋有关，没有个体勤奋就不可能有任何成就；其次是与他们的家庭教育背景有关，他们自小都受到良好的家庭文化氛围的熏陶，无论是在文化素质方面还是在艺术修养方面，都对日后的探索潜力培养产生了积极的作用；再次也与他们的天资有关，如果他们没有善于发现和大胆猜想的科学素质，他们也不可能成功；最后必须说与他们所处的美国学术环境有关，如果没有美国的学术环境，即使有天才般的设想，也无从验证，当然就更无从被外界知晓了。所以，他们的成功是由一系列复杂因素促成的，不是某一个偶然因素发挥作用的结果。但不可否认，西南联大时期的治

[①]　清华国学四大导师（指梁启超、陈寅恪、王国维、赵元任）。参见 http://baike.baidu.com/view/949720.htm.

学精神对他们产生了深深的影响。今天国人之所以有诺贝尔情结，就在于人们常常把培养出诺贝尔奖得主作为大学成功的标志，并将其作为大学学术地位的标志。人们对西南联大的回忆，也常常与培养出诺贝尔奖得主联系起来，尽管"两弹一星"的成就远比这个奖励有价值。所以，培养诺贝尔奖得主校友绝不是西南联大办学成就的全部。

关于西南联大办学水平，似乎有一个评论，认为西南联大可以与国外最好的大学办学水平相比（易社强，2012）[1-5]。这一点让人将信将疑，因为大学办学成功需要多年的积累，不可能短短八年时间就办出世界一流大学，而且是在条件那么艰苦的情况下。我们只能说，西南联大是一个特殊的实验室，是在民族危急关头进行的一次大学合并实验，这个合并是采取强强联合的形式进行的，是在保持大学高度自治的情况下进行的，是在坚持教授治学原则基础上进行的，是北大精神、清华作风和南开文化的融合，可以说，能够把三者成功地融合在一起就是一个创举。至于西南联大是否达到了世界一流水平，似乎不是最重要的，因为至今关于大学评价问题仍然是个说不清楚的事情。大学评价太过复杂，虽然有许多可以评比的指标，但更多的是无从评比的，如文化特色是办学中的最重要部分，而这却是无法评比的。而且大学成功似乎也不能用多少获奖者来说明，大学似乎更应把解决国计民生等大问题放在首位，应该把培养社会的有用之才作为根本追求，从而避免使自己陷入追逐个别获奖指标或在高影响期刊上发表论文的误区中。该问题也是当前大学办学中最需要注意的问题之一，如果把某个指标或个别评价当成整体指标或一般评价的话，出现的问题就比较大。

（三）养成"刚毅坚卓"的治学精神[①]

对于今天办大学而言，西南联大给人们最深刻的印象就是办学条件艰苦，这在大学发展史上大概也是罕见的。今天，人们都强调大学不仅需要大师，也需要大楼，大楼则要大投入。大楼意味着需要购买昂贵的实验仪器，大量地购置图书

---

① "刚毅坚卓"作为西南联大校训，它也能够代表西南联大的治学精神。

资料，因为这些都是从事学术研究的基本条件。但现在人们越来越相信，似乎大量投入并非是大学成功的最根本条件，大学成功最需要的是精神支柱。因此，人们更为推崇的是大学精神，于是人们也非常推崇西南联大在艰苦条件下所形成的办学精神。这确实是一种向困难挑战的勇气，是一种民族自强精神的表现，是学者自由意志的升华，也是人类成为自然主宰的最重要的东西。可以说，西南联大的成功在很大程度上是由特殊的历史条件决定的，这一特殊的历史条件使大学的凝聚力达到了历史的最高峰，这是民族精神、学术自由意志高度凝聚的结果。任何一所大学，如果能够自觉担负起民族复兴的责任，能够把学术自由的意志发挥到极致，那么它不成功也是不可想象的。这也是为什么人们在如此艰难的环境下仍然能够静心治学的原因，这在和平时期是不可比拟的。正是因为这些特殊的历史条件，人们能够自觉地抛弃个人成见、不满情绪和不当要求，从而形成了比较浓厚的学术氛围。而这些东西对学生的感召力是最大的，也是激励学生成材的主要因素。所以，西南联大留给人们的最深刻印象就是刚毅坚卓的治学精神。

三、西南联大办学成功的原因追踪

无论是强强联合，还是环境艰苦，或是大师云集，这些仍然是办学的外在条件，要变成一种行为方式必须有恰当的执行机制，即必须符合学者的生活方式，否则，再好的条件也不可能自然而然出现美好的结果。西南联大的成功，关键是得益于以下几个制度设计。

（一）教授治学制度得到有效实行

西南联大实行教授治学制度，这在当时似乎是没有惊奇的，因为在当时，教授治学已经成为一个通则，没有什么例外。之所以如此，是因为中国大学制度是从西方引进的，当时人们都比较尊崇德国大学制度，德国大学比较严格地奉行了教授治学制度。德国大学带来德国国力的强盛，这是中国学者非常羡慕的，也是蔡元培极力推崇德国大学制度的原因。蔡元培在北大进行的改革就推行了教授治学制度。在他的"兼容并包"的治校理念下，北大变成了大师云集的地方。蔡元培在北大采用教授治学制度，组织了各个系科的教授会，改革了原来的学校制度，这成为当时大学的美谈（胡适，2003）。当时，许多大学都采取了类似的改革措施，都试图在大学内驱逐传统的封建毒素的影响。在梅贻琦治下的清华大学，教授治学也成为风气，他的"吾从众"治校理念也培养了大学民主管理的氛围（韩延明，2001）。可以说，在西南联大推行教授治学制度是顺理成章的事情。正是因为怀念蔡元培改革功绩（蒋梦麟，2003），所以即使是在蔡元培力辞校长职务后，北大教授们仍然把校长位置留给蔡元培，蒋梦麟在很长时间都是代理校长。而梅贻琦在清华的时候也在实践教授治学理念，这也使他在学术界留下了很高的声望，也是他在西南联大时期作为执行校长的根本原因。张伯苓在南开大学期间，对教授非常尊重，事实上也使教授治学成为一种学术风气。大学教授治学本是天经地义之事，但在中国由于受封建文化的影响，因而教授治学并不容易。

其实，隐藏在教授治学制度背后的是大学所遵循的教授治校理念，因为只有校长非常尊重教授的意愿，才能实践教授治学精神，也才能获得教授们的支持。对于大学教授而言，如果校长能够主动反映教授的要求，他们能够自主地实践自己的学术主张，那么他们的学术创造激情才能被激发出来。因此，只有当他们没有感到行政方面压迫的时候，才会把主要精力乃至全部精神投向学术，才能够享受学术生活，实现他们的学术自由意志。大学精神的实质就是学术自由，这也是大学成功的规律。它的实践机制就是教授治学。而教授治学是通过校长的维护而得到保障的。

（二）民主治校成为一种传统

西南联大的成功，当然得益于大学的治理结构。从外部讲，政府减少了对大学的干预，这虽然不是一个主动选择的结果，但在事实上成就了西南联大自治的实现。在大学内部，大学最高行政机构实行委员会制，改变了传统的一长制结构，从而营造了一种民主的机制。但由三位原先很有成就的校长共同组成的校务委员会如何运作却成了一个事实上的问题。如果三位校长都表现得非常强势，则合作起来会非常困难。如同今天大学校长和书记的配置一样，如果两位领导都非常强势，那学校内部必然矛盾不断，因为每个人的风格不可能随着形势的变化而立即改变，而且在学校治理这样的大事情上，也不可能轻易改变自己的主张或理念。只有不同风格的人组合和相互配合，才可能形成一个比较团结的领导集体。在这样的治理结构中，三个学校领导人风格比较起来，梅贻琦善于协调的优势发挥了出来，这也是他在清华大学任校长期间治校风格的一贯表现。最后，三人共同把梅贻琦推到了执行校长的位置上。所以，西南联大实际执掌校政的是梅贻琦。

之所以最终选择了这一结果，这是因为三个学校的文化氛围不同，如果校长过分作为的话就很容易导致内部矛盾，而民主型的领导比较适合这一角色。所以，我们必须承认，是特殊的历史选择了梅贻琦。当时张伯苓更热心政治一点，而且还有其他南开办学事务，如在重庆南开还有一个分校（西南联合大学北京校友会，2006）[31-32]。而北大的蒋梦麟校长当时主要时间也不在昆明，他的"不管就是管"是对这一角色的最好诠释（张翼星，2011）。如此，三位委员其实只有梅贻琦一人在校主政。这实在是一件幸事，因为中国人合作比较困难，常常由于太强调个人意志而无法协调。今天也是如此，由于领导班子合作能力比较差，各自强调自我意志，因而很容易产生内耗。所以，如果三位都对大学的事务过分热心，固守在一起就难免产生意见分歧并发生龃龉。但对于实践教授治学理念而言，显然，梅贻琦的宽容性格更适宜于西南联合大学的学术发展。

（三）大学校长的根本职责在于协调而非领导

实际上，在大学实行合并之初，三校之间也出现了分歧，在关于大学如何治理的思想上，不同校长自然有不同的主张（广少奎，刘京京，2012）。特别是不同学校教授之间的分歧也容易汇集到各自的校长那里。这对于新建立的大学和领导集体是一个考验。如果大家都没有采取退让措施，就很可能威胁到大学之间的合作。而且面对艰苦的环境，完全没有矛盾也是不可能的，如何处理大学面临的实际问题，就需要考验大学领导人的智慧。从客观的结果看，由于各位校务委员都能够采取大度的姿态，所以较好地缓和了不同学校之间的纷争。特别是在大多数时间内，另两位委员不在学校（西南联合大学北京校友会，2006）[31-32]，也减少了学校内部矛盾和派系之争。从历史观点看，三所学校合并在一起，最需要的是善于协调的校长，因为这对于创造一个大学教授们的共处环境非常重要。因此可以说，三位委员共同推举梅贻琦主持校务是一个历史的选择。

四、西南联大成功背后的文化原因

（一）西方学术文化背景使教授们格外重视学术权利

西南联大之所以能够平稳地度过了差不多八年的昆明岁月，这与大学教授们的高素质有直接的联系。多数人都意识到西南联大教授群体具有很高的留学背景。有统计说，60%以上的教授都是留美，另外20%都是留欧，还有不足5%的教授是留日（刘敬忠，荀卫芳，2011）。如此的留学背景，说明他们都受到了比较强的西方文化的影响，因而受到传统文化的影响相对较小，这使他们对学术权利追求比较真切，对官本位的颂扬比较小，这样教授之间的内部争斗就比较少，从而避免了一些人为的内耗。一般而言，留洋之后，人们对传统文化大多持批判态度，对于传统中国以权力为中心的社会运作模式比较反感。那么，长官意志在留洋群体占多数的大学里就很难行得通。而接受过西洋文化洗礼的大学教授们对学术权利比较重视，比较反感行政干预，因此，越是民主的校长越得到教授们的欢迎。这大概与欧美大学的教授治校传统有直接关系。欧洲大学采用校长荣誉制；由教授推举校长，这保证了大学教授的治校权力。日本大学遵循欧洲大学传统，大学校长也是荣誉性的，大学教授的权力比较大。在美国大学虽然校长权力比较大，但由于制衡机制比较完善，因而大学教授的治学权力能够得到很好的保障。特别是校长由教授组成的遴选委员会推荐制度，保障了教授治校原则的实施（王洪才，2009）。

（二）当时政府无力干预大学为大学自治创造了较大空间

不少论者都认为，外部对大学的干预比较小也是西南联大成功的重要原因。必须指出，绝不是外部不想干预，实在是外部无暇顾及。有史料表明，当时大学外部的一些政令要求受到了大学教授的抵制而作罢（西南联合大学北京校友会，2006）[45-47]，如果不是战争期间，教授的抵制力量远不会那么大。因为即使在战争期间，当时的国民政府也希望严格控制大学。这种政治的考虑不能说是意外，而是一种常态。但在战争期间，正面战场压力比较大，所以对于这些方面的思想控制就出现了一定程度的松懈。正是这个空当，才出现了大学比较自由和活跃的学术空气。

（三）大学与政府双方都采取克制的态度

从实际情况看，在国难当头之际，大学教授的爱国心自然也会高涨起来，对政府举措会采取更加理解的姿态。所以，只要政府没有什么高压举动，一般都倾向于支持政府行动。当然，政府也不愿意过分刺激教授们的情绪（于化民，2008）。如此，大家都主动克制自己，从而保持了一个比较合理的行为边界。正是双方的克制态度，才换得了大学校园的平静。大学教授大多接受过传统文化教育，饱读诗书使他们识大体，懂得维护政府威信，因为这对于抵御外寇、防止被敌特利用非常有意义。所以，即使平时放荡不羁的学者此时也会主动收敛自己，避免自己一失足成千古恨（吴锦旗，2011）。政府当然知道民心支持的重要性，知道维护内部团结的意义，所以当他们的愿望遇到阻力的时候也不会过分地坚持。这样就维持了一种平静、平衡的局面。这一情势对保护大学自治、学术自由非常有利。如果离开这一特殊历史环境，大学与政府之间的平衡局面就不可能维持长久。因此，是历史成就了西南联大的短暂辉煌。

五、西南联大所折射的学术繁荣规律

（一）政治"弱干预"效应

根据大学发展经验，不难发现，凡是政治控制比较宽松的时候，学术就会出现繁荣。凡是政治高压时期，学术便会出现窒息状况。春秋战国时期因为没有统一政权才出现了百家争鸣的学术盛世，这是中华文化发展的黄金时期，正是这个时期奠定了中华文明的根基。第二个学术发展高峰时期是魏晋南北朝时期，这个时候也是政治上的动荡时期，玄学的兴起正是出现在这个时候。玄学的兴起与批判正统学术即儒术有关，也与佛教大举入主中原地区有关，这样就出现了不同思想流派的争执，玄学也是在这种争论的气氛中形成的。另一个学术鼎盛时期就是南宋时期，这个时期也是政治上比较软弱的时期，但为学术发展提供了较大空间。此时儒学面临新的挑战，因为佛学的影响日渐扩大，甚至有超越于儒学的态势。针对这种状况，儒学内部产生了变革的要求，从而导致了新儒学的产生，儒学在不少方面吸收了佛学的精神，这一新发展后人称为宋明理学。

（二）大学应主动远离政治中心

历史经验证明，学术发达的另一个重要因素就是远离政治中心。正如马克斯·韦伯所说，学术与政治具有不同的规律，必须相互独立（韦伯，1999）[17-53]。在这一点上西南联大基本做到了，这与中国古代书院的发展原理是一样的。不在政治中心，自然政治干扰因素就会降低，学术就会按照自己的规律发展。中世纪大学许多是从修道院学校发展起来的，因为修道院保持了与世隔离的态度，这里保存了书籍，同时也保证了自由研修的氛围，不容易受到尘俗世界的打扰。相对而言，贫穷的生活更能使人清心寡欲。中国书院能够发展起来，也与这种采取静修的姿态有关，所以许多著名书院大多建在深山老林。这个原则也适用于西南联大，因为战时的艰苦生活环境反而可以使西南联大师生静下心来研究学问。

（三）奋发有为的学问精神

从事大学问研究者，必须抱有一种救世理想，这是从事透彻学问研究的根本动力。无论是春秋战国时期的百家争鸣，还是宋明时期的理学兴盛，甚至包括中世纪大学兴起和德国大学模式出现以及美国大学模式兴起，它们都是一批学者救世理想的展现，这种救世理想使他们在从事学问探究中重视结合实际，反映现实需要，这正是做大学问的根基。可以想象，在中国国难当头之际，西南联大这一由精英分子汇集起来的特殊团体，他们对民族的热忱都转化为学术追求动力上了，恰与当时洪堡创立德国大学时的背景相似（周棉，2008）。所以，总结历史，我们切不可忘记大学必须具备的精神品质。正如《易经》所说，天行健，君子以自强不息。

（四）科学民主的制度保障

无论外在环境如何，内在因素始终是主导性的。西南联大办学成功必须依赖于科学民主的制度。如上所述，梅贻琦本人的民主作风使得大学能够建立一个民主的治校制度，这种民主制度也容易使制度建设更具有科学性。所以，科学与民主是恒常地联系在一起的，没有科学而奢谈民主是不利的，反之亦然。这一经验是我们当下最值得汲取的。西南联大实行了教授会制度、选修制和学生自治制度，继承了蔡元培在北大开创的兼容并包的学术自由精神，因而学校治理可以与欧美国家大学的治理方式相提并论（许美德，1999）[66-77]。设想，如果没有制度保障，任凭校长多么英明，教授多么努力，大学仍然无法形成合力。大学只有在各种力量形成整合的情况下，才能保证各个群体的内在潜力得到最大的激发。

六、结论与启示

西南联大是我国大学发展史上的一朵奇葩，它的办学成功经验亟待进一步整理，这些经验将为探索中国特色的现代大学制度提供丰富的营养，是创建中国大学模式所急需的。只有站在公正客观的立场来分析西南联大的成功经验，才可能获得有益的借鉴启示。必须承认，西南联大是在特殊环境下成就的，是中华民族优良的爱国传统与西方先进的治学理念相互激荡的产物，在很大程度上，这一经验是无法复制的，我们只能从中汲取其精神实质为今天之用。我们认为，西南联大成功的关键就在于在特定历史时期选择了一个具有特殊魅力的校长（王洪才，2007a），他善于协调的民主作风使大学内部能够和睦相处，使大学运转能够遵循学术自由规律，遵循大学自治原则，坚持教授治校方向，实践了教授治学的本质内涵，从而使学术研究与解答现实需要有机结合在一起，这样才人才辈出，才成就了它的辉煌。

第四章
大学治理结构的建构

第一节　大学治理与和谐社会的建设①

一、大学的多元治理时代的来临

必须承认，大学作为一种独特的社会机构，在任何时候都不可能游离于总体社会活动之外，必然与社会发生着各种各样的联系，这些联系直接影响着大学功能作用的发挥。

一般而言，大学与社会之间存在着四种基本关系，即与政府的关系、与市民社会的关系、与学术共同体的关系、与学生的关系（王洪才，2003）。

在现代社会，大学与社会总体之间的关系首先表现为大学与政府之间的关系。政府作为国家的代表人，负责对大学进行投资和管理，也是大学行为合法性的权威来源。大学界普遍存在着一种自治传统，认为大学相对独立于政府。我们认为，这种独立性主要表现在学术事务方面，而且是在法律允许的范围内，而在其他方

---

① 该文为参加"建设和谐社会与中国高等教育——2007年高等教育国际论坛"论文，收录在王小梅、刘国瑞主编《建设和谐社会与中国高等教育——2007年高等教育国际论坛论文汇编》（沈阳：辽宁民族出版社，2008，226－232）一书。收录在本书时有较大改动。

面则必然严格地接受法律和法规的调整。今天，政府是大学经费的主要来源，因此任何试图完全独立于政府的想法都是不现实的。即使在非常讲究大学自治的美国，其私立大学也主动要求政府官员参与大学管理，邀请州长或教育委员会主席出任大学的董事，作为大学与政府沟通的桥梁。私立大学如此，公立大学则更不待言。在美国各州宪法都明确规定了州政府的管理权限，并确认州长对公立大学的一些重要的董事任命权及州长、教育委员会主席作为州立大学董事的当然资格。在其他各国，法律也赋予政府参与公立大学管理的权力，甚至也把大学作为国家机构进行管理（如法国）。对于私立大学，政府主要采取间接的管理方式进行，一般是通过宪法的规定或具体的资助政策来进行调控大学的行为。

大学与市民社会之间的关系则是多重的，但其主体关系是交换式的，如大学通过为社区服务的方式来换取社区对大学的支持，大学与企业界也通过订立合同来向大学提供知识和技术的支持以换取科研经费及其他方面的回报。大学也邀请社会参与大学管理，但这种管理主要是参谋式的，较少是强制式的。所以大学与市民社会之间的关系更多地表现为经济上的关系，多是以市场原则为基础进行调整，是一种要约行为。大学与市民社会之间存在着广泛的互动机制，一方面大学能够满足社会的某种需求，另一方面大学也在更大的程度上依赖于社会的支持。因此，大学与市民社会之间具有广泛的合作前景，因为双方都意识到开放与合作意味着双赢，封闭与排斥意味着双亏。从理智人的角度出发，大学寻求与社会的积极合作，同时也在避免社会对大学的过多干预。当然，大学也不想对社会事务过多地涉入，因为那样不仅会招致反感，而且会面临更大的危机。

大学与学术共同体之间的关系是部分与整体的关系，其关系性质基本是同质的，而且这是大学生存的根本。因为大学不可能孤立地存在，它也需要一个生态环境，需要一个同质性的氛围，而只有学术共同体才能提供这种相互支持的氛围。大学与学术共同体之间有一个基本权利和义务的关系，包括学术发表的权利，遵守学术规范的义务。而且这种关系既不是行政的也不是经济的，而是一种伦理的关系，主要依靠大学对学术规范的忠诚来保持与学术共同体的关系。这种忠诚是学术界默示的规则，学术风气的形成主要依靠这种自律的机制来完成。学术界成熟与否就在于是否建立了这种默示的规则，从而成为学术共同体的契约。从另一方面说，学术主体的自身成熟程度是关键，当他们反思意识足够地强，能够很好地建立一条自身行为与社会一般行为之间的边界时，那么这个主体就基本成熟了。成熟的意味是：它知道哪些行为是符合学术规范、促进学术生长的，哪些是有悖于学术规范甚至会瓦解学术组织的，其结果会与社会行为趋同化。因为它知道趋同化的后果：趋同化会湮没自我，会消解它的存在价值。

大学与学生的关系可以说是最为复杂的一种关系，而且这种关系在很大程度上会影响其他各种关系。大学与学生的关系不能简单地用施教者与受教者的关系来概括（这样大学与学生的关系就变成了一种内部关系），用服务者与顾客的关系来概括也不恰当，当然更无法用中国传统的"师道尊严"来命名，这种形势随着大众化、经济中心主义、消费主义而显得越发复杂。传统上教育的目的在于人格的养成，今天则重在职业地位的获得，知识和技能以其市场的效验来决定自己的身份。这种大众主义无可置疑是一种消解学术精英主义的力量，同时也是一种消解严格自律行为的力量，因为在实用主义的推动下，人们的市场投机心理会自然而然地萌生，当然也会对一切合理的规范、严肃的自律提出质疑。所以，大学面临的真正挑战既不是行政的干预，也不是市场需求的影响，而是学生的取向和追求，是一种新的社会评价。

上述这四种关系是大学与社会关系的四个主要方面，它们构成了一种同心圆的结构。在这个同心圆中，大学之间关系位居核心，因为它守护着大学存在的核心价值——真理至上。大学首先是作为一个独特的群体而存在的，大学个体与大学群体之间的关系虽然存在着竞争，但主体部分是合作关系，因为它们遵守共同的价值准则；大学与学生的关系是第二层关系，因为大学与学生之间享有部分共同的价值，但差异是主导的，因为大学生第一位考虑的是职业地位而非学术追求。大学与政府的关系是第三层的关系，它主要是作为调停者的角色而出现的，它既调整大学与学生之间的关系，也调整大学与市民社会之间的关系。大学与市民社会的关系是最外在的关系，因为它们在价值追求方面从根本上是冲突的，大学把理论价值看作第一位，而社会把实用价值放在更优先的位置上。

但大学与政府的关系始终是最重要的，因为政府具有规范大学行为的能力，其他关系均随之进行调整。但随着市场化的推进，市民社会开始具有了平衡政府力量的能力，它可以通过赞助行为来表达自己的主张。同时，随着大众化的推进，学生的声音越来越大，政府和大学都不得不对学生的声音给予更多的关注。这样学术的力量、政府的力量、市场的力量、学生的力量越来越具有相互平衡的可能。这意味着传统的一元化的大学治理结构时代将结束，多元的治理结构时代将来临，高等教育发展将迎来一个多元治理结构的新时代。

二、大学管理从控制走向治理

传统上，政府对大学具有直接的管理职能，教育行政机构直接负责对大学的管理。随着大学自主权呼声越来越高，政府对大学的管理越来越倾向于通过间接的手段进行管理，如通过制定法律、政策和使用经费杠杆及评估手段来进行管理。可以说，政府管理越来越借重于市场机制进行调节。从管理方式而言，由直接管理转向间接管理是一个很大的进步，但是这种管理仍然不能抹去政府强制的痕迹。换言之，间接的管理方式仍然渗透着政府具有绝对的主宰地位，仍然不能从根本上解放大学的主动性和能动性，从而也不能使大学做到真正的高效率。那么要真正地调动大学的工作潜能，政府就必须转变大学管理的原则，从控制导向走向协商导向，即所谓从管理走向治理。

从管理走向治理的关键在于承认有多个利益主体的存在，它们对大学发展走向有不同的关切，这些关切是大学功能充分发挥的必要条件。换言之，政府并不是大学唯一的利益相关人，在政府之外还有市民社会的关切、学术群体的关切、学生的关切，它们的关切点与政府的关切存在显著的差异。对于政府而言，它们最为关注的是大学对政治安全的作用，其次是对国家实力提升的作用，再次是对社会文化建设的作用，最后才是学术方面的贡献。这种思考模式当然是与大学自身的自我预期存在差距的。大学认为学术贡献是第一位的，有了学术方面的贡献，自然就有了对政治的贡献、对经济的贡献和对文化的贡献。这种分歧可以说是实用主义与理想主义之间的分歧。对于市民社会而言，他们最关注的当然是大学对他们的物质福利改善的作用，其次是对他们精神福利改善的作用，因此他们对知识的追求主要是出于实用的目的，甚至是功利主义的。对于学生而言，他们要求自己受到个别对待，要求大学照顾自己的兴趣爱好，从而使自己的兴趣获得最大的满足。在兴趣之外，他们也考虑到实用的目的，即职业的目的，认为大学所提供的知识和所进行的培训活动应该直接服务于职业获得的目的。可以说，这些都与大学的主张发生冲突。今天，市民社会的要求和学生的要求都不能笼统地统一到政府立场上，也不能用国家利益至上原则所取代，所以他们的呼求必须受到高度重视，这样才有利于大学与社会的和谐。

传统上，市民社会的要求、大学自身的要求和学生的要求都处于弱势地位，在实行市场经济之后，市民社会的声音才逐渐高涨起来，他们要求大学主动为社会提供服务，要求大学按照他们的意志来设计人才规格、调整课程内容及进行有针对性的科学研究。他们通过与大学订立科研合同、合作培养协议和参与大学管理委员会等表达自己的意见。这一做法得到了政府的支持。大学自身的要求主要反映在扩大办学自主权上，表现在招生、专业设置、课程计划和教学管理等多方面。在教育改革的浪潮中，大学的要求得到了部分的满足，特别是那些重点大学。学生的要求得到满足比较慢，因为目前仍然处于教育机会短缺时代，学生的要求还未受到足够的重视，但改革的趋势在向这方面倾斜，如以学生为本理念的提出，学生评教方案的实施，学生选课范围的扩大，学制的弹性化等，已显示出学生的利益受到越来越多的关注。可以看出，在现代社会，任何一方的利益都必须受到尊重，无视任何一方的利益关切都会对大学功能的发挥造成损害，都不利于大学的成长，也就不利于大学与社会关系的和谐。

传统的学术观点认为，大学发展中只存在三种力量进行博弈，一种是政府，另一种是市场，再一种是学术寡头。高等教育这一三角模式关系最初是由科·阿什比爵士提出来的，后来被伯顿·克拉克完善。通过上述分析，我们认为仅仅讨论这三种力量还是不够的，因为还存在第四种力量，那就是学生的力量，或是个性发展、个性成长的力量，这种力量不能被其他力量所代替，尽管它常常是不显现的，但它确是真正存在的，甚至会成为其他几种力量汇集的焦点。在高等教育进入大众化之后，学生的力量将迅速显示出来，甚至将成为影响大学发展的最关键因素。这也应了马丁·特罗的预言：高等教育的一切都会因学生数量的变化而变化。

那么，为了促进大学的健康发展，就必须建立一个能够反映各方面意志的委员会，这个委员会必须有上述几方面力量参加，通过协商为大学发展制订一个周全的方案。如此，大学发展不再是只服从上级的指示命令，政府必须改变做指示下命令的习惯，转而依靠协商委员会的机制来表达自己的意志。这样，大学管理的内涵将发生根本性的变化：从控制走向治理，让协商代替命令。

三、目前大学发展中的不和谐表现

我们认为，和谐产生于平衡，当大学发展中的四种力量出现不平衡的时候，高等教育与社会发展之间就容易出现不和谐。而造成不和谐的根本原因就在于某种力量的过分强大，以至于抑制了其他力量的发挥。

传统上，政府力量过大，倾向于过多地干预大学的内部事务，因而市场对大学的引导力量就发挥不出来，那么大学就不能根据市场的需要调整自己的内部结构和功能状态。政府有一种全能化倾向，喜欢对大学发号施令，从而使大学行为被动化、无效化。所以，如果政府不限制自己的行为，它将始终处于强势的地位。但这不意味着不要政府管理，因为当政府不加干预的时候，大学很可能就变成完全跟着市场走了，那时候它将不再保持学术上的矜持，从而蜕变成市侩主义者。大众消费主义的泛滥、大学管理中的绩效主义可能在某种程度上说明了这个问题（费瑟斯通，2000）[165-176]。这种情况说明，政府该管的要管好，不该管的不要管；同时还说明大学应当具备足够的自治能力，才能在政府与市场之间建立一种平衡关系。

在高等教育大众化的背景下，大学生对高等教育的要求越来越成为影响大学发展的重要力量。如果这种力量得不到足够的重视，也会造成校园内部关系的不和谐，进而会引起社会的不和谐。在大众高等教育时代，学生渐渐成为大学的主体，它开始取代传统的学术中心、教授中心，表现为学生中心，于是，大学的一切活动开始以学生的兴趣爱好为转移，这也是大众主义时代的大学特征。如果维持传统的大学学术关系将学术、知识探索放在第一位，就会引起学生的强烈不满。从大学生自身的追求看，知识追求不再是核心目标，而只是一个从属性的目标。大学生的第一位目标已开始转变为就业或理想就业，不能理想地就业，大学教育就意味着失败。这是与精英时代大学的根本区别。理想就业开始成为政府考虑的头等大事，因为失业会变成强大的社会压力、政治压力，这种担忧会使政府转变对大学的态度，要求大学避免学术中心主义，不再把大学看成是纯粹的学术场所，而是把它看成向社会输送高级劳动力的工具或中转站。从某种角度而言，大学存在的政治意义大于经济意义，也大于学术意义，甚至还大于教育意义。

政府一般都是从政治的角度来审视大学的一切活动。社会稳定是政府的中心考虑，换言之，大学的一切活动都不得威胁社会秩序和政治局势的稳定。虽然大学的主体是学术场所，但它无法与政治脱离干系，特别是在越来越知识化的社会里，大学要想超越政治，无疑是痴人说梦。所以，大学不可能完全避免政府的干预。但大学可以避免政府的过度干预，只要大学是从建设性的角度出发提出自己的意见和主张，就可能避免政府的过度干预。大学校长是否直接由政府任命是大学与政府合作的唯一有效途径吗？相信不是。政府理智地对待大学才是根本，政府要把大学看成独立的主体，要发挥大学内在的主动性和能动性。目前，大学与政府之间的不和谐主要在于大学的独立行为能力差，难以真正发挥其能动性和创造性，而其根源是政府对大学的自治能力缺乏足够的信任，从而不敢真正放权给大学。

大学在一定程度上会成为经济的工具。大学扩招从某种意义上验证了这一点。亚洲金融危机已经超出了经济范畴，转变为政治问题，政府必须进行大力干预。换言之，如果不进行干预可能出现的后果是灾难性的，甚而是世界性的。正是这场考验树立了中国政府的形象，也使人们认识到完全的自由经济是一种神话和泡沫。大学扩招首先是作为政治决策出现的，其次才是作为刺激经济的手段出现的，这一剂药方对于中国的高等教育发展而言可谓歪打正着。正是在这一扩招的形势，大学才真正走向了社会，才变成了真正的社会中心，成为社会关注的焦点，成为百姓议论的中心，也成为政府进行决策的思考重心。可以说，大众的进入使大学与社会之间的神圣防线不存在了，当然这也是社会参与大学的基础，因为它开始直接关系到每个家庭的利益，而不再是个别家庭的利益了。

　　但大学与社会之间新的不和谐也就此产生了。因为社会希望大学完全按照自己的意志行事，并通过社会舆论和政府干预实现这种意志，如社会非常关心大学收费问题、大学生就业问题，特别是入学机会公平问题。但许多时候社会对大学的思考是非理智的，如希望大学所提供的服务都是最优的，希望大学能够保证百分之百的就业率，希望大学不要高收费，希望优质的教育资源总应该是人人有份的，换言之，应该进行平均分配。当然，大学不可能同意这些主张，事实上政府也不可能完全答应，毕竟政府比社会更为理性。政府通过出台招生制度、收费制度、就业政策和质量评估制度来引导大学的行为，并采取一定的市场手段来引导大学行为，但毕竟这是辅助性的。而社会则主要通过市场的渠道来影响大学，即利用入学选择的渠道来影响，甚至通过举办高校的方式来影响。政府在很大程度上要平衡大学与社会的关系，从而保持政治稳定。但是对于就业率不理想的问题，社会不会怪罪于经济发展不平衡或经济结构本身，也不会怪罪于大学生自身的素质，而是指责大学的教育质量不高。面对指责，大学显然无法自辩，当大学需要看待主顾的眼色时，只好向社会的要求进行妥协。因为任何傲慢都是不受欢迎的，而且也是与大学一贯的谦虚作风相悖的。

　　大学与大学之间也显著地存在着利益竞争关系，大学间的关系并不总是和谐的。大学之间存在着资源竞争，首先是经费的竞争，其次是声誉的竞争，再次是生源的竞争，最后是师资的竞争。但大学之间的合作关系始终都应该是主流的，因为大学社群是一个共同体，是处于一个共同的生态圈，在利益上具有连带效应，一旦学术的名誉受损，会累及整个大学界。大学界共同受知识誓约的约束，它表现为一种学术道德，这是大学活动的金律，违背它无疑是自掘坟墓。这一金律表现为知识人的道德、良心，是学术利益的根本关注之所在。这一点也是学术利益的根本表现。大学同时还有经济利益，这种利益就是大学管理者关注的中心。所以，大学竞争主要表现为大学管理者之间的竞争，是获得资源多少的竞争，这种竞争可能是恶性的。而声誉的竞争则主要是学术人之间的竞争，这种竞争是良性的，但对资源又是高度的依赖，所以很多时候依附于经费的竞争，与资源竞争混同。而生源竞争和师资竞争在很大程度上与经费和声誉有关，都不是一种单纯的竞争关系。

这种竞争也从大学外部延伸到大学内部，因为大学内部同样存在着利益分配问题。目前大学内部的争执主要表现在代表学术利益的学术委员会与代表行政意志的行政主管人员之间的争夺。如何主宰大学是一关键的问题，是把大学管理权交给大学的教授委员会，还是交给受委托的校长，这存在很大的争议。传统上，大学校长代表教授会的意志，接受教授会的委托，是学术利益的代表者。现在，大学校长管理权威的来源不是教授会的委托，而是政府的任命，是一种行政权威，那么他与学术权威之间的关系是断续的。所以，他在决策时可能会更多地考虑行政意志、行政命令，而不关注学术的根本利益或核心利益，这是大学内部矛盾冲突的根源。当行政机构作为一个独立系统，而不是来源于学术群体时，就具有了一种行政机构的高傲，以执行上级的命令作为自己行为合理性、合法性的依据。这样学术机构、学术人员就变成了附属。这可能是大学低创造力的致命根源。

学术群体与行政群体之间的冲突常常因为第四种力量的介入而变得异常复杂。第四种力量就是学生的力量。学生开始成为大学的顾客，是大学管理者非常在意的群体。他们的非正式群体身份也使得大学管理者格外忌惮，因为他们总归是旅居者，而不是大学社区的常住民。他们身份的特殊性表现在他们不仅具有旅居者的身份，而且表现在他们既是学习者，同时也是消费者，他们的口碑对大学的声誉影响是深远的，而且他们的感受很可能会决定他们是否会成为大学未来的赞助人。甚至还可以说，他们的体验感受好与坏，直接影响他们的成功与否，从而也影响大学的未来发展潜力。因此，这个群体必须小心地呵护。

作为学习者，大学生的思维和行为都还有需要继续成熟的特点，所以他们的要求和举动并不完全符合理性的特征。对于他们，不可能完全适用于教育的手段，因为他们已经意识到他们与大学、与教师的利益是存在分化的，他们理所当然地认为大学应该以他们的利益为中心，并作为大学行动的出发点。但这种主张会遭到大学教授们的抵制，因为教授们会认为知识、学术才是中心和根本，才是学生利益的根本保证，这样便会产生长远与当前、理性与感情之间的冲突。大学教师虽然在努力平衡与学生的关系，发挥个人的影响，但主要责任仍然是在行政的一方，因为大学都需要服从行政的规定，甚至行政的规定会将本来比较接近的师生利益关系变成比较疏远的关系，按章办事就会增加官僚化程度，就使人际距离变得比较疏远。在现时代，人与人关系的疏远很多是因为制度造成的，即自我调节的关系变成了公共性的关系，这虽然能够使人们从传统的关系中解放出来，但却损害了传统的私密性关系，降低了传统的长者对幼者的关怀和监护。这可能是大众化不得不付出的代价。

现代社会普遍存在着"多米诺骨牌效应"，即一个微小的失误可能会造成连锁性的不良反应。这也是"现代社会是风险社会"的本质含义（吉登斯，1998）[23-25]。最大的风险表现在大学生的理智上，一旦大学生行为失去理智将是非常危险的，因此大学管理的重心逐渐转移为大学生管理。现代大学管理急迫地需要研究风险分散的策略，可以说集中管理方式对风险而言具有聚集的效应，因为它能够使风险隐蔽化，不容易轻易地爆发出来。信息化手段则具有双重的功效：一方面减少了直接的互动机会，从而降低了直接冲突的危险；另一方面是信息传播的快捷途径，一旦网络进行情绪传播则会造成相当大的危机。这意味着大学管理者的责任心需要加强。规范化管理代替传统的个人影响也具有这样的双重效应。规范化能够促进人们的理智行为，但它容易使一些对抗变成集体行为。个人影响在减弱的同时，也失去了对学生的引导作用。

目前，师生之间的关系也存在着一种利益的博弈状况。一方面，大学教师希望拥有更多的时间以应付职称晋升、水平考核的压力；另一方面，学生希望与教师分享更多的时间，希望在学术上得到更多的指导。时间冲突还是一个表面化的冲突，根本冲突表现为价值取向和目标取向上的差异。学生把获得知识作为手段，而教师则更希望把追求知识作为目标；学生把就业效果看得比学习成绩更加重要而教师认为只要学得真本事，在社会上一切将通畅无阻。但大学生们对教师的话并不信服，大学管理者也认为教师的思维方式近于乌托邦。学生与管理层比较一致地认为现实原则大于理想原则，他们共同地向大学教师们施加压力，要求大学教师做实用学问，做直接有利于大学生就业的课堂教学和研究项目。大学教师被迫在理想与现实之间进行博弈，由此大学教师变成了次级的危机群体，他们必须面对生存的压力，他们再也不是逍遥的绅士。在压力下，一部分教师的角色向学术官僚转变，一部分则向学术掮客身份演进，当然多数仍处于激烈的角色冲突中。

四、促进大学和谐的基本对策

通过上述分析，可以得出一个基本的结论，即大学对社会和谐的促进作用是大学与社会关系建构的结果，只有当大学与社会各方面关系比较顺畅的时候，它才能发挥对社会和谐的促进作用。换言之，大学与各方关系的平衡是根本，没有一个比较平衡的状态就不能达成和谐。建构意味着必须多方参与，进行平等对话，进行协商讨论，还意味着各方必须坚持理性原则，因为没有理性作为基础，一切对话都不可能发生。理性意味着双方必须尊重对方的主体地位，不要把自己的意志强加于对方，鼓励对方进行积极思考，积极地从对方的立场来思考自己的处境，达成一种主体间性的效果。这也是对话的本质所在。

对话原则是建立在利益多元关系的基础上的。目前无论是大学内还是大学外都不能再指望出现一种绝对统一的利益关系，它们都是一种利益多元关系。即使在学术界，价值取向也是多元的，至少可分学术的和非学术的两种。学术取向一般都主张真理至上的原则，认为大学的一切活动都应该服从探索真理的需求，坚持学术探究不应该屈从于眼前的利益，不应该屈从于外部压力，而应该坚持学术自由的主张，坚持学术自治。非学术取向则主要表现为坚持功利的优位原则，即把内部的物质利益提高作为中心目标，把学术活动作为实现这一目标的工具。无疑，这种观点容易丧失学术独立性立场，容易使学术界蒙上一种市侩主义的投机心理，使大学组织与社会其他组织特别是营利性组织趋同。非常不幸的是，这种投机心理在学术界还是广有市场。

即使政府的利益也是多元的，这可以从政府对大学的态度中反映出来。可以说，政府对大学的态度始终是复杂的，因为政府对大学有多种期待，这些期待之间并不都是一致的，甚至还存在严重的冲突。如政府一方面希望大学能够自觉地为国家、为民族培养栋梁之材，希望大学能够在知识方面作出创造性的贡献，同时希望大学积极地领会政府的期待，希望大学能够拉动社会经济的发展，并自觉地支持政府所提出的政策目标要求。但另一方面政府又怕给大学更大的自主权，害怕大学自主造成自由主义泛滥，会形成解构政府话语的力量，同时也担心学术失控。这显然与希望大学作出创造性的贡献是矛盾的。

对于社会而言，他们看待大学的态度一方面是充满好奇的、神秘的和乌托邦的，他们期望大学具有一切解决社会问题和矛盾的良方，能够发现解决一切社会发展中困难的对策，因此他们希望大学主动为他们服务；同时，他们又不要大学怀疑他们要求的正确性，因为在与大学的交往中，社会始终把大学当成知识宝库，希望大学能够及时地提供各种各样的答案。同时，社会又是非常现实的，他们希望看到产出后才给予大学资助，他们对产出的希望往往都是有形的，对知识的潜在并不十分理解。这也反映出社会对大学矛盾的心理。

对于大学生而言，他们对大学的期待一方面是乌托邦的；另一方面又是反抗性的，他们希望按照自己的需求来要求大学提供服务，当大学与他们的期望产生距离时，他们的态度往往是反抗性的。这也反映出大学生激进、冲动的性格。

当前，大学与社会关系的和谐受到的挑战主要来自内部的管理取向上，即是坚持学术中心主义还是趋向于经济功利主义。换言之，如何在工具价值与本体价值之间进行抉择。过去，此两者之间基本是一种对立关系，必然要区分主次关系。当下，如果承认利益的多元化，就可以使两者关系趋向于平衡。我们认为，实现平衡的根本对策是建立新的治理委员会，这种委员会无疑需要吸收各方面的力量，形成一种对话决策机制，从而实现大学与外部的平衡及大学内部的平衡。为此，对大学的管理将转向治理。治理将意味着取向优势集团的影响，而建立一种平衡的利益参与机制，实现各种利益之间的沟通协调。大学治理委员会必然要将社会贤达、政府代表、学生代表和教师代表吸收进来，在其中任何一方都不具有绝对优势的地位，但大学教师的代表占有相对优势。由这个治理委员会来选拔大学校长组织大学管理机构，实现大学的有效运行。

因此，从多种利益关系来看待今天大学发展的趋势，建立新的治理机构无疑是实现大学与社会和谐、促进社会和谐发展的关键。

第二节 大学治理模式与中位原则[①]

一、大学治理模式的提出

大学内部治理模式始终都是人们普遍关心的一个重要问题（朱德米，2007），因为采用什么样的治理模式在很大程度上能够反映出大学的性质、大学的绩效、大学的未来。

在这里，我们首先需要强调的一点是：大学治理概念不是从外部引进的，更不是从经济学中引进的，而是大学内部固有的（赵成，陈通，2005a）。大学自治概念历史悠久，可以追溯到大学成立时的中世纪，当时大学就是在争取自治的过程中才发展起来的（熊庆年，代林利，2006）。大学素来有"学者共和国"之称，它所强调的就是不用强制性规范约束来实现秩序，而是通过自律、道德来达到内外部关系的和谐，这显然是一种治理状态，而不是依赖于外部管理，因为治理的中心含义是实现协调而非控制，强调和谐状态是在互动过程中达成的（俞可平，2000）[24-26]。所以，治理才是大学管理的本质，而不能实现治理的大学其运行是低效率的。可以说，从大学自治概念提出的那一天起，大学治理就已经被提到了议事日程，而"从外部引进"之说是企业管理学者对大学管理所持的意见（李军，阳渝，2006）。甚至可以说，在高等教育管理领域，大学治理和大学管理在某种程度上是等值的，因为在几乎所有的大学理念中都非常强调大学自治的内容，几乎没有人主张应该对大学或在大学内部实行垂直式的管理，而且学术界一直在反对这种过分集中式的管理方式，认为合乎大学发展规律的管理方式就应该是一种大学自治模式，是在尊重大学学术自由基础上产生的，脱离这一点就不能谈知识创

---

① 本文原为 2007 年在北京师范大学召开的"海峡两岸高校内部治理"学术研讨会提交的论文，曾作为大会发言稿，后发表在《江苏高教》2008 年第 1 期，收录在本书时略有改动。

新。因而，大学自治经常与学术自由、大学自主等通用。

根据韦伯的理想型理论，我们可以将大学管理分成三种模式。第一种是官僚化模式，即外部对大学采用完全命令式的管理，大学的一切行动听从于上级的同意。我们认为这种情况只能培养出大学的依赖心理，很难使大学从事高效率的学术创造工作，因为大学一旦没有了学术自由，也就失去了知识创新的诱因。我们知道，学术创新直接依赖于学者对事物发展变化的独立思考，依赖于学者所具有的独立探索精神，依赖于学者追求卓越的独立人格品质，而在官僚式管理下，学者的独立人格就难以充分地表达出来，因为官僚体制内在地缺乏一个承认创新的机制，没有这种机制，知识创新就很难延续下去。因此，尽管坚持真理、探索新知是学者的本性，但在强大的制度压力面前也是无能为力的。从根本上说，官僚化模式限制了人们自由思考，而知识探索是最需要独立思考的，没有独立思考，就没有真正知识的产生。所以，一旦对大学管理采用官僚化模式，这种模式必然会扼杀创造力，学术就难以得到繁荣。

第二种模式是完全自主的模式，即大学喜欢干什么就干什么。这显然是一种乌托邦的设计，现实中很难存在，因为我们不知道这种模式存在的经济基础是什么。即使在捐资办学的模式下，大学办学也必须尊重捐资人的意愿，这是不言而喻的。而且大学也不可能成为一个完全自给自足的组织，如果它能够在经济上完全自给自足，那这种组织肯定不是大学，因为对高深学问的思考与获得经济上自给自足之间是不可并立的，因此要获得经济上自给自足，它就必然要放弃关于高深学问探究的责任。如果要"鱼和熊掌"兼得，这种组织效果肯定是不经济的，也是注定要被淘汰的，因为它不符合进化与分化规律。因此，大学要完成探索高深学问的使命，就必须获得外部的支持，就必须适当地尊重外部支持者的意愿，这样才能维持与外部社会的平衡。

我们认为，第一种大学只是名义上的大学，不是真正意义上的大学，第二种大学是乌托邦的大学，是现实中不可能存在的大学。那么在现实中能够存在的只有第三种模式的大学，即在一定意义上实现自治的大学，而且这种自治实现的程度完全依赖于大学与社会外界互动的结果。因为大学要发展就必须依赖于社会的支持，社会要支持大学必然在同时也对大学提出自己的要求，这样大学治理与社会需要之间就会达成一种默契，即大学发展就要求社会提供服务以换取社会对大学的支持，而大学治理主要取决于大学的自律。如此才是经典意义上的大学自治。所以既不存在完全意义上的大学自治，也不存在只讲服从的大学，大学独立和自治都是相对的。可以说，大学从诞生的那一天起就担负着社会的责任，无论是直接的还是间接的、主动的还是被动的，它都是为解决人类社会发展中存在的问题而设计的，大学依靠其独特的思考方式而成为一个专门的社会机构。大学要生存、发展就必须依靠社会的支持、社会的理解和内部高度自律，这样才能实现较充分的学术自由。所以，大学自主的前提是通过高度自律而获得了外界的充分信任。如此而言，社会与大学之间存在着一种事实上的契约关系。

那么在第三种模式中，大学与社会之间既有张力又有合力，主要表现为一种竞争性的合作关系。换言之，社会外部给大学自由是有条件的，大学获得自由也是有代价的，这样它们之间就达成了一种契约关系，即大学必须最大程度地尽自己的社会责任，社会才能最大程度地为大学提供支持，保障学术自由。这是一种平衡与和谐。一般而言，如果社会给大学太大的压力，大学就不能生存；如果社会不给压力，大学就没有责任，也就失去了存在的价值。大学毕竟不是完全自足的系统，它有赖于社会的支持，所以不能完全自由；但社会也不可能没有大学，因为它是社会进化的产物，它能够满足社会的特殊需要，这种特殊需要正是社会所看重的。这意味着大学与社会之间又是一种合作关系。

二、大学的外部治理模式

但大学与社会之间该如何合作？这正是大学实现治理的关键所在。大学与社会之间的合作需要达成以下默契：（1）大学因社会需要而设立，社会向大学提出了具体的任务、目标和要求及需要具体解决的问题，大学存在的价值就在于能够应答社会的需要；（2）社会向大学提出的要求应当是理性的，是大学经过努力可以办到的，此即社会向大学提出的要求不是凭空的，而是有现实根据的；（3）社会应该尊重大学内部的独立探索方式，不应该对大学内部的独立行动进行过多干涉；（4）当大学提出了自己的需要，社会应该是积极回应的，而不是拒不理睬的——这也意味着，大学与社会之间应该有一个良性的互动机制；（5）大学不能想当然地认为，社会对大学的所有工作都是外行，根本无权过问，这种心态就是拒绝对话，实际上是使大学走向自我孤立，这样也不可能产生良性的互动机制；（6）大学获得社会尊重的根本理由是它对社会的贡献，是它对社会的功用，如果大学没有对社会更大的贡献，那么大学提出追加投入的要求也是不合理的；（7）大学获得社会尊重的理由除直接的贡献外，还有一个道德上的理由，即它也应该是社会道德的楷模，当社会按照大学的道德规则组织起来时，其结果是和谐的，是有条不紊的。

这就意味着，大学对知识生产的环境要求是比较苛刻的，必须满足一定的条件要求，且只有社会满足了这些基本的条件要求，大学才能进行有效的知识创造。具体而言，知识生产的基本条件包括：（1）大学的组织秩序必须是良好的，没有良好的组织，大学内部不能产生自由的、宽松的、相互促进的知识氛围；（2）大学的组织是建立在自律基础上的，大学能够成为社会的良心的基础，是靠内在的法律，而不是靠外在的约束，这种内在法律是一种完全的理性法，是与世俗的法律有距离的，这种法律也是一种纯粹的道德法律，它不是依靠潜在的规则得以运转的，而是一切都产生于辩论之后，换言之，它是能够禁得住理性考量的；（3）大学对社会是充满责任感的，不仅是精神的、道义的，而且是物质上的，或者说，每次的社会投入，大学都应该期望自己能够给以更大的回馈。大学有理由把自己视为精神的中心、知识的中心、道德的中心，这应该成为他们的社会责任内容；（4）大学与社会之间应该形成一种相互理解的机制，以便能够非常迅速地把大学意愿传递出去让社会通晓，同时也能够非常迅速地反映社会的呼声。这样的一种交流机构是必不可少的，它能够在社会与大学之间进行有效的信息传递与沟通。

因此，社会对大学不是命令式的指挥，大学对社会也不是完全的独立王国。社会对大学适用一种特殊的法律即大学法，大学对社会则是深思但不干预，从而确立一种行为边界。

在大学发展的历史上，大学与社会的关系确实经历了无数的变化。从最早开始，大学还没有作为独立的机构出现，只是自由民的一种自由讲学的组织，这时大学对社会的批判是不自觉的，都是基于理性而进行的道德批判。从古希腊的学园到中世纪大学之前的一切哲学学校等，都基本如此。这意味着，这种处于雏形状态的大学与社会之间的边界是不清晰的。当这种边界越来越清晰的时候，也是大学正式成立的时候。

大学正式成立是以它的法定组织存在作为基础的。法定组织存在的前提是社会上已经有了明确的权威中心，大学存在就依靠它的同意和授权（代林利，2007）。在西方就是要获得教会和世俗王权的同意，在中国则是要获得王权的同意。

在大学获得合法承认的前提下，大学与社会之间存在着几种具体的关系。一是契约式的关系，如中世纪大学与王权和教会都规定了自己的界限；二是信任关系，如社会捐助大学，是基于社会完全相信大学行为的正义性；三是交换关系，即大学提供服务换取外界支持；四是宣言或默示关系，即大学向社会宣告自己的理想和主张，希望社会给予尊重和支持，同时大学表示尊重社会的权威和规则。无疑，这是一种比较独特的大学模式。我们认为这种关系主要出现在大学的萌芽期；五是大学的行政隶属关系，这种关系目前广泛存在；六是相对独立关系，即国家法律只对大学的基本行为进行规范，具体行为规范依靠大学自己制定，但不得与基本法的精神相违背。美国的私立大学基本属于这种类型。

在大学发展历史上，曾出现过几种比较理想的大学与社会的合作关系，即一方面大学自觉为社会服务，另一方面社会主动为大学提供支持。这些当然都是大学的成功模式，如洪堡大学模式就是一个成功的模式，在该模式中"穷则思变"的封建君主主动为大学提供支持，大学自觉体会到正在成长中的民族国家的需要。另一种模式是美国的模式，政府为大学提供支持，但又不干涉大学，而政府支持是有前提的，并且它通过一种市场机制来实现自己的愿望。第三种模式是中世纪大学模式，由于多种权威存在，因而大学可以获得一种外部平衡的力量，大学在尊重外部权威的同时实现自己的内部自治。这种模式是多元权威模式。第四种模式是捐资模式，大学可以进行自由探索，社会提供支持。可以说，只有美国模式和德国模式能够适应现代社会的需要，其他两种模式都不能适应现代社会的需要。

无论是哪种模式，都是一种大学与外部关系的模式，各种模式都希望达到外部对大学内部自治的支持，大学为外部提供一种当然的服务。如果外部条件比较具备，那么大学内部怎样才是一个合理的治理模式呢？

三、大学内部治理的中位原则

我们认为大学治理服从一个中位原则，即如果大学权力过分分散，则大学不能显示整体的力量；相反，如果大学权力过分集中，则大学失去其知识创新活力，尤其不能激发基层的创造力。那么合理的选择只能是权力均匀分布。这样就出现了两种模式：一是权力两极化分布，即学术权力分布在基层，行政权力分布在上层。这样一种模式比较类似于当前美国的大学模式，即学术权力由教授会主宰，院系教授会决定学术事务，每个教授都有很大的自主权。而行政权力掌握在学校领导班子，即校长手中。二是学术权力和行政权力集中在中层，学校管理是荣誉性的，也是委员会制的，而中层管理则是院长负责制的，院长作为学术委员会的主席出现。这样的大学组织是一种联邦制的，如当前英国的古典大学模式，尽管在名义上大学有自己的管理机构，如有董事会、校务会，但他们都是兼职性的，不能发挥实质性的作用，而只有院长是比较专职的。目前来看，英国大学的效率不敌美国大学，主要是缺乏必要的集中。我们认为，权力完全集中在中层不是一个最佳模式。

行政集中在中层的弊端就在于无法实现大学内部的统合，资源不容易实现共享。学术权力集中在中层是否好呢？这可能会限制大学教授的自主。学术权力需不需要集中呢？我们感觉这是与大学自由相矛盾的。如此看来，美国模式的优越性是比较明显的。

目前，中国大学的治理模式属于什么类型呢？中国大学的治理模式是一种高度集中的模式，或者说是一种行政权力与学术权力高度重合的设置。这种设置的优点是一旦决策正确，效率是非常高的，而一旦失误则失败是全方位的。这种体制需要非常开明的领导，也就是中国千百年来一直所呼唤的明君统治。

但在市场体制下是不可能产生明君的，因为君王也有牟利的愿望，权力的过分集中就容易形成擅权的情况，也就容易形成专制，容易压制基层的创造力。如何解决这一难题呢？比较聪明的办法就是实行看守制或分权制。看守制就是在校长的层次上再叠加一个管理层次，这就是董事会或校务委员会。校务委员会必须由外部人为主体构成，如果是内部人的话对校长没有制约力。董事会也是一样，都必须以外部人为主体，这样才能对校长权力形成真正的制约。分权制，就是学术权力下放到中层，学校不决定学术事务，完全由学院做主，这就近似于英国的大学模式。

综上所述，大学内部的治理模式与外部关系有关，也有相对的独立性。大学采用什么样的治理模式在很大程度上与大学的文化传统有关。中国大学的文化传统是什么？今天我们很难得出结论，但可以肯定的是，在中国大学的文化传统中存在的毒素比较多，特别是有一种集权化倾向，很难实现大学自我治理。在中国的知识分子中，自主和自觉的意识相对淡漠，不太注重维护自己的权益，对权利采用一种实用主义的态度，换言之，就是中国的知识人有一种明哲保身的意识，难以实现学术的自治。这就需要建立一定权威，没有一定的权威就可能陷于派系斗争之中，如此学术进步也是不可能实现的。这意味着权力下放还不能太低。当然，如果权力不下放，也明显束缚生产力。与此同时，中国的社会力量在参与大学管理方面的公益意识还不成熟，没有意识到大学的治理需要他们的参与，他们也是大学的利益相关人。一句话，大家还只把大学当作国家的机构，未把它当作一个公共机构，还不能进行公共治理。诚然，大学是比较特殊的公共机构，要求更多地尊重内部人的权利，但如果没有外部制约平衡的话，大学自治也可能走偏，因为我们不相信有完全自觉的知识人，知识人的观点也有偏颇的时候，而且在很大程度上是理想主义的，也即容易脱离实际，这意味着完全自治是不可能的。当由权威部门参与不合适时，就必须由社会贤达人士来参与。因此，大学治理与社会参与是分不开的。我们所期望的现代大学制度必须包含社会参与大学治理的内容，没有这一部分内容就是不完善的或不成熟的。我们认为，美国大学的成功就在于社会参与机制比较成熟，从而避免了出现擅权专断的现象。

四、大学内部治理依赖于社会参与程度

要使社会充分参与大学治理，首先在于政府改变姿态，不要把大学变成自己的附属机构，而应该把它看成一种独立机构，接受政府领导但不是直接管理。因为在直接管理下，大学就会丧失独立意志，丧失独立意志后的大学，其知识创新功能就会退化。在社会参与状态下，大学管理不可能采取一种完全的垂直管理模式，而是倾向于一种参谋式的机构。理想的大学治理模式是：由教授会负责遴选校长，董事会或校务委员会决定大学校长人选，校长对董事会负责，教授会是独立机构，校长可以否决教授会的决议，校长是教授会主席。学术权力集中在中层，即学院教授会对基本的学术事项进行投票决定，系教授会提出基本意见，没有决定权，学院教授会具有基本决定权，如果没有被学校教授会否决的话就可以执行。学院教授会不能对基层教授会的提议拒之不理。基层教授会由全体教师选举产生，由高资历的教授组成；学院教授会则由基层教授投票产生；而学校教授会则由院教授投票产生。

我们认为，之所以学术权力集中在中层，是因为中层是人员、信息交流、融合比较密集的单位，如果层次太低则可能太过部门主义，太高则发生官僚主义。因此，中位原则比较适宜。当学术权力集中在中层，那么行政权力虽然集中在上层，但也不容易产生擅权的情况，因为它必须首先尊重学术方面的意见，这样才能实现较大程度地和谐并达成内部治理。

第三节　大学治理的内在逻辑与模式选择[①]

一、大学治理与大学管理辨析

大学治理是从何时开始的？遵循什么样的逻辑？这无疑是大学治理研究中

---

① 本文原为 2012 年中国高等教育学专业委员会年会提交的论文并作大会报告，后发表于《高等教育研究》2012 年第 9 期，收录本书时略有改动。

最基本的问题，当然也是大学管理实践中最为关心的问题。众所周知，大学作为独特的学术组织，它的使命是学术创新，在创新中培养人才、提供科研产品和智力服务。大学怎样才能实现创新使命呢？一致的答案是必须激发大学教师的创造激情，没有这一点，学术就难以创新。只有当大学教师潜心于学术研究时，其创造激情才可能被激发。而只有当大学实现治理时，大学教师才能潜心于学术并致力于创新。因此，大学治理是学术创新的条件。如果大学无法实现治理，大学教师心浮气躁，急功近利，那么就无法真正实现创新。因此，实现治理是大学管理追求的基本目标，如果大学不能实现治理，那么大学运转就始终停留在低水平状态。

可见，大学治理是大学管理的目标追求，是大学管理达到内在和谐后的一种状态，故而它仍然从属于大学管理范畴，只不过它是大学管理的高级阶段（李福华，2008）[14-26]。换言之，在大学管理的低级阶段，管理行为常常局限在一些外在的可见目标的实现上，而对一些内在的隐含目标关注不足。只有当大学管理进入高级阶段，才会注重大学内在的和谐，才会重视大学活动主体的创造性的激发。所以，大学治理强调的是对主体精神的尊重和内在创造性的激发。只有当大学管理走向了文化管理，在管理理念上依靠自我管理而不需要外部强制的时候，才能达到治理的境界。从大学发展史来看，大学一贯强调自治，反对外部干预，这说明大学一贯崇尚治理而反对外部控制。所以，认为大学治理思想是由企业管理思想引入说并不可靠（赵成，陈通，2005a；赵成，陈通，2005b）。但现代大学治理问题的提出并作为研究的主题出现，确实受到了公司治理的影响。

虽然大学治理从属于大学管理范畴，但人们习惯上把大学管理与大学治理分成两个不同阶段，即把大学管理视为低级阶段，而把大学治理视为高级阶段，如此区别是为了认识的方便但容易造成误解，即误认为治理与管理属于两个不同事物。在此语境下，人们使用大学管理概念时，非常强调外在目标的实现，而且这个目标应该是清晰可见的，认为它是进行组织、计划、动员的基础，而且也是管理成效评估的依据；当使用大学治理概念时，则非常强调大学活动主体的自觉性，注重大学内部和谐的文化氛围建设，并把人的创造性发挥放在首位，而把外在目标的实现看成是从属性的。从实践方式看，人们在论述大学管理时比较注重垂直权威的运用，强调正式权力，强调任务职责的分配；而在谈及大学治理时则强调每个成员的共同参与精神，强调非正式权威，强调文化的引导力量。因而，大学治理更强调过程维度，而大学管理更强调目标维度；大学管理注重正式权威，而大学治理则注重无形权威。

显然，大学治理与大学管理之间的关系不应是截然对立的。因为作为一个社会组织的存在，既不能不重视组织内在的和谐，又不能不重视组织外部目标的实现。可以说，在大学不同发展时期，其侧重点也应不同。在大学建设初期，应更多地注重正式权威的作用和外在目标的导引，而在大学建设达到一定时期后就应转向文化建设和自我约束。特别是在大学处于变革时期，缺乏目标引导是不合适的。但大学要持续稳定发展，就必须依靠大学内部的自主精神。从大学办学实践看，不从规范建设入手而试图一步达到组织内部和谐状态也是不现实的。因此，大学治理必须服从大学办学的根本目标要求，大学文化建设也是大学办学目标内化的过程。

大学办学的最高目标无疑是知识创新，这是大学引领社会进步的根本动力。今天的研究型大学都是世界各国高教发展的重点，因为研究型大学担负着知识创新的任务；但大学同时也是一个教育机构，作为教育机构的职责是培养人才，所以教学一直是大学的最基本职能。当然，不同大学在人才培养上有不同的定位，这与大学的办学理念紧密地结合在一起。大学同时还为社会提供智力服务，这种服务工作也是激发大学创造性工作的重要源泉之一。因此，大学以知识为中心开展教学、科研和社会服务。

但要高质量地完成大学的基本职能，就必须建立合理的治理结构，也即必须有明确的、合适的责任承担主体和制度建设，这样才能保证大学有效地运转，从而达到外部满意和内部协调，这样大学就实现了真正的治理。一句话，大学治理是大学内部达到了有效的自我管理的程度，这是一种大学自治状态。所以，大学自治是大学治理的内在逻辑。

二、大学自治传统与外部认可过程

大学自治是大学作为学术组织的最基本特性。从大学发展史可以看出，没有自治，大学就不存在，因为只有自治，学术自由才有保障，而没有学术自由，学术活力就不存在。所以，大学天生就具有自治的诉求。因而大学从创立之初就开始为实现自治而努力，甚至还出现了流血冲突，最终实现大学自治。尽管这种自治是在教会保护或国王保护下实现的，但确实奠定了大学持续发展的基础（博伊德，金，1985）[136-144]。从此，大学自治就成为大学的基本传统，虽历经挑战，并且在实践形式上有许多变化，但大学自治精神没有变，仍然是大学有效运转的基石（熊庆年，代林利，2006）。

大学最初只是教师行会与学生行会的联合，这个联合以契约的形式来维系，这是大学自治的最初萌芽。之后，随着大学与城市管理当局冲突加剧，大学在运用迁徙权、罢课权、罢教权对城市管理当局进行有效抵制之后，获得了来自教会和国王的特许状，从而大学自治权得到了正式认可。尽管在大学办学过程中来自教会的控制仍然太多，如对教师资格和学位授予的控制等，但大学教师的教学自由基本上得到了确认。大学自治形式也从最初的"学生大学"演变为"教师大学"，大学校长也从由学生代表担任演变成教师代表担任（宋晓阳，胡青，2006）。

随着大学教学场所逐渐趋于固定，大学管理形式也渐趋稳定，学院式管理也成为一种流行的实践模式。这是一种以住宿学院为单位的管理方式，学院既是教学场所，也是学生寄宿地点，教师在学院中住宿并选举代表出任院长，院长负责召集教师安排教学并进行学院日常管理。学院是相对独立的，而学院的联合则构成了大学，大学负责学院之间的协调并形成大学发展的总体政策，而学院则召开全体会议研究学院治理策略。大学基本上是一个协议性机构，不是一种行政权威，大学校长仍然是推举的，是一种荣誉性职位。大学组织评议会来讨论大学发展事务，校长就成为评议会的当然主席，他负责召集评议会，研究协调各学院发展事宜和大学总体发展协议，大学评议会一般由资深教授组成（博伊德，金，

1985)[144-152]。换言之，大学实行的是一种学术权威型的治理模式，这是学术自治的重要体现。这一模式虽然历经变化，但仍然是目前欧洲大学治校的基本方式，也对世界各国大学的内部治理模式建设发挥着典范作用。因为学术权威作为一种无形权威，是在长期的教学、学术互动过程中形成的。大学校长也是依靠威望为人们所推举的，这种推举制使得校长和教授代表们非常尊重他们的同行并注意保护他们的权力。这种自组织模式是一种典型的大学自治传统，这个传统至今仍然是大学组织有效运转的基础。因此可以说，学院制管理是大学治理的经典模式。

　　大学自治是依据自己制定的章程进行的，这种章程最后以特许状的方式被认可。大学章程是大学内部协商的结果，在被外部认可后就变成了大学治理的法律依据。可以看出，这是一种自下而上的协议模式，是建立在平等讨论基础上的协议。显然，大学内部要达成一种协议也并非易事，它必然要经历一个不断讨价还价的谈判过程，因为即使在大学内部也有不同声音，也会代表不同的利益，也反映了不同的价值观，但最终在学术根本利益上获得了统一。大学外部权威认可协议就使大学作为一个正式的学术组织而存在（哈斯金斯，1999）[1-17,112-139]。

三、近代化与大学治理模式分化

　　毋庸置疑，传统的大学自治仍然具有行会的性质，其主要目的在于保护大学内部利益，对大学外部利益关注并不多，这样就使它具有明显的封闭性。随着社会发展，传统大学自治的保守性就越发明显。而且学院式管理模式在实践中也会变得越来越封闭、越来越僵化，从而导致学术权威向行政权威转变；资深教授容易演变成学术霸主，当他们形成一个顽固的利益集团时，就倾向于保守既得利益而拒绝变化，这样就必然面临被动变革的命运。

　　在欧洲，启蒙运动开始之后，宗教势力对大学的控制力量逐渐式微，民族国家政权逐渐成为大学发展的主导力量。新兴民族国家开始对大学办学提出一系列的新要求，从而打破了传统的大学自治。在一些国家，大学转变成国家机构，隶属于政府教育部门管辖，最剧烈的变化就是法国。法国在大革命之后建立了全新的高等教育体制，大学曾一度变成一种管理体制而不再是一个机构名称（王天一，等，1993)[170-176]。德国也在普法战争之后进行教育改革，由国家开始大学管理并掌管教授的任命。而在另外一些国家，政府增加对大学事务的干预，因而大学不再是纯私人的事情了，如英国虽然没有直接干预大学，但通过建立专门的咨询机构负责对大学发展事务进行指导（查理，2012）。这样，大学治理模式出现了分化，出现了以法德为首的国家主导型模式和以英国为代表的专业团体为中介模式及以美国为代表的以市场为导向的社会参与型模式。

以法德为首的欧洲大陆国家，大多形成了国家主导型的大学治理模式，其特点是大学内部实行教授治校，大学外部实行国家控制。在大学内部，教授负责课程、教学、招生等学术事务，教授会组成的评议会负责大学校长推举和新教师候选人的提名，而这些推举和提名需要得到政府主管部门的批准。大学教授被纳入了国家公务员管理系列。直到今天，在欧洲大陆国家的多数大学中，大学评议会仍然作为大学的最高权力机关，校长是一种荣誉性职位，大学教授享有充分的学术自由，大学教授不仅享有治学权，而且参与治校，教授代表是大学评议会的主体，评议会负责推举校长，同时负责学校重大事项的审议，而常务副校长则负责执行学校评议会的决议及日常事务管理。

在英国，大学管理体制保留了更多的传统特征，大学自治传统受到的影响较小，政府仍然不直接介入大学事务，但政府对大学治理表现出浓厚的兴趣，它往往通过建立专业委员会的方式来间接地影响大学，最具有代表性的是20世纪初期建立的大学拨款委员会组织，它对英国大学在20世纪的发展产生了重大影响。这样，如牛津、剑桥等古老大学的自治传统得到了较完整的保留，大学内部仍然实行学院式管理，大学可以自己选拔校长和任命自己的副校长，大学教师聘任仍然是大学自己的事情，学院全体教师大会决定教学、科研、招生等事宜，大学由资深教授组成的评议会负责大学重大事项的决策，同时也决定大学校长的选聘，这些工作都按照政府批准的大学宪章进行（孙贵聪，2006）。可以说，直到20世纪90年代之前，英国政府对大学干预都比较少，大学虽然接受国家资助，但一直保留独立法人身份，国家采用拨款委员会这一高级咨询团体的形式对大学进行治理，大学内部则采用学院制方式进行管理（甘永涛，2007）。

在美国，大学管理体制建设吸收了英国和欧洲大陆的双重风格，建设了别具一格的以市场选择为特征的社会参与型的大学治理模式。其特点是在大学外部，联邦政府实行分权制，不直接干预大学事务，公立大学事宜由各州政府建立相应的管理体制进行治理，而对私立大学则完全交由市场机制决定。大学是一个完全法人，在遵守宪法的基础上决定自己的事务，实行完全的自治。对于公立大学，一般都通过州立法建立高等教育委员会领导大学建立董事会来管理大学，董事会一般都吸收社会代表参与大学治理，从而形成了一种独特的社会参与式的大学治理结构。这种治理结构也被不少美国私立大学所效仿，他们的董事会成员吸收了社会各方面的代表，包括来自政府方面的代表。而在大学内部，一般都采用以校长为首的行政系统与以教授会为代表的学术系统两种相互平行的管理体制，学术权力归教授会，行政权力归校长，校长有否决权但不能代替教授会决策。在院系层面，教授会权力更大，教授会也以正教授为主，他们负责推举院长和学校教授会成员。

美国私立大学在治理结构上与公立大学有所不同，它们实行董事会管理，董事会由著名校友、大学捐助人和大学校长及教授代表组成，他们负责选拔校长，决定学校重大事项，如财务决算、学校发展规划和制定大学章程等。如公立大学一样，私立大学一般都实行校长与教授会分权制，即校长负责日常行政事务，而教授会负责日常学术事务，但学术重大事项的决定需要得到校长的批准（曲铭峰，龚放，2011），当校长与教授会之间出现重大意见分歧时则由董事会裁决。但哈佛大学的治理结构实行两会制，即在董事会之外另有监事会机构，它负责对董事会决议进行审议，必要时会推翻董事会决议（舸昕，1999）[103-105]。

四、美国大学治理模式特征与典范效应

"二战"之后，美国率先进入高等教育大众化的行列，美国政府对大学的调控力度也在逐渐加强，但美国政府一直采用非直接干预的方式，一般都是通过立法和财政资助的方式来实施。美国大学的治理结构建设也逐渐趋于完善，形成了具有美国特色的社会参与型治理模式，并逐渐成为世界各国效仿的榜样。美国大学

治理模式具有以下几个显著特征：

（1）实行董事会决策制。美国大学普遍建立了以董事会为主的大学内部治理结构，教授会推举校长，董事会任命校长，从而有效地平衡了大学行政与学术之间的矛盾，使大学办学在学术自由与办学效率之间达成了一个平衡。董事会构成以大学外部人为主，从而可以避免大学内部人的狭隘视野，使得大学发展能够有效地应答社会需要，保证了学术对国家建设、对社会发展的支持。以董事会为主导的治理结构是一种典型的社会参与治理模式。

（2）专业组织负责质量监督。美国大学界建立了以专业委员会为主的大学外部治理结构，有效地缓解了大学办学与社会需求之间的矛盾，维护了大学办学的基本质量，促进大学有效地关注社会需求。在美国，大学之间联盟到处可见，而最具代表性的是担负美国高等教育质量保障之责的区域性大学联合会组织，该组织负责大学质量认证，而且以民间身份出现，大学根据自愿来参加认证组织并接受认证（康宏，2012）。美国联邦政府教育部下设认可组织负责对认证组织的资质进行鉴定，从而保证了国家利益与大学自治的平衡（赵宇新，2011）。专业委员会参与大学治理实质上体现了同行治理精神，因此是一种同行治理模式。

（3）政府进行重点调控。在美国，联邦政府实施选择性的资助政策保证了国家对大学办学过程的有效参与，实现了学术目标与政治目的的有效结合，从而保证了大学对提升国家竞争力的作用。美国联邦政府通过专项资助建立了国家实验室和以科研合同的方式鼓励大学从事政府急需的项目研究，从而满足了国家的战略发展需求。政府这种管理大学的模式是一种典型的宏观调控模式，也是一种间接控制模式。

（4）社会舆论引导大学选择。在美国，社会舆论参与了大学评价，从而使大学格外注重自己的社会形象，进而促进了大学之间开展良性竞争，使大学内部保持适度的张力，从而激发了大学内部的创造力。如自20世纪80年代以来《美国新闻与世界报道》所参与的大学排名活动在美国社会影响很大，使得许多大学不得不高度关注社会需求、关注自己的学术声望、关注自己的竞争力。这种参与治理的方式也是一种公共选择模式。

（5）大学非常重视自己的办学传统。这正是大学自治特征的根本体现。在美国，每个大学都非常重视自己的办学定位和市场定位，注重自我形象的塑造，从而培育自己的办学市场，这样就创造了一种多样化的办学格局，满足了社会的不同需求。这种多样性正是美国大学具有良好适应性的表现，也是美国高等教育充满活力的表现。我们知道，同质化就很难办出特色，只有多样化才可能办出特色。显然，这与美国实行的分权体制是分不开的。

正是分权体制与市场机制的有效结合使美国高等教育系统充满活力，使每个高校都不断地寻求办学特色来赢得自己的市场地位，因为寻求办学特色的过程也是提升自我创新力的过程。这一点也是美国大学治理的特色所在，可以称之为市场导向模式。

美国哈佛大学前校长德里克·博克认为，大学自治、竞争和适应性构成了美国高等教育系统的特色，是美国高等教育能够超越于欧洲大陆高等教育系统的根本原因（博克，1990）[1-25]。

对比起来，欧洲高等教育系统由于大学缺乏充分的自治和必要的竞争，所以大学的适应性不强，缺乏创造活力，这也是大学中心从欧洲向美洲大陆转移的根本原因。目前，欧洲已经意识到了高等教育的危机，他们正在尝试改革大学体制，打破大学的封闭系统，促进大学向外开放，如他们鼓励大学教授从社会获得资源来从事自己感兴趣的科研项目（张银霞，2012）。日本在明治维新之后奉行的是德国大学治理模式，而进入新世纪后，日本大学开始了"法人化"改革，明显具有"脱欧入美"的色彩（大场淳，杨九斌，吴坚，2011）。

为了重振欧洲高等教育，欧洲共同体发表了著名的《博洛尼亚宣言》，宣布建立欧洲高等教育区，以促进欧洲高等教育一体化，这就是著名的《博洛尼亚进程》。目前该进程的参与国已经超过了50个，参与国范围不仅包括传统的欧盟国家，也包括原苏联东欧国家，这些国家纷纷加入这一进程，形成了一种声势浩大的欧洲高等教育区域化进程。但这一进程因2008年以来的欧债危机会受到一定的影响（袁东，2011）。

欧洲高等教育一体化进程对于现代大学治理的启示是：各个国家以协议的方

式参加这一进程，各个大学也是以自愿的方式参加大学联盟，大学通过增加相互间的学生流动机会和学者交流机会促进大学办学质量的提高，这表现出对大学自治传统的充分尊重。但这一联盟形式能否解决大学治理中的根本问题，如提升学术竞争力，尚不得而知。

五、我国大学治理困境与未来选择

我国大学治理模式正处于急速的变革过程中，建立现代大学制度开启了这一环。传统上中国大学在治理模式上倾向于科层制，即用行政化的逻辑取代大学自治的逻辑，但人们发现行政化的结果导致了学术创新力的下降，为此，人们呼唤去行政化实现大学治理（陈鹏，刘献君，2006）。人们产生的一个共同认识是希望通过大学章程建设引导大学走向治理（马陆亭，2011）。而在实践中却出现了一个吊诡现象：一方面，政府要求大学自己立法；另一方面，大学却缺乏立法能力。出现这种现象的根源在于大学并不清楚自己的权力边界。

但要实现学术水平的提升，特别是要创造出大批原创性的学术成果，就必须实行大学自治，赋予大学以充分的学术自主权，否则，大学就难以创新。目前，政府对大学管制得太多，干预得太多，严重地削弱了大学的创造性（张男星，王春春，2012）。政府干预太多，导致了大学行政化趋势愈演愈烈，从而使大学管理越来越背离大学治理之道。

要实现大学治理，首先需要实行教授治学，学术自主，由教授会决定学术事宜；其次，教授会负责大学校长选拔，参与治校，从而有效地遏止大学行政化趋势；再次，吸引社会参与大学治理，负责对学校发展的重大事项进行审议，使大学成为一个利益相关人的组织；最后，大学党委真正担负其监督职责，避免与行政合一，成为一种类似哈佛大学的监事会机构。

如此治理结构的变化，将意味着大学内部权力要适度分化，这势必与中国传统的"和合主义"文化特征相冲突。中国人思维习惯中不太愿意接受分权和制衡的概念，人们更推崇"合则两利，分则两害"，一提分权就意味着矛盾对立。但"合"的结果必然导致集权，就无法遏止行政的强势；而"分"才能各司其职，才可能专业化，才有自由创造的空间，也才能促进学术创新。但如何做到有效分工合作始终是一个管理难题，更是大学治理面临的课题（顾建民，刘爱生，2011）。如此，大学治理结构面临着一个现代转型问题。

困扰大学治理结构变革的还有中华传统文化中的伦理本位思想，该思想把个体从属于家庭，家庭从属于社区，社区从属于国家，从而否定个体的独立性，进而也否定个体的独立思想，这对学术自由是一种戕害。在市场经济冲击下，这种伦理本位思想虽然已经减色不少，但仍然在人们的下意识中发挥着作用。如果不改变这种思维定式，就很难保障学术权力并建立起有效的学术规范，从而在大学中也很难开展平等的学术对话，这样就压抑了学术创新潜力。

从根本上说，中国大学要实现治理首先必须确立一种学术权力本位的观念，并把思想自由设定为一种神圣不可侵犯的权利，从而为学术自由奠定法理基础，那样学术创新才有了法治前提。否则，学术自由就没有保障，教授就无法真正治学，人们就无法抵御行政权威的强制，从而也就无法释放自我的创新潜力。

在未来，中国大学必定要建立一种开放性的治理结构，打破封闭性的科层制结构，实行社会参与治理，这或许是平衡行政权力的唯一出路。

第四节　大学评价与排名需要科学的维度[①]

一、大学评价涉及多方利益关系

大学评价与排名是社会最关注的事件之一，因为这关系到对高校领导管理能力的评价，也关系到对学校教师员工努力程度、学术造诣、团体精神、学校工作氛围的评价，还关系到对国家高等教育投资效益的评价。对于社会而言，大学评价与排名是社会了解大学办学成绩的窗口，从而决定了他们对大学的态度及其对毕业生的态度。广大家长对大学评价和排名更为关切，因为这关系到他们的教育投入是否有价值以及对送子女所上大学是否有信心，从而影响到他们对该大学的

---

① 本文原发表在《中国高等教育》2007年第13/14期，收录在本书时略有调整。

认同度。由于它牵涉到方方面面的利益，所以成为社会关注的焦点。特别是在今天，大学入学机会已不那么紧张，人们对高等教育具有明显的选择意向，当然愿意选择办学水平高的大学。如果大学评价与排名不当，将会引起很大的混乱。

但不可回避的事实是：现在我国还没有比较完善的大学评估体系。原因很简单，因为对大学办学水平的评估牵涉到众多方面因素，技术非常复杂，而且我国对大学的评估起步较晚，还没有建立一个可靠、全面的数据库，这样在信息不全面、数据采集渠道不畅通、评估技术不成熟和操作程序不规范的情况下，要进行大学办学水平评估，首先必须在评估维度上能够经得起科学证明。大学评价与排名绝不是单维度的，它需要综合多方面因素，特别需要注意各维度之间的平衡，安排好各相关因素的权重。而且还需要特别注意的是，不同学校有不同的发展历程，评价大学的办学成绩应该把它当下的成绩与历史上的地位区别开来，否则评估就缺乏客观性和公正性。由于大学办学水平评估绝不只是个别学校的事情，它涉及不同学校之间的比较和竞争，涉及大学办学导向和高等教育的发展走势，如果评价体系有严重偏差，就可能产生严重的误导，并影响大学之间合作和高等教育的健康发展。因此，大学办学水平评估必须建立在一个科学的评价维度上。

二、大学评价需遵循专业性原则

大学评价与排名只有保持其客观性和公正性，才能保证其可信性。这就要求大学评价首先应该是一种专业性的评价。所谓专业性评价，就是由独立的专业团体来进行。因为在今天知识分化十分剧烈的时代，任何人都没有资格对所有的知识领域说三道四，只有不同的专业团体才可能在各自的领域内对本专业的发展水平发表意见。而大学评价的专业性还在于大学评价不是仅针对某一个别学科专业进行的，而是对多个学科专业发展状况进行的综合评价，这种评价的难度更大，要求的知识更为专业化。所以，从事大学办学评价必须由各学科专业群体综合而成，而不可能只靠采集一些易得的数据进行简单的对比来进行。而且大学评价不是为了简单的排名需要，而是为了分析大学办学中存在的问题，为高校进一步发展出谋划策。只有这种评价才是大学所欢迎的，才是对大学发展有利的，大学也容易接受这种评价结果；否则，大学评估就陷于一种盲人摸象的境地。

由独立的专业团体来进行评价，意味着各学科专业发展比较成熟，已经有了比较完善的自组织能力，形成了独立的专业意志，他们的评估能够出于专业发展的需要，出于为了维护专业共同体的利益，出于学者自我的良心。只有在这种情况下，对学科忠诚更胜于对所在部门的忠诚。因为学者的良心是对普遍知识的追求，它所追求的利益是普遍的，而不是狭隘的，所以对专业的忠诚应该胜于对所在大学的忠诚。学者依据良心所采取的行动是一种内在的、自发的，而不受外部势力所左右，这样才可能客观公正。一旦为某种势力或利益所左右，评价必定偏颇，从而也就失去了公信度。

大学发展水平主要是通过学科发展成就来显示出来的，只有专业团体进行评价才可能以学科专业发展的水平作为评价的核心指标，因为他们是内行，了解学科专业的发展成就，能够对不同办学单位的学科专业发展状况作出客观的评价。当然，学科专业发展指数并不是一种纯学术性的指标，它必须关注学科专业发展所带来的社会效益，即学科专业发展对当地社区和社会总体发展的贡献。关注社会贡献的评价是一种综合性的评价，它有利于引导学科专业发展结合社会发展需要，而不是搞封闭式的象牙塔学问。其中能否解答社会发展中的重大问题，能否培养适合企业发展的人才，能否对社会发展需要作出积极应答的姿态，都是评价所关注的指数。这样就要求专业团体进行的评价也必须吸纳社会力量参加，否则专业团体的评价就是一种封闭式评价，是在鼓励大学搞象牙塔式学问，而不是引导大学面向社会发展需要进行办学，当然社会对这种办学方式也不会认同。

既然大学评估是一种综合性评估，这就要求进行大学评价的指标是全指标的，即要求影响大学办学水平的各指标是齐全的，他们之间的影响是有等次的，评价者必须能够对这种等次给以科学合理的阐述，否则就是不合理的。同时，还要求影响评价的各指标信息及采集信息的渠道是公开的，以便在程序上是合法的，公众可以知情的。比较可行的是，这种信息渠道是由权威机构发布的，公众都可以获得，并可以用此来检查评估机构作出的结论是否属实。所以只有在信息比较开放的条件下，各种评估才有效验的标准。如果没有效验性，也就没有客观性和公正性。

正因为评价需要专业性群体来进行，评价维度是综合的，要求采集的信息是全称的，信息系统是开放的，各种评价因子之间的关系是经过复杂技术处理的，所以要进行科学的大学评估就必须进行这些基础建设。正因为大学评价涉及的因素多，评估技术特别复杂，所以在国际上也没有公认的科学的大学评价方式。在美国，大学质量保证机制是通过认证组织来进行的，这也是一个专门的、中立性的评价组织。而美国许多著名大学对"大学排行榜"不屑一顾。在英国，尽管一些著名大学对"大学排行榜"不以为然，但由于它影响到政府的投入水平和公众的态度，所以也不得不认真对待。在我国，大学校长们对大学排行榜比较敏感，因为我国的大学竞争才刚刚拉开序幕，大学在评估中的位置直接影响到大学在生源战、师资战、经费战、项目战中的处境，当然校长们不能掉以轻心。

三、大学评价应坚持非营利性原则

大学评估活动自始至终都必须坚持一项基本准则是非营利性。非营利性意味着大学评估不能沾染上商业习气，明确大学评估不是商业经营行为。大家知道，商业经营是以营利为中心，赚取最大利润是商业活动的驱动机。商业活动是进行交换或交易，都是以物质利益的获得为出发点的。而大学评估的出发点不可能是为了物质利益的获得，而是为了向公众也是为了向政府和社会各界提供一种了解大学活动过程的渠道，这种服务不可能因主顾的不同而提供的服务质量不同，它始终都必须以最高的专业水准来进行，当然既不能屈从于大学的意志，也不能屈从于信息需求者的意志，所以它的意志是独立的，而非交易性的。它所维护的是大学整体的利益和社会公众的整体利益，当然更是学术界的根本利益，所以，它就不能被个别利益所驱动。这就要求在评估过程中有严格的回避制度，有周密的申诉机制，有一个监督系统。在美国，对大学认证机构的监督是通过全国认可委员会（CHEA）来进行的[①]，这就保证了对大学的评估不是单边的行为，而成为一

---

① 美国认可政策参考：www. chea. org/Recognition Policy/CHEA Recognition.

个群体的有组织的行为。

　　非营利性准则，就是要保持评价标准的客观性，做到在评价原则上没有谈判的余地。非营利性当然不是无偿性，它只是要求评估行为不得以营利为目的，但并非不可以收取费用。评估是一项花费巨大的活动，必须有一定投入，一般而言，这种评估费用由要求评估的学校自己担负。而评估应该是自愿性的，也就是说，每个学校没有必须参加评估的义务。如果每个学校必须参加或接受评估，那么评估就变成了强制性的，就会成为一种行政行为，这样大学办学自主权就会被损害。所以在美国大学参加认证是自愿性的行为，认证组织是一种私人性组织，这样就不会变成行政命令，大学和评估机构都可以避免行政的干扰。但政府对大学的办学状况并非不闻不问，而是通过一种认可机制鼓励大学参与评估，因为只有通过评估机构认证的大学才能享受到政府的政策资助。也就说，如果大学没有参加认证，别人是没有资格对他们进行评价的，否则就是侵犯了大学办学的自主权。

　　坚持大学评估的非营利性，就是要求评估机构不能根据顾客的意图行事，迁就主顾的意思就是为了营利。因为在专业问题上，只有专业团体有发言权，其他人无权干涉。评估机构与大学之间是一种平等的关系，不是谁必须服从或按照谁的意志办事的问题。所以，大学参加评估是出于信任，是一种自愿，而评估机构对大学评估既不是为了收取费用而投大学所好，也不是为了体现一种优越的地位进行外部监督，它们两者之间是并立的两个主体。评估机构的利益体现在对学术价值的维护上，并具体体现在它能够成为大学之间相互承认的中介，成为大学与社会之间联系的中介，成为大学与政府联系的中介，成为消费者认识大学的中介。评估机构的中介地位的确立，就在于它有很大的社会信任资本。评估机构要保持这种中介的地位，就必须能够超然于商业利益，是中立的，只代表专业的意见，因为正是它们的专业权威使它们能够在高度专业化的社会里有发言权。要保持这种专业权威不被玷污就要求它是非营利性的，因为一旦评估与交易行为挂钩，评判就会失去基准和原则，就可能导致大学办学的腐败。

四、大学评价应注重发展性维度

大学评价不仅应该由独立的专业团体来进行，而且在评价的维度上应着重于发展性评价，即针对大学发展取得进步的大小进行评价。这就是说，大学评价应该是一种相对性评价，而不应是绝对性的评价。目前，社会上流行的"大学排行榜"评价有一个陋习，就是只注重绝对数的简单对比，并不十分关心这些绝对数值意味着什么。众所周知，我国近期进行了一系列的大学合并和调整，一些学校骤然之间发达起来，它们在学校规模、学位点总数、教授数、图书馆藏、科研项目、办学经费数量以及发表的论文数量和被权威期刊转载甚至占地亩数等方面一下子膨大起来，这与它们原来所处的地位水平截然两样，难道真像"排行榜"那样地位一下子蹿升上去了吗？（潘懋元，2003）没有人会相信这个事实。如果有这样的神奇速度，那么中国早就有世界一流大学了，而且科学界诺贝尔奖应该非中国大学莫属。不可否认，大学合并有利于大学资源进行整合，对大学办学水平的提高有相当大的促进作用，但这只是预期，而不一定代表现实，因为大学合并首先需要一流的管理水平。否则，大学合并所产生的效益还很难确定，很难判定会产生多大程度的影响，是正面的还是负面的，是近期的还是远期的。正如前述，影响大学办学水平的因素非常多也非常复杂，并非通过简单的数字叠加就能说明。如果这个办法可行的话，那就可以将全国的重点大学变成一所大学，那应该是世界无敌的大学了。如果那样，不就滑天下之大稽了吗？

因此，对大学办学水平的评估绝不能进行这样简单的数字罗列，否则大学评价也太简单了。而且对于所采集的数据必须进行严格的处理，这是进行大学评估首先需要着手的一步。如果不进行数据处理就进行简单的对比，那么就是在鼓励各大学之间进行数字攀比，鼓励各大学都变成"大而全"的巨无霸而舍弃办学特色和定位，这样的结果对学校的发展是不可能有利的。所以，比较科学合理的数据处理方式是计算平均数法，比如计算人均经费数、人均发表的论文数、人均投入产出系数。我们知道，许多大学是国家进行重点投资的，它们在学科发展、经费申请、学位点授予等方面都是经过大力关照的，它们的教师人均收入也比一般水平高许多，它们的工作业绩显然不应该更差。只有通过计算出一个科学的投入产出系数，才可以计算出它们的真正业绩，否则，它们令人目眩的地位就不是真实的，是需要进一步过滤的。

　　这意味着，对大学办学水平的评估必须进行发展性评估，既要对照学校过去的办学基础和今天的发展水平，又要根据它们所处的发展阶段进行评估。在国外，一所大学在办学初始阶段是非常困难的，因为它们要在学术界立足并被大家承认非常不易，它们没有办学经验，处处存在风险，所以它们要赢得办学声望比那些已经有几十年甚至上百年历史的老牌大学要困难得多。如人们比较熟知的美国斯坦福大学，在办学初期几近破产，后来才终于走上了轨道，获得了人们的认同，最终获得了声望（舸昕，1999）[407-411]。过去我国大学都是国家包办的，一出生就有"合法证"，不愁经费、场地、生源和师资，没有经历大学创办初期的磨难，也就很难体会办学的艰辛，当然也就很难摸索出办学规律，那么要做出很突出的办学业绩也很难。只有在民办高等学校日渐走向繁荣的今天，真正存在办学竞争之后，办学地位才靠实力说话。但我们同样知道，因为现在国办大学的自主权不充分，还不是以真正办学实力说话；而且大多数大学主要靠吃皇粮过日子，现有体制对它们的懒惰思想还有很大的保护作用，它们的地位比民办高校地位优越得多，拿它们的地位与民办高校的地位进行竞争，当然不可同日而语。但绝不能说它们的办学水平一定比一些民办高校的水平高。

　　即使那些完全自主办学的大学，它们在取得自己的立足点之后，要获得办学成功，还需要几经磨难，因为仅有立足点是不够的，必须进一步进取，才能稳固自己的地位，稍有不慎就可能被挤垮。每所成功的大学都要经历这个时期，不过有的很快就度过了这个反复期，有的就比较漫长，甚至会夭折。当大学办学基础稍稍稳定之后，要获得飞速发展就需要伟大校长的出现。观察每个获得成功的大学，它们都经历了某个伟大校长进行了一段较长时期的治理，最终使大学形成了一套制度和规范，步入了良性循环轨道，从而使它们的办学声望越聚越高，吸引了滚滚而来的财源、优秀的师资和一流的生源。人们熟知，哈佛大学的成功与艾略特校长在哈佛当政40年是密不可分的。艾略特、吉尔曼（约翰·霍普斯金大学第一位校长）和怀特（康乃尔大学校长）并称为美国19世纪最伟大的三位大学校长（舸昕，1999）[26]。

因此，对大学办学水平进行发展性评估就是对大学办学发展速度进行评估，如果在同样的起点上，一个比另一个发展更快，那么办学水平高下就一目了然了。但问题并非如此简单，因为没有办学起点完全相同的学校。而且不同办学定位直接影响它们的发展速度。选择不同的发展定向会使不同学校在起步阶段面临的困难程度不同。高起点与低起点比起来困难程度是可想而知的。如选择文科发展方向要比选择理工科的发展方向要容易得多，有过一段办学经验积累比白手起家要容易得多，因为它们承担的投资风险要小得多。今天在我国民办高校中，相当一部分是从高考辅导班或成人自学考试助学班开始的，这个阶段它们既进行原始的资本积累，也同时进行了办学经验的积累，所以它们要比直接筹办大学要容易得多。此外，处于不同的社会发展阶段也对大学办学难易程度有着重大影响。当社会经济发展水平比较高，人们对高等教育有迫切需求时，办学就相对容易，相反就困难得多。当然，办学的难度系数也与当下的办学总量规模有关，学校越多竞争性越强，自然要获得成功就越困难。所以，在对大学办学水平进行发展性评估时，必须注意到不同学校在办学过程中所遇到的难度系数。

五、大学排名应具有服务性维度

大学评估的另一个维度是进行服务性评价。服务性评价属于一种社会性评价。所谓服务性评价，就是针对大学对服务对象的需求满足程度进行评价。这个评价是目前所进行的大学评价无法解决的问题，而这恰恰是当下最应该注重的。过去我国高等教育因循计划体制的路子，大学由政府包办，只有政府办学才可以培养高层次的专门人才，而且计划培养计划分配，社会对人才使用上没有多少选择余地。时至今日，虽然社会对人才使用有了很大的自主权，但用人选择范围仍然主要局限在国办学校，因为民办高校很少涉及较高层次的人才培养，或者说现在大学之间的办学竞争是在国有办学体制内进行的，而且竞争的范围是十分有限的，特别是目前各种信息渠道不十分畅通，社会和家长对高校信息的获得具有明显的不对称，竞争还没有一个公平的平台。没有真正的竞争，高校就不会真心关注他们的办学定位，就不会关心他们应该服务的对象，而只会关心在官方评价中的位置，只会关心如何进一步使学校升格，所以服务质量一直没有提到真正议事日程上来。

　　事实上，学校的定位也只有在服务对象的真正选择中才能形成。如果没有顾客的选择，只有官方的评判，那么办学者只有讨上司的欢心才可能获得各种优惠照顾，才能在评价体系中位居前列。因为他们实际上也是在执行上司的意志，办好办坏实际上是上司的业绩好坏。这样办学者并没有真正的办学责任，实际上他们也没有多少的自主权，他们只是行政体系中的一个环节，只是对上司负责就可以万事大吉了。而要面向顾客则需要很多的改革，需要花费很多的精力，而改革必然会对传统的既得利益造成威胁，这样就影响到学校当政者地位的稳固，出于明哲保身考虑，保守一点是上策，这样个人前途没有多少危险。如此，对改革抱观望态度的就多，动真格的就少，而树立"顾客中心主义"那就是动摇自己位置的根本。而高等学校要适应市场需要办学，就必须有顾客中心主义的思想。

　　当顾客真正成了办学绩效的评价主体，办学风气必然发生根本性转移，因为高校必然要主动寻找自己的顾主，只有顾主才能带来办学所需要的各种资源。为了学校自身利益，大学只有通过服务来赢得顾客，此时才展现真正的办学竞争。而顾主的兴趣才是大学关注的真正焦点，否则就难以提供高质量的服务。

　　顾主最关心的是自己利益的增长，关心自己最大受益。大学的第一位顾主是大学生和研究生，他们关心自己在学校学习的课程将来是否有实用价值，是否有助于获得较有利的职业位置，关心自己所接受的教育所具有的比较价值。大学要招收到学生就必须有才能出众的教师，他们不仅要具有理论知识，而且更要知道知识如何在实际中运用，因而大学教师必须与职业界保持密切的联系，否则就是纸上谈兵。而大学要知道自己的培养是否具有针对性，必须邀请职业界参与他们的教学计划制订，参与教学效果的评价，参与教育教学改革的意见，否则大学的教育改革是一厢情愿的。观察我们今日的校园，大学教师从学校到学校，很少有接触社会的机会，那么他们凭什么来提高大学生的实践本领呢？大学的改革都是自己内部的事，职业界很少也很难插足，那么怎么来确定改革究竟面向什么呢？当在大学课堂里出现了大学生们并不认真对待理论课和专业课，而专注于各种职业资格技能的获取的时候，我们又有什么理由来责怪他们呢？

目前，大学评价中引入了毕业生就业成绩一项，这是面向顾客的一个重要变动。当然，目前的就业成绩受许多因素影响，其中很重要的一项就是大学也在认真推销自己的产品了，这是一个很大的进步，所以我们没有理由来禁止使用这个指标来评价大学，因为它是关注学生利益的切实体现，是对大学面向社会需要办学的一个推动，它能够引导生源的流动，是大学最直接、最显见的业绩体现，这要比评比论文发表量或被权威期刊转载量更有说服力，因为那些都是学术内部的事情，而就业才是学生切身利益所系。

除大学生和研究生外，大学的顾主还有实业界和政府。实业界对大学的创新知识产品非常感兴趣，因为这可以改进他们的生产技术，提高产品的知识含量，从而在市场上占据更有利的地位。实业界对大学提供的针对性比较强的短期培训项目也非常感兴趣，因为这可以直接提高企业的生产率，不需要任何中间环节。政府也是大学重要的顾主之一，因为政府是大学最重要的出资人，它要求大学提供各种服务，包括满足政府对课程体系方面的要求，对科研项目的要求，以及提供决策咨询方面的服务。大学还有一个重要的顾主就是社区，因为大学必然要与社区发生这样或那样的关系，与社区进行互动，没有社区支持，要获得办学成功也是非常困难的。所以，大学也要面向他们提供各种有形的和无形的服务。

所有这些顾客都关心自己的获得，特别关心自己投入与所得回报之间的关系，关心自己需求的满足程度，大学只有通过不断提高自己的服务质量和开辟新的服务领域，才能获得越来越多的支持。没有这些服务意识，大学办学必然萎缩，最终并产生生存之虞。

因此，服务性评价的核心就是要把这些服务对象作为大学办学水平的评判主体，根据他们的需求满足程度来决定办学水平的高低。而反映水平高低的一个直接指标就是服务对象对大学支持的增减，是生源和经费的流向。

六、大学评价应坚持个性化维度

大学办学水平评价的另一个维度是进行个性化的评价。这就是说要用不同的参照系来评价不同的学校，而不能运用一个统一的标准来适用于不同类型、不同层次和不同服务面向的高校。在大学评价中应该采用多维度化标准，不能单用学术性指标或经济效益指标或者就业率指标等。承认学校之间有不同分工，承认学校之间有不同定位，承认学校有不同办学理念，最终要承认大学之间有个性、有特色，而且还需要确立这样的一种信念：没有个性和特色的学校往往是平庸的学校，是不可能领导高等教育办学发展方向的。有个性、有特色才有活力，才能有实力，才能真正办出一流水准。

在尊重大学办学个性方面，应该借鉴和学习美国高等教育评价的经验。美国大学评价中采用一种专业性的、自治的、非政府的认证组织来进行，它克服了政府干预的缺点，提倡尊重大学自治、尊重学校办学个性，提倡进行大学同行的外部评价方式。它把大学评价分为学科性评价和学校评价两种，学科性评价是针对具体的学科专业办学成绩而进行的，学校评价是一种综合评价。在评价开始时，首先要求大学对自我的办学理念和办学定位进行自我陈述，并按照自己设计的目标对自己办学的实际成绩进行自评，然后由认证机构组织专家对大学的自评报告进行研究和实地考察，最后对学校的办学地位进行评价。评价进程给学校以充分的陈述自己理由的机会，从而保证评价是客观的、公正的。在这样的评价过程中，大学所表现的是它们在社会中的独特价值，是他们的个性，而不会产生盲目攀比心态，它们以形成特色和传统为荣，以此作为学校办学成功的一个标志，并把它作为体现大学自治精神的一个缩影。而这些是国内大学尤为欠缺的。

因此，提倡大学办学个性，尊重大学办学个性，必须能够在评估机制中体现出来。评估机制实际上就是一个社会认可机制，这个认可不仅有学术界内部的认可，有政府的认可，还需要有职业界的认可，有学生的认可，需要他们各方都能够对大学办学效果有发言权，而不能单听某一方面的声音。只有一种声音，必然会形成"千校一面"的情况，必然会导致办学活力的丧失，最终导致对社会需求反应的迟钝并落伍于社会的需要。

七、客观、公正是大学评价的永恒追求

对大学进行科学评价是由专业的评估机构以学科专业发展业绩为基础的发展性评价、个性化评价和服务性评价，而且评价必须始终坚持非营利性准则。这提示我们：在未来建构我国高等教育评价体系过程中，特别需要注意对高等学校的发展性评价，对他们进行服务水平的评价，对他们的办学特色和个性进行评价，而这些方面才能够反映高等学校办学的真正实力。没有对发展性、服务性和个性的评价，就不能鼓励大学建立自我约束和自我发展的机制。个性是基础，服务是本色，发展是目标，三者缺一不可。

同时，在建设我国高等教育评估机构中，要特别注意机构所具有的专业水准，机构只有同时兼顾专业性、中立性和非营利性，才有望建设成一个能够促进我国高等教育健康发展的客观、公正、科学的评价系统。

第五节　大学排行榜：现状·困境·展望[①]

在我国，从首次出现"大学排行榜"到现在已经有了整整 20 年的历史[②]，人们对它的态度从比较冲动转为比较理智。从某种意义上讲，大学排行榜在我国的出现预示着一个新事物的诞生，即它是社会参与评价高等教育的开始。尽管目前它的科学性还遭到人们的质疑，但可以肯定地说，它的出现为社会了解大学提供了一个重要的途径，同时也为大学提供了一个反思自我的机会。当然，其特别意义在于它为社会进行大学选择提供了一个参照，因而格外引起了人们的关注，因而也使大学排行榜从一家发展到多家。在这种"繁荣"的局面下，大学感到自身受到越来越多的监督，因而也更加注重自我形象。这显然有利于大学与社会之间

[①]　本文原发表于《复旦教育论坛》2007 年第 6 期，《新华文摘》2008 年第 5 期全文转载，收录在本书时作了部分修改。

[②]　指从 1987 年出现的以武书连为代表的"中国管理科学院"发布的第一个大学排行榜算起。

建立更和谐的互动关系，促进大学更主动地为社会发展服务。可以说，大学排行榜的出现为人们提供了观察大学发展的新视角，有助于高等教育价值观的完善，从而有助于高等教育的健康持续发展。因此，尽管大学排行榜在我国的发展历史还比较短，但它确实为高等教育发展增加了活力，而且也为完善中国高等教育评估制度增加了推力。所以，大学排行榜就像一面镜子，它能够折射出我国高等教育评估的现状、问题及未来发展趋势，从而为我国高等教育评估事业走向完善提供了可行性建议。

一、大学排行榜缘起及其意义

毋庸置疑，大学排行榜之所以能够发展到今天，其根本原因在于它能够满足社会需求。社会需求首先表现为报考大学的考生及其家长的需求，其中也包括大批的准考生及其家长，他们都想了解关于大学的真实状况以便寻找到一个最为理想的受教育环境。其次，在读的大学生、高校的教师及管理者们也都非常想了解其所在的大学办学状况究竟如何，也希望能够借鉴别的成功之处并弥补所在学校的不足。再次，已经离开大学的校友们也非常关注母校的状况，大学排行榜就是他们了解母校客观状况的一个窗口。此外，社会公众对本地的高校及所熟悉的高校的状况也非常关注，希望能够看到它们的发展壮大。

过去，社会与高校之间存在着严重的信息不对称，人们只能凭借大学的招生简章和简单的招生专业介绍来获取有关大学的信息。虽然后来大学加强了招生宣传，在学校简介上增加了一些精美的图片，但所反映的仍然只是一个侧面。而且随着招生宣传图片的制作技术越来越高超，其中也出现了不惜造假者，于是大学的自我介绍就越来越不足为凭了。此时该以何为凭借呢？这是一个考生发展前途的大事，不能不引起考生及其家长的焦虑。为解决这个难题，大学排行榜就出现了。可以说，大学排行榜是应运而生的。大学排行榜的优势首先在于它是以"第三人"的立场来评判大学，这是其他组织所无法代替的。其次，它首次将大学的神秘面纱揭开，让人们可以直面大学发展的现实。再次，它提供了一种外在的评价大学的尺度，从而为人们理解大学提供了一个途径。最后，它促使大学不能无视外部需要，而是要兼顾自我发展和外部需求的平衡。

大学排行榜的出现也引起了一些消极的反应。对于大学而言，它首先面临的一个课题是大学办学自主权是否应该得到保证。大学排行榜的出现，标志着社会评价大学的开始，而这在传统上是不可想象的，因为大学历来自命为知识中心，外界没有资格来说三道四。而今天大学对这种社会评价应该持什么态度？如果大学非常重视外部评价，会不会影响大学自己的办学标准？如果不重视，会不会影响大学在人们心目中的形象和社会地位？这似乎是一个两难选择。客观地说，大学排行榜的出现确实对一些大学产生了积极的影响，而对另一些大学产生了消极的影响。比较而言，一些著名大学因为不利的排名而受到损伤，而一些不著名的大学因有利排名而地位得到提升，这些都会对生源市场状况有所影响。正因如此，当大学排行榜刚一出现便在大学间引起了一阵骚动，特别是那些在大学排名中处于不利地位的大学开始质疑其排名的科学性、客观性和公正性，甚至认为大学排行榜在误导社会舆论、误导考生，并干扰了大学正常的办学秩序，因此强烈要求进行行政干预（蒋国华，2004）。在"两会"期间，还有一些人大代表和政协委员在立法提案中建议取缔非法的大学排名，理由是这种民间行为干扰了大学办学秩序。还有一些校友为自己母校的不利排名鸣不平，认为大学排行榜侵犯了母校的名誉，并声言要诉诸司法为母校讨回公道。更有甚者，一些大学校长直接将意见反映到教育部，要求教育部出面制止这种行为，理由是这种排名不科学也不严肃，对大学教学秩序有干扰作用，甚至会影响社会稳定。与这些过激的举动相反的是多数高校对大学排名表示沉默，尽管也质疑大学排行榜的科学性。而教育部始终没有正面介入这场争议，显示出一种比较超越的姿态。正是这种非干预姿态，才使大学排行榜能够发展到今天。

我们知道，在关于大学排行榜事件中，除了考生及其家长、大学是直接的利益相关人外，教育部作为大学的最高管理机构也是直接的利益相关人，因为无论大学排行榜发布什么样的信息都会直接或间接地影响到教育部的权威。而教育部之所以没有直接干预，可能有以下几方面原因：其一，教育部认为大学排行榜的出现客观上弥补了社会上关于大学信息的缺失状况，有助于实现大学与社会公众之间的信息对称。这无疑在客观上做了教育部应该做的事情。这也正是大学排行榜的积极意义所在。其二，虽然有一些大学指责排行榜不实，产生了误导，但有此类反映的学校为数极少，不足以影响教育部的决策。同时，大学排行榜作为民间行为也利用了管理的空当，造成了既成事实的局面。而且鉴于国外惯例，教育部也不便出面干预。其三，大学排行榜所依据的信息尽管是不全面的，但基本上都是客观的，是有一定的信息渠道来源的，从而具有一定的可信性。如果所采集的信息没有错误，而采用的指标有问题，则属于技术性问题，是可以改进的，因此就没有封杀的必要。其四，大学排行榜的存在，确实发挥了督促大学的功能，这就在无形中成了教育行政管理的助手。因此，教育部也是乐见其成。出于这四方面主要原因的考虑，尽管大学排行榜会对教育部的权威产生潜在的消极影响，但教育部并没有进行严厉指责和强行干预，这实属战略举措。

　　是否这样就等于教育部默认了大学排行榜的事实？不然！（阎明，2000）毕竟教育部是发布教育信息的最权威机关，其他信息发布机关的存在无形中就起到干扰的作用。但这种干扰还没有达到造成威胁的程度，特别是在出现多家大学排名之后，这种威胁就更小了。而且由于我国教育体制仍然属于中央集权性质，大学不可能不听教育部的指令而尾随排行榜转。但由于教育部没有直接公布自己的大学排名，所以与社会上的大学排行榜不形成正面冲突。

　　教育部可不可以发布自己的排行榜？一般而言是不可能的，充其量是进行一些学科或专业的排名，而不可能进行综合排名。一方面是因为高等教育的信息还不属于完全公开的范围；另一方面是因为一旦公开，实际上就制订了大学资源的分配方案，那时教育部将陷于被动状态。事实上，大学在资源竞争上已经非常激烈，排名公开就等于矛盾的公开化，这会造成大学发展的隐患。显然，教育部不愿意看到这些。

　　但大学排行榜的出现给教育部提供了一些刺激：自己为什么不将自己掌握的信息资源开发一下呢？这样可以作为评价大学绩效的依据。正是这个动议出现，教育部成立了自己的教学评估中心，这个中心拥有关于大学的绝大多数的信息资源。但这个信息资源只能作为参考，因为现在还没有办法排除信息中的水分，这是我国统计报表存在的普遍现象，因为大家都喜欢报喜不报忧，喜欢夸大政绩，那么数据掺假就在所难免了。由于这层原因，教育部的信息也不便于公开。

当然，教育部也掌握着许多实在的数据，如教育部下拨的计划指标和高校上报的显著可查的数据等，比如财政下拨的经费、计划招生名额、全日制教师数量、重大成果的数量等。有些指标就容易虚报，如兼职教师数量，仪器、图书、设备等无法一一查对的陈年老账等。

由于教育部无法掌握全部数据，也就无法对各学校的情况作出完全客观的判断，因此必须在自己的信息中心之外另设评估组。评估活动虽然依据数据，但主要是进行实地考察，由于评估人员无法打破人情网络限制，加之评估人员很难严格自律，所以评估作用的象征性大于实质性。而教育部在大学评估方面的软肋存在就使大学排行榜有了生存空间。

二、大学排行榜面临的主要困境

由于教育部对大学排行榜持相对沉默的态度，社会上一般将此理解为"官方默许"。现在人们已经公认，大学排行榜的存在确实有其积极意义。又由于大学排行榜能够吸引舆论注意，因此多家媒体都积极参与其中，尤其是网络媒体。但由于制作大学排行榜的专业技术含量太高，并非一般媒体所能够从事的，所以最终能够从事大学排行榜排名活动的媒体并不多。现在只有网大、中国校友会网和新浪这样的网络媒体还在做。

即使像网大这样的媒体，也不可能自己单独从事大学评价排名活动，也必须与一些专业研究部门进行合作。从目前这些网络媒体所公布的评估指标设计来看，仍然太过简单，且没有多少确切依据（肖鸣政，2004）。这样就无法排解人们的疑虑，当然也就面临着生存的危机。

专业的高等教育研究机构似乎有这样做的技术优势，但做这样的工作需要强大的资金支持，尤其是需要信息方面的支持。从目前看，专业机构一般都面临资金不足的困境，而且面临着没有正式的稳定的可靠的信息来源渠道的问题（兰云，蔡言厚，2003）。可以想象，如果专业机构直接向高校索取信息，就面临着一个谈判困境和伦理困境。从大学而言，绝不可能无偿地提供核心资料，如果提供的话，评估机构则必须进行承诺，即不得产生对提供者不利的影响，这显然是评估机构面临的道德选择。这也意味着，评估者可以拥有这些资料，但不得公布；如果不公布，则评估者的生存价值又成了问题。这就是个两难处境。

如果评估机构直接从大学自己公布的资料进行收取，同样面临一个法律问题：这些资料不是人家自愿提供的，那么就表示对方并不愿意加入你的评估，也意味着如果你对人家进行评价就是对别人的侵权。毕竟你所了解的只是部分的信息，不是全部的信息，而且你所了解的信息也不代表你了解了信息所代表的真实内涵，因此你所作出的评价就有牵强的意味。在你没有了解全部信息的基础上进行的评价显然是不公正的，自然而然你就有了侵权的嫌疑。况且，人家没有授权你使用这些信息，也没有任何部门授权你有进行评价的资质，那么你的评价行为自身的合法性就成了问题。可以说，目前大学的排名基本上是依照社会潜规则运行的，并没有严格的法律依据。

看来，进行大学评价不仅需要有正常的信息渠道来源，需要有技术支撑，需要资金支持，而且还要有资质去做。这种资质就是公信度。这样私家部门去做显然是不合适的。

我们认为，公信度产生首先是出于技术方面的考虑，即在专业上是具有权威性的组织。其次是必须站在第三者的立场上进行的评价。这意味着由具体高校进行大学评价显然是不符合这一条件的。当然，教育部进行评价也不符合这一条件，因为教育部是主要举办者身份。再次是非营利原则，也就是说评价者必须是一个公益性的机构。最后是非强制性原则，即自愿参加原则。

按照这三个标准来分析我国目前出现的大学排行榜组织者，几乎还没有完全达到这几项指标者。从专业性的指标看，大学进行的评估应该是最适合的，这不仅是因为大学自身掌握的技术手段最先进，而且也是因为大学对大学需要的了解比较真切，更容易站在大学发展的立场上来评价大学。当然，这样也容易出现"当局者迷"的效应。从第三者的立场看，出现了非大学、非官方的社会评估机构，但却有明显的营利倾向（王处辉，2003），这样就容易失去它的可信度；从自愿性原则看，目前很少有大学希望别人给自己来作评价的，因为大家大多对自己的问题都非常清楚，为了避免出现比实际更坏的情况，所以他们才不得已提供一些信息。正是这种不情愿才使他们提供的信息是不全面的，甚至是有水分的。

可以说，上述几点是大学排行榜在目前面临的主要困境。

三、对大学排行榜的利益相关者分析

许多人（机构）并不喜欢大学排行榜，特别是大学尤甚（叶隽，2007）。大学总认为局外人进行评价简直就是指手画脚，不足凭信（理查德，2004）。但有些人特别喜欢大学排行榜，这里主要指社会公众，因为排行榜提供的信息比较直观，他们不必要去费时间进行比对哪个好或哪个差。喜忧参半的是教育主管部门，所喜的是社会力量在替他们进行督促大学，所忧的是他们所提供的评价信息并不可靠，而且易产生误导作用及冲淡教育主管部门的声音。但教育主管部门又不想去直接干预他们，而是希望他们自己能够经受住市场的检验，不然的话这种评估的性质就发生了质的转移，就有可能变成官方的评价。从这个意义上说，大学排行榜的出现是大学发展中的新势力，它确实对大学发展起到了一定影响。但其影响力有多大，还需随时间的推移作进一步的评估。

大学排行榜的价值大小直接取决于大学的参与性。如果大学不想参加，那么即使社会多么热切地希望可能也无济于事。可以说，大学对于大学排行榜经常处于一种矛盾的心境中。一方面，大学不希望提供自己的信息，因为他们害怕自己的信息被误读，会产生不良的信息反映；同时，大学也不希望被评估，大学有理由坚持自己的学术自由、学术自治，外界的评价容易干扰自己的思维，从而使大学产生从众心理，偏离自己的办学主张；此外，大学应该有自己的特色，而特色之间是不可比的，进行比较就是在鼓励趋同化，从而容易使大学失去自己的特色。另一方面，大学又怕不提供自己的信息反导致自己尴尬的局面，因为大学知道自己是在进行一场并不公平的竞争，社会对大学排行榜的看法还无法做到完全的理性程度（阿尔特巴赫，2006）。如果不提供有关信息则很可能被想当然地认为没有资格或没有机会进入排名。大众一般会这样看待问题：要么你心虚，所以你不敢提供信息；要么你太傲，不屑于提供信息。心虚当然不能赢得人们的尊重，太傲也同样不能赢得人们的尊重。这样大学就在极不自愿的情况下提供一些信息，甚至刻意地对信息作一番处理，但在心理上还是认为，给这样的机构提供信息真有点不值得，因为还没有能够让他们信服的机构可以作这样的评价。

有这样的心理顾虑存在，大学参与性就大打折扣。只有处于两端的大学可以安然处之。从处于高端一方的大学说，不管你（大学排行榜）怎么排名，都对我无所损害。排名好当然不用大惊小怪，因为我的声望确实不错，相反如果把我的名次排差了，那么就明显与社会期望相悖，此时社会宁可相信我大学，而不是相信你排行榜。对于低端的大学而言，排名只对我有利，不会更有害，因为每次排名只能使我更出名。而中间段的大学则害怕自己名次下降，为此心理压力非常大，总是处于参与和不参与的矛盾之中，所以提供的信息也是尽可能使自己的成绩更突出些，使自己的不足更掩盖些。

大学排行榜会对大学造成多大的压力呢？我们认为压力主要来自对招生市场的影响。每个大学都希望自己成为社会选择的中心，而不愿意自己被冷落。一般而言，大学排行榜只对那些举棋不定的考生影响最大，这个群体究竟有多大比重呢？从目前情况看，这是一个相当大的群体，绝不可忽视。正是这个原因，许多大学对排行榜不敢小觑，因为人们都把报考率作为评价大学竞争力的指标，这个指标能够反映大学的声誉状况，而这个声誉状况又受大学排行榜的影响。当然，大学并不完全依靠这个排行榜，大学有宣传自己的途径，当前最有效的宣传就是进行电视专题片的宣传，其次是运用自己的网站进行宣传，再次是到各地进行现场咨询宣传，最后是建立招生热线和组织校园游览。这些都是正规的宣传渠道，而官方公布的招生专业目录的名单则是最无声的也具有效力的宣传，大家理所当然地认为官方公布的信息最准确、最可靠。而大学排行榜是这些宣传之外的辅助因素。

对于考生而言，最有效的宣传就是大学的校友介绍。毕竟各种宣传都是一面之词，都不能产生什么实际的感受，而校友则是活生生的例子，所以他们的介绍最具有说服力。因此，在某种程度上说，大学是否成功就在于培养多少个忠诚的校友，而忠诚的校友又给学校带来了无数潜在的优质生源。正因为此，国外许多大学尤其是美国著名大学都非常注重校友的推荐、校友的评价，因为他们有理由相信，校友总希望自己的母校会变得更好，希望母校永远是自己的骄傲。而校友也确实能够代表学校的形象，他们在自己的言行中或者为母校增光添彩，或者使母校蒙受耻辱。

可以说，大学排行榜的出现是对大学自信心的一场考验。有自信心的大学可以坦然地提供自己能够提供的数据信息，没有自信心的大学则在自己提供的信息上做文章。有自信心的大学也不在意大学排行榜对自己怎么排名，而没有自信心的大学则对大学排名非常敏感。我想，如果大学排行榜在获取信息时都有一条保证，要求所有提供信息的大学的校长签名担保信息是可靠的话，则可以大大提高大学排行榜的公信度。可惜这一点是大学排行榜无法做到的。没有基本信息的真实，大学排行榜的可信度始终处于不确定的状态中。

除信息的可靠性外，另一个影响大学排行榜可信度的因素就是大学排行榜所采纳的技术指标（游成海，李文中，2003）。选择什么进行比较，其结果是非常不同的。对不同指标进行不同的解释，其结果差异也是悬殊的。大学排行榜应该包括什么样指标呢？各种指标应该具有什么样的权重？这是关系大学排行榜科学性的两大难题。目前没有任何一个机构能够给出合理的解释，一般都是从经验角度出发进行解释。如此，在采用什么样指标进行评价上就存在许多不规范之处。

具体而言，如大学的规模究竟该在大学评价中居于什么样的地位？这对于不同的大学而言意义是不同的。对于市场依赖型的大学而言，达到一定的规模才有实力，没有一定的规模则不具有竞争力。而对于非市场依赖型的大学而言，这个指标则是失效的。对于SCI、EI等指标而言，这在评价研究型大学时是有效的，而在评价一般教学型大学时则是无效的。因为他们的功能定位不是在科学研究上。还有就是关于大学产出的论文数这项指标，对于职业技术类的高校而言是不适合的，因为衡量他们的指标重心应该是技能操作以及培养人才的规格设计。显然，这些指标太复杂且无法进行评量。

那么，大学评价指标的设计应该掌握什么样的原则呢？我们认为应该保证以下几点：一是全覆盖原则。即所采纳的指标应该覆盖办学成绩的各个方面，不能有所遗漏，有了遗漏就有了偏失，就会产生不公平。二是非冲突原则。大学办学是一个整体，如果大学各个方面是相互冲突的，我们就不能想象这是一个什么样的学校。所以，评价所采纳的各个指标之间具有内在的一致性。三是非重合原则。各种指标应该能够独立计算，不能产生重合效应，如此才不至于将某个指标过分放大，也不至于掩盖某个指标。四是可量化原则。一般而言，没有量化就无法比较，因为那样容易陷于主观。量化意味着各种指标尽可能地简化，不能简化也就无法测量，或者说测量的有效性受到影响。五是典型性原则。即所选择的指标具有典型性、代表性，代表了人们对大学质量的关注，代表了大学质量的主要要素。可以说，这些要素是大学加强管理的主要方面，也是人们认识大学水平的标志。如果大学评价指标能够做到这些原则要求，就是比较可靠的。

关于大学评价指标的权重要素应如何确定呢？或者说如何来增加评估指标设计的合理性呢？我们认为总体而言有四个基本的途径。第一个途径就是进行分类评价。如果不分类，那么就无法对各种类型的大学进行合理评价，也当然无法引导大学办出特色。目前大学评价中的一个显著缺陷是对大学的类型划分得不太清楚，这样引导大学走向了统一模式，使大学办学出现了严重的无特色、趋同化局面。这显然是不利于办出高水平大学的。第二个途径是区分专业进行评价。不同专业评价尺度是不一样的，运用统一尺度就可能使一些专业获得很高的比值，而另一些专业则处于不利地位。所以，评价不仅要突出类型特色，还要突出专业特色。第三个途径是实施分阶段评价。对于不同发展阶段的大学，所侧重的评价指标应该是不同的，或者说检查的重点也是不同的。因此，必须针对不同办学阶段进行评估。换言之，我们不能运用同一指标体系对有百年历史大学和刚刚建校的大学进行同等评估。第四个途径是实行权威性评价。实行权威性评价就是指采纳的各种指标权重都应该有权威的意见参与其中。

在保证大学评价的科学性的同时，如何来保证大学评价的可执行性呢？换言之，如何吸引大学积极参与呢？我们认为以下策略可以保证大学有较高的参与性。一是增加选择性。选择性指大学可以选择自己满意的评价指标体系进行评价，他们认为这样的评价指标体系是对自己公平的。根据上述规定，大学的评价指标体系就不应该是单一的，而是多样的，这样就给大学提供了可选择的余地。我们认为选择性是一个基本策略，因为没有可选择性就只能剩下强迫性和不自愿性。二是协商性策略。在大学进行选择指标体系过程中，评价者应该给大学以充分的咨询建议，使大学明白采用各种指标体系的内涵和大学发展的意义，这样大学能够选择自己认为恰当的评价方式进行评价。三是参照性策略。大学评价指标体系的评价结果可能符合大学的预期，也可能与自己的预期严重背离，但这都是不重要的，更重要的是大学有了自己的发展参照，而且对各种指标含义有了更确切的含义，这样无论是对大学发展还是对指标体系的进一步丰富完善都有帮助。因此，不能把某种评价或某个结论就当作对大学发展水平的真实评价。现实中正是因为一些人过分渲染大学排行榜的客观性、真实性，才使许多大学拒绝参加。如果从为大学发展提供咨询建议的角度出发，那么大学就会欢迎这种评估。四是保密性策略。即评价结果未经大学授权不得公布。大学可以对评价的结果作出自己的评量，如果认为评价的结果信息会对自己大学产生有害的影响，则可以要求评价机构不得公开其评价结果，否则承担法律责任。保密原则建立在大学与评估机构的协议之中。这样大学与评价机构之间是一种委托性的行为，而不是某一方面的单独行为。五是有偿性策略。一旦大学选择公布，就意味着评价对它的成绩是肯定的，是有利于它发展的，那么这样就产生了一个广告效应，大学就应该为这个广告承担一定负担。这样大学评价的性质从无偿性或公益性变为信息发布的有偿性了。这是促使大学评价可持续发展的重要动因。当然，收费以合理补偿为原则，而非市场上相互交换原则。

经过这几个步骤之后，大学评价不仅是科学的，而且是可以推行的，因为它更能够照顾到大学自身的利益。这样大学评价就能够进入良性循环状态。

四、对大学排行榜的展望

首先需要看到的是，评价的专业素质是决定它有无发展前景的最关键因素。没有专业人员的参与，评价的可信度就很低，也就很难有持续的生命力。目前，大学评价还处于发展的初级阶段，高资质的专业队伍群体还不成熟，而且他们也只是把非常有限的力量投入到大学排行榜之中，因此很难期望短期内大学排行榜在质量上有很大的飙升。

其次是评价的资金注入问题，这也是影响大学排行榜水平的关键因素。因为获得一个合理的指标体系需要大量的资金投入，这样采纳的各种指标样本才能比较广泛，才能有更大的可信度。否则，由于采集的样本有限就难以反映指标体系的可靠性。目前尚无大财团对该事业给出较大的支持，这也影响了它的发展。美国有报业集团的靠山[1]，而且社会公众的社会参与意识比较强，社会诚信度比较高，所以对排行榜的完善起到了很大的推动作用。对于我国而言，大的财团对这方面显得热情不够，或者说他们比较缺乏这方面的信心。

再次是评价的责任心问题。出于什么样的目的进行评价和参与评价对最终的结果都有非常重要的作用。如果人们希望把大学排行榜作为检测大学发展状况的一个指标，则无疑要求评价者和评价组织必须有很大的责任心。如果仅仅是把评价活动作为营利的工具，则可能使责任心降低（王银霞，2006）。可以说，失去责任心就失去了公正性，也就失去了生命力。对于正在成长中的我国大学排行榜能否一开始就完全排除营利的嫌疑，能否完全以公益为目的，这确实是一个值得讨论的问题。但未来的发展方向必然是大学排行榜必须排除从中直接获利的可能，这样才能保证评价的公正性和可信性，进而提高其专业性和权威性。

最后是国情问题。在政府办学为主导的前提下，社会评价不可能站到主角的位置。这种辅从的地位也使它伸展的空间有限。体制问题是根本性的问题。如果政府不直接控制办学，而以间接的方式来影响办学的话，那么社会评价则有很大的发挥余地。否则，社会评价能够发挥的余地比较小，充其量是一种有益的补充，不可能对高校产生很大的影响，那么就势必对评价本身产生负面效应。如前所述，没有大学的积极参与，大学评估不可能有多大的生命力。

综合以上意见，大学排行榜在可预见的未来中不可能有太大的发展。但从长

---

① 最著名的就是《美国时代与新闻周刊》。

期发展而言，它的前途是非常光明的，因为政府的职能在变革，越来越倾向于进行间接管理（王洪才，2004）[261-269]，那么社会评估有可能成为政府职能转变的助推器。这意味着大学评价必须能够上升到非常专业的地位，即有足够的权威性引导大学的行为，为政府所倚重。

那么大学排行榜在这一转变过程中应该采取什么样的策略呢？

第一，练好内功是根本。只有在评估技术上臻于成熟，才可能有较大的市场。目前技术上的不成熟，也使它不能够接受大学的委托或政府的委托进行评估。

第二，做好服务是基础。不要试图一开始就对大学发展产生多大的影响，这样的设想是不切实际的。大学本身的自组织性非常强，不可能完全听从外界的指挥。评价如果能够帮助它进步，而不是给它制造麻烦，那么大学是欢迎的。因为这样大学可以从烦琐的管理事务中部分地解脱出来，当然这也有利于大学行政效率的提高。

第三，不能急功近利。这是大学排行榜在发展中最忌讳的。由于没有外界的投入，所以很多评价组织希望通过评价行为获得收支平衡，那么就不得不屈从于客户的要求，因为这样的短视行为使自己丧失今后的发展前途。大家都非常清楚，如果涉入了交换原则，就很难保证评价的客观公正。

第四，大学排行榜建设应该与大学自评行为结合起来。有了大学自评行为，社会评价才有生长余地，这是一个共生态效应。不能认为大学进行自评后就没有了生存空间，恰恰相反，有了大学自评行为才使大学追求更客观的评价，才为社会评价提供了一个更加有利的氛围。鉴于此，大学排行榜的社会宣传还需要进一步深入，而不应该仅仅是为了迎合处于完全信息缺失的考生的需求。如果大学排行榜让掌握足够信息的其他人也能够信服的话，那么大学排行榜的公信度就真正确立了起来。这时，大学排行榜的地位就难以撼动了。

第五章
现代大学制度的现实境遇

第一节 "去行政化"与"纪宝成难题"求解[①]

一、"钱学森之问"与大学"去行政化"

早在"钱学森之问"提出之前（杨东平，2010），人们就开始对大学越来越行政化的现象进行批判。当时在学术界提出的命题是"学术权力和行政权力关系问题"（眭依凡，2001），在其中批评了行政权力对学术权力的侵占现象（周光礼，叶必丰，2004），特别是批评了行政权力独大现象（肖应红，2004），指出大学组织正越来越官僚化（眭依凡，2003）。不少学者还指出目前行政化常常披上一层科学管理的面纱（王洪才，2009）[39-40]，是在数字化管理的名目下展开的，有学者提出要根除大学行政化现象就要从建设现代大学制度上寻求突破口（王洪才，2005）。但这一问题在一流大学的建设过程中被掩蔽了，因为我国一流大学建设就是在行政主导下进行的。可以说，目前我国大学建设仍处于行政主导时期，如在大学本科评估过程中，行政主导的作用就更加突出了。也是在大学评估过程中，

---

① 本文原为 2010 年中国高等教育专业委员会年会提交的论文，曾作大会报告，后发表在《高等理科教育》2011 年第 2 期，收录在本书时略有调整。

218

人们对行政化的危害认识更深刻了。不管怎样，人们对行政化的批判仍然是局部的或个别的。当"钱学森之问"提出后，人们对大学行政化的批评开始转变为一个公共话题。人们发现，大学之所以难以培养出大师，就在于大学越来越行政化，越来越像官场，大学无论内外部都越来越唯上是从，这样学术越来越失去真实，越来越难以找到自己的话语空间，越来越失去自身的价值，越来越成为升官晋爵的阶梯，"学而优则仕"在中国大学上演现代版，大学于是逐渐远离它的学术本质，越来越向行政机关看齐。此时，人们被迫发出大学要回归学术本位的呼声。这就是"去行政化"的缘起。当这个声音成为社会的一致呼吁之后，终于变成了一种社会发展变革的意志。于是乎，"去行政化"最终体现在《国家中长期教育改革和发展规划纲要（2010—2020年)》的文本中。

人们不禁要问，大学行政化是从什么时候开始形成声势的？为什么会对大学影响如此之剧烈？为什么大学难以拒绝或抵挡行政化的诱惑？这一切都促使人们去思考大学行政化之逻辑，以便于从根本上认识大学行政化现象，进而为去大学行政化寻找对策。不然，"去行政化"只能流于口号，甚至还会像应试教育一样在反对的声音中变得越来越剧烈。

二、大学行政化之运作逻辑

要认识大学行政化的历史，需要从大学教师的价值取向上谈起。教师是大学组织中最主要的成员，他们的行为取向决定了大学活动的性质。我们不得不说，目前，大学教师作为学术组织的基本成员，他们越来越不安心于学术探究了，而是越来越心有旁骛，把更多的心思投入到钻研权术、跑关系上（杨于泽，2010），因为没有这些东西，自己就很难完成科研指标，就很难获得晋升，而如果有了这些东西，其他的似乎都不在话下。也即，在各种行政指标的压迫下，大学教师必须从事各种非学术的活动才能完成学术任务，如此，大学行为就走向了自我背叛。事实也如此，当学术缺乏独立标准时，学术价值大小主要取决于上级意志。

显然，大学教师的非学术化逻辑发端于大学的上层。其典型的表现是大学校长的行为越来越政绩化，一切作为都与政绩挂钩，在大学全面采用数字化或量化管理，越来越不尊重学科个性和教授劳动的个性，越来越不考虑教授工作所需要的具体条件，这样就导致了大学工作越来越机械化，越来越少人情味，因而教授们把上课、发表论文当作挣工分，最终导致大学学术工作失去了创造性、失去了令灵魂激动的时刻。

之所以会如此，就在于大学教授在大学决策中没有地位可言，他们无法决定自己该做什么和不该做什么，从而失去了基本的话语权。教授本应该是一个自觉的能动的主体，但现在他的一切行为都受外在的驱使，他们发现，只有在进入行政系统后才能够拥有话语权，不然的话就只能受宰制。所以，当一个人终于奋斗成了教授之后一定要搞个处长、主任或什么长当当，不然的话就显得没有价值。即使你在学科建设方面有创见或发表了一篇非常有价值的文章，如果行政上级不认可你，那也等于没有价值。一句话，学术评价在于行政认可，没有行政认可，再有价值的也会成为没有价值。这就是行政中心主义。行政中心主义直接表现在资源分配上，即只有行政认可才能够获得资源，不然就无法获得资源。行政中心主义的逻辑就是官本位，所以当的官越大，权力就越大，就越能够支配别人，自身获得资源的机会就越多。在这样的思想和行为的不断强化下，大学就越来越行政化了。

在社会生活中，"权力代表一切"。似乎没有权力的保护，一切都是不保险的。今天，再没有人把安贫乐道当成一件光荣的事情了。如果你与世无争，安贫乐道，就可能一无所有。为了拥有基本的份额，那么只有向行政中心靠拢。

在中国，行政的权威是无人敢挑战的。事实上，不仅是今天，在中国历史上，行政权力历来处于独尊的位置。无论你拥有什么，最终还要换算成"权"，只有你有了权力，别人才会尊重你；如果没有权，你将什么都不是，甚至说你只有被宰割的份。因为有了权才能接近资源分配，才会产生"近水楼台先得月"。所以在中国，人有了权之后就一切都变得潇洒起来。什么福利待遇、荣誉称号、评奖、课题，一切应有尽有。所以有了权力后，尊严也就有了，这就是权力运行的逻辑。于是人们得出了这样一个结论：有权好办事，自己荣耀，周围的人也跟着沾光。这就形成了人们对权力的偏爱。

三、大学去行政化之实质

大学越来越行政化，显然违背了大学运行的逻辑。如果不加以根除，大学将不再是大学了，大学要担负中华民族振兴的希望也将落空。但如何来扼制和根除行政化的毒瘤呢？我们认为唯有从认识行政化的实质入手，否则就难有成效。

行政化首先是指行政官僚化，去行政化就是去行政官僚化。目前，大学里普遍存在行政决定学术取向的状况，教授干什么、怎么干都是由行政机构计划出来的，并且被一套指标体系强化执行，这些决定毫不尊重学术人员的意思，只是体现行政权威的存在。即使原先从事学术工作的人员一旦担任行政职务后，思维方式马上会发生转变，就开始不再尊重学术的意志了，只希望实现自己的权力意志，因而也就损害了学术的自主性。一旦学术自由被侵犯，学术工作的效力就会大打折扣。所以去行政化，首先是去官僚化，是尊重学术自治传统。

在目前中国高校，行政部门掠夺了越来越多的学术权力，损害了基本的学术权利。学术事务本应由学术人员决定，但这些权力几乎全部被行政占去，所以在有关学术问题决策中，学术人员只是配角或装饰的作用（潘懋元，2003）。因此，去行政化，首先意味着要把基本的学术决策权归还学术，回归大学决策的逻辑，即实现以基层为主的决策模式。大学决策应该是自下而上的决策逻辑，而非行政的自上而下的决策逻辑。在教学、科研等基本学术事务上要体现教授的意志，而不能一切由上级决定。所谓大学是无政府组织的根源也在于此。尽管今天的大学组织系统越来越复杂，不可能像先前那样实施完全的教授治校模式，但也不可以演变成完全的行政决策模式，仍然要体现大学学术组织的基本特色。我们认为，合理的大学决策模式应该是中位化的，即实行以学科为单位的自治，而非由庞大的行政系统决定（王洪才，2008）。

其次，去行政化的实质就是去掉行政权力所拥有的各种特权。由上分析可知，行政化运作的逻辑就是行政机关拥有越来越多特权，从而控制学术资源的分配，导致学术人员不能安于学术，因此去行政化就要去掉行政首长所拥有的各种特权及所代表的各种实惠。这些特权和实惠正是行政机构具有强大繁殖能力的根源所在。但要去掉这些东西，必将遇到既得利益集团的反抗。

不可否认，人是受利益驱使的，而且都试图使自己的利益最大化，如果要削减或削弱他的利益，就会引起他的激烈反抗。一般而言，行政机构都倾向于扩大自己的权力。那么，要让大学去行政化，就要抑制其行政权力扩张的欲望。具体而言，首先是上级机关不能再强化行政权力。可以设想，如果上级机关减少了向大学直接分派任务，那么行政机构的权力马上就会萎缩，这样才能去行政化，否则大学去行政化就无法迈开脚步。其次是建立大学内部权力与责任的平衡系统，从而制约行政权力扩张，使其权力越大责任越大，这样促进其走向自我约束。再次是建立大学章程，保证学术自主决策能力，使学术人员的基本权利得到保护。只有当学术人员能够维护自己的基本权利时，才能真正遏制行政权力的扩张。最后是健全大学立法，使大学学术的核心地位得到维护，从而为大学学术权利保护提供法源基础。

不可否认，大学去行政化也是一个过程，很难一步到位。在起始阶段需要建立一个相互制约的二元权力系统，也即大学学术权力相对独立，行政不主宰学术，唯此时，去行政化才能真正发生。当行政和学术各有依归，都开始按照自己的逻辑运转时，才可能改变学术的依附地位。我们不能指望一下子从官本位转变为学术本位。目前的大学体制是混合型的或官学不分的，其结果使学术价值变成了依附性价值，最终出现了"官有多大，学有多大"的局面。但大学最终要回归学术本位的逻辑，即行政为学术发展服务，而不是学术由行政主宰。所以，只有对目前的行政化逻辑作一个倒置，真正的学术逻辑才能运行，去行政化才能真正实践。

客观地说，对于许多学者而言，如果学术价值得到了充分承认，他们就会以发现知识、创造知识为最高价值追求。因为他们更信奉个体独立的价值，更遵奉真理面前人人平等的价值，他们不喜欢行政的束缚，他们要求获得学术自由。正是这个追求的存在，所以当大学能够满足这个基本条件后，他们就能够把自己的精力投入到学术的追求之中。目前，由于行政势力太过强大，完全挤占了学术的话语空间，因此学术人员不得不向行政系统进行妥协。在目前的中国，大学还基本上属于人治，各种制度设计和制度执行缺乏有效的监督，似乎办什么事都需要托人情、走关系，最后成了"有人好办事，无人办不成事"。这对学者独立从事科学研究、学术进取心打击尤其大。

所以，去行政化的本质就是要回归学术本位，其实质是去掉行政特权，其直接表现就是去官僚化；否则，就不可能去行政化。

四、"纪宝成难题"的提出与求解

当"官越大，学问越大"变成了当今大学运行铁律时，人们就开始对大学作为学术组织的特性表示怀疑，因为人们越来越难以看到学术自身的价值，发现大学人把越来越多的精力用于钻研官场秘籍了。如此大学就越来越不像大学了，而像个以权力为中心的行政机关了。

此时，社会不可避免地要发出一种责难的声音：大学究竟应该是什么？究竟是学府还是官府？大学的根本责任是什么？大学为什么不能向社会提供自己独立的判断？大学还能否称得上社会的良心？……这一系列发问不啻为大学注入了一针清醒剂。

事实上，这一声音已经压抑了许久，只是在"钱学森之问"提出后才找到一个发泄通道，此声音一经发出便在社会上掀起了一股改革浪潮，"去行政化"就是这次改革的标示牌。

在这次"去行政化"浪潮中有一个急先锋，他就是惯以敢言著称的中国人民大学校长纪宝成教授。他在许多场合大声斥责大学的行政化、官僚化现象，赢得了人们的阵阵喝彩（中国人民大学校报，2009）。正当"去行政化"浪潮风起云涌的时候，他突然提出了一个令人百思不得其解的命题：光大学去行政化不行，要去行政化，全社会一块去！

他的陈词不为没有道理：大学要办学，必然要惊动许多衙门，如果大学去掉了行政级别，以后大学校长去办事的话去找谁呀？谁来接待呀？如果没有相应的行政级别，人家就不重视你，那你怎么能够办成事？那大学还办不办了？（纪宝成，2010；舒圣祥，2010）

他的话俨然义正词严，使人们感到确实有道理。所以马上就有人呼应道："你看企业还有级别呢，包括庙里的和尚还有行政级别呢！你如果没有级别了，谁还看得起你！"如中国科技大学已退休的、非常著名的校长朱清时院士在乘飞机时突然感到失去了行政级别后待遇马上下降了一大截。他在参加某市政府的会议时，接待人员出现了不知道该按什么规格接待的尴尬。特别是他大力倡导去行政化，在国内学界拥有很高的威信，而且他也想把他的主张付诸新筹建的南方科技大学的实践中，然而他再次遭遇到行政化的尴尬。①

可以看出，在这个行政化传统积淀深厚的文化中，一旦真的去掉行政级别乌纱后，就会遭遇到许多意想不到的麻烦。从现实的角度看，如果你去掉了自己的行政级别，似乎就是自己轻视自己！

这是纪宝成命题的直接含义。如此一来，去行政化似乎就走向了绝路。试想，哪个社会能够完全不要行政级别啊！没有行政级别与无政府社会有什么区别？进一步说，没有行政级别的话岂不是大同社会了吗？再者，如果没有了行政级别，大家究竟还追求什么？

言下之意，在中国这个以权力为中心的一元社会中，人们的价值规则就是"学而优则仕"，似乎学问再好，没有行政认可也是假的，那么追求官阶也是天经地义的。在这种思维模式下，去行政化当然是不可能的！这就是纪宝成命题推演出的结论。

这个结论就证伪了"去行政化"命题，换言之，去行政化就是个伪命题！这也是纪宝成命题的最终含义。

这个命题一提出，大家顿感信心全失。这样的话，"去行政化"还有没有意义？目前，"去行政化"已经提出，可谓"箭在弦上，不得不发"了，这就成了骑虎之势，如此就构成了独特的"纪宝成难题"。

说到这里，就必须指出，"纪宝成难题"既是真命题，又是假命题。所谓真命题，就在于这是个现实命题，而并非一个理论命题。因为要去行政化，就必须实

---

① 人民日报. 南方科技大学筹办 3 年半仍未获教育部正式批复. [EB/OL]. (2010 – 10 – 20). [2011 – 05 – 18]. http://news.163.com/10/1020/02/6JDI2T6D00014AED.html.

际操作，而不是只说说就算完事的。事实也如此，去行政化也不是只去行政级别，必须考虑在去掉行政级别后该如何管理。这就有一系列的事情需要考虑，特别是需要完善大学内外部立法问题。如果还没有任何立法准备，匆忙间就去掉了行政级别，那可能会使大学进入无序运行状态。因为大学不可能直接由原来的行政权威主导状态自动自发地变为学术自治状态。从这个意义上说，纪宝成命题是个真命题。

但这个命题同时也是个假命题。之所以说它是假命题，是说他所说的情况有可能存在，也有可能不存在，换言之，就是个或然性命题，而非一个必然性命题。或者说，这是个特称命题而非全称命题。一句话，纪宝成设想的处境不一定发生！

我们知道，几乎各个国家都有公办大学，而它们绝大多数是没有设置什么行政级别的，特别是那些发达国家的大学，它们的大学并没有什么行政级别，而且其运转状况良好，这就给我们以启示：为什么这些国家的大学在没有行政级别的情况下会运转良好？

我国确实存在着过分行政化的情况，如企业和庙寺都有行政级别，但它们并非从来就有行政级别的。如果这些部门没有行政级别就不运行了吗？我国也有民办高校，它们多半是没有行政级别的，它们不也是照样办学吗？

对于公办大学，如果校长没有行政级别是否就没人接待了？是否必然就被轻视了？估计这种事情最不可能发生，特别是当大学越来越居于社会中心地位的时候。可以设想，如果政府需要大学的话，必然是有求于校长的，岂敢慢待校长？即使校长没有了副部级或厅局级的身份，政府部门不会不知道该由什么部门或级别来接待现任校长。甚至对于已经卸任的校长，政府部门也不敢怠慢，何况在任校长？

所以，校长是否被重视关键在于他所代表的价值。如果校长代表的就是学术发展趋向的话，政府即使再自我中心主义也不敢小瞧大学校长的。如果校长真的是无德无才之辈的话，政府部门甚至学校内部也会从对他的重视转变为不重视。

对于那些长期感受到行政化拖累的大学而言，如果大学校长没有了行政级别就会直接失去了行政管束，就会更自主，大学校长就会更注意倾听民间的声音、倾听社会内在的声音、倾听大学教授发自内心的声音，这对大学发展而言何尝不是一件幸事？

特别需要指出的是，去行政化的实质就是去官僚化，而不是简单地去掉行政级别的符号。去掉行政级别的符号只是手段，不是目的，目的则是使大学拥有自主的、能动的学术权力，能够自主地决定学术发展取向，能够更直接地反映社会的需要，而不需要行政意志进行过滤和包装。唯有如此，才能促进大学研究真正的问题，创造真正的科学研究成果，才能培养出具备真才实学的人才，而不是把大学变成公文旅行的场所。

五、大学在去行政化之后

必须指出，大学去行政化过程在起步阶段是非常痛苦的，因为这将首先要剥去校长头上那顶耀眼的官阶光环，这可能令一批追逐权力的扈从作鸟兽散，也会使校长失去那种众星捧月般的荣耀，甚至马上就会感受到失落的滋味。但校长却能够得到更多，首先是他能够卸去头顶上的负担，他可以不再以服从为天职了，从而可以较自主地表达自己的思想，从而可以回复其作为学者的本色。这样他的行为将获得学者的广泛认同，将不认为校长是站在与学术相对的立场上发言，那么他此时所感受到的将是更大的尊重，是荣誉而非荣耀。我们认为，在中国，大学校长首先必须是一个真正的学者，这样才能代表学术发言，才能真正领导大学前进。

其次，当他去掉行政官阶之后，他将不再以行政权威发言，而将以他的管理智慧发言，无疑这将促进他提高自己的管理水平，站在一个综合的立场上协调各方利益，成为一个管理主体。此时他可以从各种烦琐的指令中解放出来，不再担心自己的官位受到威胁，从而可以更自主地思考一些学校发展大计，可以更多地关注教授们的需求，真正地做好服务，使自己的工作路线不与学术发展需求相悖逆，还原其作为学术组织管理人的本职工作。

再次，当他可以自主地做出决定时，他就可以更好地实行分级管理，从而使自己从各种烦琐的事务性工作中解放出来，使下属真正发挥他们的作用，避免经常出现越俎代庖现象，进而也可以使自己精力集中于学校工作的运筹上。因为中国大学校长的许多事务都是由于集权和行政化的结果，如果去掉了这些东西，那么人们就安于本分工作了，就会减少许多欲望，同时也就会减少了对上层领导的侵扰。

最后，去掉行政级别束缚后，人们之间的相互关系就会变得轻松许多，就会失去许多利益争斗，就会逐渐还原自己的平民心态，这样使他无论是在台上还是在台下都不会感到有压力，也不会因为位置产生特权意识，也不会因为不在位而产生失落感，这对于实现校内民主和学术自由是异常重要的，特别是对于一个公民社会建设而言是非常必要的。

所以，去行政化之后既不会出现大学校长被轻视的情况，也不是简单地丢掉大学行政级别的事情，而是一个还原大学作为学术组织本色的事情。大学运行的低效率与大学官本位及官僚化都是行政化的结果，行政化一天不遏制，中国大学就一天没有希望。因为不以学术为本的大学根本上就是没有希望的。

第二节　南方科技大学：一次现代大学制度试验
——从朱清时出任南方科技大学校长说起①

一、朱清时出任南方科技大学校长乃众望所归

按理说，朱清时被遴选为南方科技大学校长本应是顺理成章的事情：朱清时的改革气魄与深圳的改革精神及其改革前沿地位都成佳配（深圳商报，2009）。但此事件仍然引起了国内媒体的极大兴趣。究其原因，就在于中国人对一流大学的期盼太热切了，而且朱清时在任中国科技大学校长时的特立独行赢得了国人的尊敬，比如他坚持不扩招（中国青年报，2008），实行原生态迎评，呼吁停止现行大学评估（傅剑锋，等，2008），大学改革要去行政化（易云，2009），并希望成为激发中国大学改革发展活力的鲶鱼等（舒圣祥，2009），这一切都对于传统高教体

---

① 本文原发表在《高校教育管理》2011年第5期，收录在本书时略有修改。

制产生了不小的震动。所以人们寄希望于他能够在新筹建的南方科技大学建设中有一番更大的作为，即真正使一所大学从一开始就能够摆脱传统中国大学的陈规陋习，迈上现代大学的轨道，卓然而立，成为中国人的骄傲，成为世界一流大学。

长期以来，中国人普遍存在一个难以排解的强国梦，希望能够赢得世界的充分尊重，希望能够在人类文明进步事业中发挥出更大的作用。所以，2008年成功地举办奥运会确实让国人体验到一种荣耀，2009年新中国成立60年国庆大阅兵也大长了国威，2010年上海成功举办世博会也在很大程度上提升了国人的自信心。不过，这些主要是经济实力增长的显现，还难以反映出中国人在现代科技发明创造中的作为，所以中国人就积郁出一种"诺贝尔奖"情结。毋庸置疑，我国在经历了三十多年改革开放之后经济获得了持续的高速增长，这一事实告诉世界，中国开始告别贫穷的面貌，尽管从整体上说仍然还不富裕。然而要使中国焕发古老中华的独特神韵，必须在科技文化领域有自己独特的声音。假如中国有世界公认的一流大学，就会极大地提高中国人的民族自豪感。这正是中华民族伟大复兴的祈愿，也是"985工程"建设的动力源。因此，中国人异常需要勇气，需要志气，特别需要一种能力去创造新世纪的神奇。这大概是朱清时被选为南方科技大学的创校校长引起轰动的缘由吧！

但朱清时校长只是被遴选为正在筹建中的南方科技大学校长，南方科技大学尚未正式开张。在南方科技大学规划蓝图中似乎欲与香港科技大学比邻而居，也希望达到香港科技大学般的辉煌。与香港仅仅一河之隔的深圳，早有一种按捺不住的冲动，想验证一下究竟深圳是否可以在拥有创造经济奇迹的同时也具有创造文化教育奇迹的能力。南方科技大学当然定位在世界一流，如果只是定位在中国一流的话似乎就没有建设的必要，中国并不缺少国内一流，这些都是政府力所能及的。或许在国外这样做很难，但在中国还是比较容易的，因为政府具有政治动员、经济支持的强大能力，这正是中央集权体制的优势所在。

当然，深圳所希望的是世界一流大学，而且希望由自己建设起来，从而见证自己的实力，以此作为国际知名城市的表征。事实上，建设大学特区的设想可谓由来已久，当初筹建深圳大学时也有这般雄心壮志，而且也是作为高等教育改革的试验田出现的，比如国内高校人事制度改革就是从深圳大学开始的。尽管深圳大学在近三十年的发展里程中取得了很大进步，但仍然没有成为中国的一流，更遑论成为世界一流了。这个事实当然令深圳并不满意。深圳大学在筹建过程中，充分利用特区的优势，并利用了中央行政和地方行政资源给予的充分支持，特别是利用改革开放初期内地普遍低工资的有利形势发展起来的。今天，深圳大学虽然也在向更高水平迈进，但所面临的困难要比当时大得多，特别是难以处理满足地方需要和向一流方向发展的矛盾。说到底，深圳大学发展的困惑最终仍然卡在传统的体制上。如今国内大学教师的工资待遇普遍有了大幅度提高，深圳的区位收入优势就变小了，从而对高级人才的吸引力也就变小了。而对于大学教师而言，经济收入虽然非常重要，但仍然不是第一位的，更不是唯一的。当收入达到一定程度后，所考虑的是专业发展条件问题，也即是学校的学术氛围问题。深圳这个城市大概缺的就是学术文化氛围，与北京当然无法相比，与沪宁等城市也无法相比。换言之，深圳大学发展的黄金时代已经过去，深圳如果要办一流大学必须寻找新的机遇，必须在经济能力之外寻找支撑，即要建立一个好的制度，寻找一个好的大学掌门人，建立新的大学运行机制，形成现代大学制度。这也是南方科技大学设计时的决心。

二、筹建科技大学能较快地接近世界一流大学

现在深圳不想重复过去深圳大学发展的老路，希望走一条发展的捷径。因为搞综合大学太费时间，特别是人文社会科学很难见成效，不如搞科技大学来得快。因为科技大学一般是搞应用研究的，这样的研究容易出成果，也容易直接为经济发展服务，从而成效就更显著。当然，筹建科技大学的先期投入也大，但对现在的深圳人而言，对究竟需要多大的投入似乎并不太在意，但如果没有一所在国际上叫得响的大学就感到非常遗憾。深圳市政府已经引入了国内一部分一流大学如清华大学、北京大学和哈尔滨工业大学在深圳设立研究院，似乎效果不是特别显著，好像这些研究院毕竟不是自己的，只是领养的而已。深圳希望建立一所自己的名牌大学，如果有了这么一所大学，那深圳的文化品位无形中会提升很多，也

将奠定深圳作为国际著名城市的地位。如果有了这样的大学，深圳的吸引力会大增，尽管深圳现在的吸引力已经很大。由于这些因素，深圳人不能再等了。香港科技大学的快速崛起让深圳人惊羡不已，从香港科技大学的发展历程中他们似乎看到了自己的前途，似乎认为香港人能够办到的，自己也一定能够办到。

但要办一流大学从哪里开始呢？国内许多大学大声哭穷，似乎有了钱就能够办出一流大学。深圳人原来也这么想过，后来发现这个说法有点道理但不是根本。因为深圳大学并不缺钱，教师待遇绝对是国内一流的，一般都比内地教师的待遇高上两至三倍，现在无论哪个方面也没见得对国内其他大学形成多大的竞争力。因而钱看来不是什么最根本的问题。那么，最根本的问题是什么呢？是管理！是办学理念！是现代大学制度！（王洪才，2009）再有钱，不会用也是白搭，只怕会用到邪路上。一旦形成了不良机制，想掉转头可就不那么容易了。鉴于此，办学之初就应该设想好该如何办学，首先是任用什么人来办学，或者说任用什么人办学才可能有希望办出一流大学。看来大学校长的视野或办学理念在某种程度上就已经决定了大学的办学水平。在这一点上，南方科技大学的筹建者似乎认定了。

选择谁来出任未来大学校长呢？是否像香港科技大学一样在全世界遴选？这样自然也是可以的，但并不现实。香港文化教育的环境毕竟与大陆有很大不同，尽管深圳与香港只一河之隔，这一河就分了两个世界。尽管是中国特色的一国两制，但仍然是两个世界，不可同日而语。那边尽可以有靡靡之音和自由之风，这里必须要讲主旋律和安定团结；那边香港社会不断地讲一百年不变，这里讲要突出社会主义特色。如果请一个坚持学术至上理念的洋人做校长并给他讲要坚持社会主义特色，他能够听得懂吗？即使讲给一个在国外接受教育而成长起来的华人听，恐怕他也很难理解，毕竟是橘生淮南而为橘，生于淮北而为枳，如果一个人只知道枳子的味道而给他说橘子如何，恐怕他是很难明白其中的究竟的。所以思来想去，还是土生土长的好，因为他才能真正领会当地风情。这比请一个语言不通的人来做大学校长好多了。

但是如果请一个老土鳖的话也就根本无法实现一流大学的梦想了。所以请一个虽然是土生土长的但也不能太土帽的，怎么也得喝过洋墨水，这样见了洋鬼子后也不会惧他三分。在中国，喝过洋墨水的人多了，多半是中看不中用的，用百姓的话说就是半吊子，论土的不行，论洋的不在行，所以能够土洋结合得非常好的还不容易。毕竟是办大学，跟开工厂还不一样，开工厂很多时候是凭运气，运气好了干什么都赚钱。大学就不一样了，它需要的是声望，南方科技大学不想一开始就默默无闻，想一开始就令人刮目相看。而且这样的人不仅名声好，还要真正办过大学，而且所办大学的声望也相当好，至少很少有诟病的。这样的人至少也在中国国内的一流大学干过。这样挑来拣去，刚刚退去中国科技大学校长职位的朱清时就成了最合适的人选。

三、建设一流大学不仅要选拔合适的校长，更需要制度保障

朱清时任中国科技大学校长是敢说也敢做，不跟风，赢得许多国人的尊敬。大家一致认为大学就应该有所坚持，不能一味跟风，如果到处跟风的话怎么能够成为一流的大学呀？一流，一流，就是领头为首，跟在别人后头，听凭上级指示办事，还怎么能够成为一流？这样，尽管中国退休的大学校长多了，甚至不乏很有活动能力者，当然也具有很高的学术头衔，但却输在了"坚持"这一点上。没有坚持，就证明没有信念，就一定没有办学思想，更不会为了大学而贡献自己的一切。那么任用这样的人来办大学一定是不放心的。只有有自己办学理念的人，才会坚持，才会为实现自己的理念而努力，才能在困难面前不妥协，才有可能达到最终的理想目标。在国内大学一片跟风、不断地哗众取宠的大背景下，朱清时校长卓尔不群的风范就凸显出来了。他的作风也是被中国科技大学师生所一直承认的。大家对一个校长认可度如此之高也是比较少见的。

就这样，一个从副部级官位上退下的国内一流大学校长，现在又开始准备出任未来的地方大学的一流大学校长，如果从官位上讲似乎有点屈就。如果以这种眼光来考虑问题，那当然就不是朱清时了，朱清时也不可能被寄予那么高的希望，问题是他首先就想从传统的官本位上开刀，想使中国大学脱离传统的官僚气息，如果没有这点狠劲，始终想过点官瘾，中国要建设一流大学就没有希望。朱清时校长在中国国内大学校长位子上待得久了，对其中的弊端当然也非常洞悉，他也

只能在体制允许的范围内发挥自己的创造性，推行自己的理念，当然这样的成就是有限的。如果有一个更宽松的环境，是否其抱负就可以更大限度地实现了呢？有这种可能！大概朱清时校长也有过这个念头。

　　当然，深圳市政府也可能这么看，他们看中的首先是朱清时校长的人格魅力，这种人格魅力在于有个性，能够坚持，不趋炎附势，不见风使舵。唯有如此，才可能使新筹建的南方科技大学迅速脱离千校一面的状态，才可能独树一帜，才可能迅速地走向世界一流的方向。如果一开始就摸不着方向，那后面的工作就麻烦大了，甚至不可预期。但深圳市政府究竟能够给朱清时校长多大的办学自主权，这一点倒是值得考虑的。如果是百分之百信任的话，自然就会给百分之百的自主权。换言之，只有一分信任的话也只能给一分的自主权。当然，如果只有一分信任的话，估计深圳市政府也不会聘任朱清时校长来执掌未来南方科技大学的校印。但要说是百分之百的信任，恐怕也不太可能。如果那样的话，恐怕结果也是很糟糕的。反过来也是一样，朱清时校长对深圳市政府对自己的信任有多大信心呢？恐怕也不是百分之百。在这个都不是百分之百信任的情况下，就需要有一个制度约束。其实在中国大学办学中最缺的就是制度，或者说最缺的就是一个良性的制度进行有效制衡。

　　有了一个良性的制度，能够起到相互约束的作用。谁都不敢保证一个人在行为中永远是理性的或从来都没有冲动的时候。对于一个政府而言也是这样，因为政府也不敢保证自己的举措永远都是理性的。但如果有一个良性的制度，就能够使这种冲动降低到最小，或者它能够缓冲关系交恶的情况出现。所以，制度就是一个争端的解决机制，它能够有效地避免个人专制，避免出现权力真空状态，避免一切非预料情况的干预。建立这样的制度，就是大学筹建时必须具有的智慧，缺乏这样的智慧，大学就不可能出现可持续发展的状况。中国容易出现"人在政存，人走政息"的状况。作为一个欲走向世界一流的大学而言，如果没有这个预先的制度设计，它就没有稳定发展的长远之策。中国人在制度设计方面始终具有很大智慧，但制度设计常常是保守的，而不是开放的，因而制度设计常常是限制发展，而不是促进发展的。特别是在制度设计中常常走一元主义路线，即仅仅体现某一方面的利益主张，而没有体现出多元的利益诉求，这样的静态制度设计只会使自己发展的潜力受到限制，而不能充分发掘人的创造性。所以，新的大学制度设计一定要照顾到多方面的利益诉求。如果不能照顾到多方面的利益诉求，这个一流大学就是试图使自己建立在真空中的，因为它不符合大学发展与社会互动的逻辑。

四、新的大学校长选拔制度开启现代大学制度建设的先河

不管怎么说，朱清时出任正在筹建中的南方科技大学已经具有轰动效应。首先这事发生在深圳，这是中国实行改革开放政策最早也是最前沿的一个特区城市，以前所未有的姿态吸引着人们的目光；其次这一事件发生在一个正在筹建中的大学，因此这不是一个现实的大学，而是一个理想的大学，可以让人们对这个即将诞生的新大学产生无限遐思，人们设想它一定不同于传统的美式大学，不同于欧式大学，更不同于内地的其他大学，当然也会与它的蓝本香港科技大学有所不同，正是这些遐想，才激励人们去创造；再次人们期待的是中国特色的大学，这个特色由一个曾经担任中国大陆一流的大学校长开始创建，它必定能够克服传统中国大学的种种恶习与弊端，也不会把洋人大学一股脑地都搬过来，甚至不相信它会远离社会主义大本营的正统，因而这才是中国特色大学模式诞生的种子；再其次人们期待由一个完全接受正统教育的学者来创造世界一流大学模型，从而打破大学只能由西方移植的神话；最后人们还设想，一旦南方科技大学开了头，势必会出现第二个北方科技大学，第三个东方科技大学或第四个西方科技大学，这样中国大学改革就可能走向星星之火可以燎原的态势了。试想，到那时，中国距离世界一流大学的路程还会很遥远吗？

而且从遴选的程序看，南方科技大学已经开创了中国大学之最，因为至今还没有一位中国内地的大学校长是通过猎头公司向世界范围内公开遴选大学校长而任命的（梁钟荣，2009），所以，这一新的大学校长遴选方式的出现，开了中国大学校长任命制度改革风气之先。我们知道，大学校长选拔制度是现代大学制度建设中的关键一环，没有大学校长的创造性主体作用的发挥，任何大学制度实践都

难以成功，特别是难以冲破官本位的藩篱。因此，大学校长选拔制度改革也是在开启中国现代大学制度建设的先河。

五、独立颁发文凭将是大学自治的起步

我们看到了南方科技大学的新举措——颁发自己的文凭！我觉得这是南方科技大学办学探索勇气的体现，说明他们是具有创造性的，这也是突破行政化的一个表现，所以具有创制的意义。我觉得南方科技大学要办得成功，一是要坚持自己的精英定位，如果偏离了这一定位，它就会距离办学目标越来越远。二是要有持续的办学经费的支持，毕竟他们的投入是非常大的，而且他们也不可能指望通过办学来赚钱，如果那样的话，南方科技大学就没有必要存在。三是要严把入口关，无论是学生选择还是师资选择，如果能够坚持质量的话就能够成功。在这里，我倒是支持南方科技大学的研究型大学的定位，从本科起点就应该向学术方向努力，这对于选拔生源机制要求非常高，真的能够发现具有学术潜力的苗子，而且这些苗子表现出了明显的学术兴趣，这也是学术天赋的展现。当它能够坚持自己的定位时，它就不会与一般大学趋同。传统大学无特色，大家是趋同的，南方科技大学能够坚持自己的办学原则还是有希望的。如果社会能够认可他们的办学，就说明一个新的办学模式诞生了。这似乎可以标志中国高等教育开始走出文凭主义阶段，走向实力主义阶段。在我的评价体系中，我把文凭主义阶段看成是符号化办学阶段，后者则是实质化阶段，当然最终仍然是个性化阶段。这是后话，还很遥远，当然也可以部分地实现。一旦南方科技大学这样能够成功，说明大学去行政化是成功的。但是我比较担心的是校长与政府的关系是否形成了一个明确的框架协议，不然就难免走上行政干预学术的老路。也许朱清时在任时不会，但谁能够担保以后的事情呢？所以建立一个大学与政府的框架协议比较能够保证大学长远发展的利益，这当然也是给政府一个交代。换言之，社会不会把最后办学不成功的责任推给政府，而只能归责于大学自身。如果没有这个协议，我则认为大学难免最终落入传统的行政化窠臼。

第三节 从人事制度改革看现代大学制度建设
——重温北大改革①

一、人事制度是现代大学制度建设的敏感地带

在国外，大学校长对教授选择有最终决定权，体现出较高的大学自主（曲铭峰，龚放，2011）。我国大学改革也试图在此方面有重大突破。但由于长期以来封闭的人事体制影响，大学在选择人才方面的权力是非常有限的。可以说，如果大学没有人事方面的自主权，它要办成世界一流的大学是非常困难的。因为很难想象一个没有经过精心挑选的队伍能够冲击世界一流大学的目标。因此，人事权是大学自主权的核心内容，也是现代大学制度建设的一个基本点。

2003 年暑期，北京大学在网上公布了教师聘任制和职务晋升制度改革方案（北大新闻网，2003），该方案一出台即在我国大学界激起了强烈的震荡。对此欢呼者有之，他们认为这是北大迈向世界一流大学的重要一步。抨击者有之，他们认为这不仅会损及北大学生教师的社会地位，而且会危及大学学术自由。但批评的矛头集中指向现在的大学行政体制，认为大学行政过分官僚化是运行效率低下的根本原因，因此改革应从行政体制改革下手，而不应从弱势群体的教师头上开刀。一时间争论非常激烈，但人们期盼的进一步改革方案迟迟未见出台。

二、改革起因：一流大学建设牵动人事改革

正如北大在改革方案的说明中所说，"不进行教师聘用制度改革，北大教师队伍无法达到一流水平，而没有一流的教师队伍，就无法达到一流的学术水平"。因此，教师聘任制和晋升制改革是大势所趋。但如何让改革更为有效则是中国大学界乃至社会各界所格外关心的。因为北大在教师聘任制改革中所述及的问题具有

---

① 本文原发表在《社会观察》2006 年第 9 期，收录在本书时略有改动。

普遍性，而且也是中国大学改革中的敏感神经，正因为如此，《北大教师聘任制和职务晋升制度改革方案》（包括第一稿和第二稿，下文简称"北大改革方案"）一出炉，即在中国的大学界激起了强烈的震荡。有人把北大改革方案称为"休克疗法"，是一颗"重磅炸弹"，正反映出北大改革方案的影响。

学界公认，传统的封闭的大学教师任用制度是我国大学在奔向世界一流大学征程上的一大障碍。许久之前，中国大学就开始尝试进行人事制度改革，如尝试引进企业的优化组合的聘用制、实行教师津贴等级制等，尽管这些改革取得了一定成绩，但总体效力是有限的，因为它属于一种封闭式改革，无法对高校教师总体的不流动局面产生很大触动。而北大这次改革的实质是淘汰落后，正由于淘汰本身的残酷性，因而更容易引起人们恐惧，容易引发许多矛盾。正因为如此，时任中国科技大学校长的朱清时院士由衷地赞叹说："北大真勇敢！"

三、尝试美国大学的"非升即走"原则

在北大改革方案中最具有革命性的部分当然是"非升即走"（up-or-out）原则。该原则是美国大学中非常通行的原则。该原则实质上否定了大学教师职务的传统终身制。北大在这次改革方案中只把终身制授予那些已经获得了教授职位并且仍然在不断进取的教师，这些教师能够保证终身职位的前提是保持所在学科的总体实力位居国内前列。之所以如此规定，是因为北大的地位、国家的投资、社会的期望要求北大的学术成绩必须是一流的，各学科成绩必须位居国内前列，否则就无颜面对江东父老。可以说，确立"非升即走"（up-or-out）原则，目的就是使北大的教授终身制与国外的大学教授终身制（tenure-track）接轨。这当然也是北大走向世界的一个举措。

在北大改革方案中，标志着同传统人事制度决裂的另一个重要侧面是实行停止本校的毕业生留校任教原则。该举动就是要向"近亲繁殖"现象开刀。因为学界有一个共识，即近亲繁殖是学术创造力的大敌，是学术家长制和学霸现象滋生的温床，它直接威胁着学术公正。为抑制近亲繁殖，北大制定了原则上不从本学

院（系）招收毕业生的政策，可以说这是北大繁荣学术、纯洁学术队伍的有力举措，同时也是提高北大教师队伍水平的一个基本方法。有了学术民主，不同见解才可能出现争鸣，只有争鸣才能出现新思想，才能促进学术研究走向深层，而"一言堂"只能导致因循守旧。

实行有限晋升机会制是北大改革方案中的另一个突破点。可以说，有限晋升机会制是"up-or-out"原则的具体操作办法，是北大建立教师流动制的关键之点，因为无限次机会实际上同终身制无异。提出给每个人以两次申请晋升的机会，这不仅能够使每个申请晋升职位的教师对每次机会格外珍视，同样也能够抑制学术中的躁进情绪，使每个人能够比较客观冷静地评价自己的努力程度和贡献，进而审视一下自己在学术界的地位。而无限次机会不仅助长了相互攀比和学术躁进之风，而且也会降低人们对教授职位的预期，从而为那些熬年头、论资排辈和拉关系讲人情等现象洞开了方便之门，同样也使一些碌碌无为的教师对晋升抱有幻想，希望终有一日修成正果。这一切都无疑降低了教授职位的含金量和在人们心目中的形象，当然就损害了学术质量。因此，实行有限晋升机会制度是科学的，是符合现代大学制度设计原理的，是有利于纠正中国高校现在普遍存在的论资排辈之风和人情风的。

四、争议焦点：谁应该成为改革的主体？

在北大改革方案中一个最容易引起争议的问题是：改革从教师队伍开始，而不是从已经臃肿的行政队伍开始。正如方案的设计者所言，教师职务改革对一流大学的建设影响更大、更急迫。但这个说法显然是不确切的。事实上，管理效率低下是当前大学发展中最急迫的问题，但改革行政队伍无疑是捅上了马蜂窝。换言之，从教师队伍改革做起震动会更小一些。但这同样是授人以柄，似乎这是在回避矛盾，不敢触动既得利益集团。因此在北大改革方案的说明中指出，当教师各安其位后，就会进一步转向行政队伍的改革。这个说明的说服力显然是不足的，因为行政改革难度更大，更不可预见。

另一个引起争议的问题是：原来取得正教授的人员自然而然就拥有了终身制

资格，似乎也是在保护既得利益。从改革方案的初衷看是为了稳定一头，同时也是为了保护学术资源和学术精英不至于流失，当然也是充分考虑到人才流动中的实际问题（如年龄与流动关系）后的选择。但此举也不免会遭受反对者的质疑，为此在北大改革方案中还设有一个补充办法，即对获得终身教席的教授实行考核制度，如果连续三年考核不合格，就失去了继续保留在原岗位的资格。这个考核制度可以说是与总体的人才流动精神是一贯的，但是否具有执行效力也是不可预见的。

五、关于"末尾淘汰制"的科学性问题

在北大改革原方案中还有一个颇具特色的制度，即末尾淘汰制。从理论上说，末尾淘汰制实际上是一个集体淘汰制，是对长期工作业绩低于正常水平的单位或学科开刀。因此，该制度具有革命性。同时，该制度又是十分不成熟的。从它的出发点而言，该制度的目的是为了保持北大的整体学术地位位于全国一流水平，而且在单项成绩方面不低于全国前十名。可以设想，如果北大每一学科的成绩都是位居全国前十名，那么北大的整体实力肯定是全国第一的水平。达到这样的水平，离世界一流大学的目标也就不会太远了。从这一点说，北大改革方案是雄心勃勃的，然而却是无法实现的。

第一个问题是，人们无法得知北大现有各学科的状况如何。凭借北大多年的积累，北大已经在国内高校中具有了不可撼动的地位，肯定已经有不少学科在全国是一流的，但如果要使所有的学科都保持在全国前十名几乎是不可能的。这是由大学内部的生态效应所决定的，如果考虑到新学科具有积累期、旧学科有一个老化过程后更是如此。所以一所大学不可能所有学科都是一流的，其中必定有为数不少的学科在前十名之外。对此，学校不可能都实行淘汰政策。

另一个问题涉及学科位次的评价制度，即有没有客观的标准来评价学科的实力和位次。在自然科学中，有国际承认的 SCI 和 EI 学术评定制度，而在人文社会科学领域很难有比较公认的尺度。许多时候，人文社会科学的地位是靠行政认可来进行的。行政认可是一个重要的评价体系，但它终究不是学术评价，

也不能代替学术评价。而进行学术评价必须对学术行业进行规范，必须由学术的职业团体来进行，这些团体必须具有自己独立的功能，而不能隶属于某一机构，这样学术团体行为才可能保持学术尺度。然而进行这种学术构建并不是北大一所学校所能解决的。这意味着，高等教育改革需要一个大环境，需要一个制度的氛围。

必须承认，教授业绩考核制度是一种比较实在的制度。北大改革方案规定了"连续三年考核不合格"之限，即如果连续三年未完成规定教学科研任务者须离开原岗位。这三年时间正好是一个合同期的时间。对于一个学科建设而言，三年时间太短了，而对于个人而言，三年时间转瞬即逝。谁都不想浪费三年时间使已经获得的终身职位飞掉。这自然会激发个体的创造力，当然其中也不乏粗制滥造。一旦考核制度不合理，它就会鼓励急功近利，形成短期的业绩主义。如果产生了这种行为，自然会落入传统俗套，与创一流学科的意愿相距甚远。

如此看来，学术评价不仅涉及学术行业的规范建设，而且也涉及学校内部的考核制度建设。如何在岗位任务设定过程中既不过分注重量的因素考核而且还能注重质的因素考核是一个大的问题。显而易见，注重质的考核使人为性因素影响更大，更难以做到公正。不能做到公正的制度，都是一种慢性自杀行为。

六、如何面对学术权力与行政权力的关系

人们对北大改革最大的担心是学术权力和行政权力的划分问题。潘懋元在《大方向与可行性》一文中指出：现行大学管理体制的最大弊端是行政权力与学术权力失衡（潘懋元，2003）。在评审职称工作中，评审条例和评审权力都是由行政部门确定的，评审委员会上面还有由党委书记、校长、人事处长等组成的评审领导小组。学术委员会通过的事情，行政部门不一定批准，而学术委员会没通过的，却可以经过行政特批，等等。

人们相信北大改革已经考虑到学术权力的独立化问题。学术权力独立化就是对学术基本权利的尊重，包括学术观点的自由发表，同行观点受到尊重，

学术集体意见被采纳。这是一个基本的学术秩序，可以说是保持学术活力的基本机制。必须指出，学术权力独立化并非指学术权力不受制约，它要接受监督，它必须遵守章程，必须保持行为在程序上的合法。如果程序上合法就是行政权力认可的充分条件，那么在此基本条件保证后，学术活动就具有了自决权。

目前改革方案只涉及学术人员，而行政人员的改革方案还没有揭开。正因为这样，就无法判断行政权力和学术权力之间的关系。可以想象，在行政权力日益扩大化的情况下，行政人事改革方案的出台较教师人事改革方案的出台要难得多。而且行政人事改革方案的出台更涉及一个根本问题：学术本位还是行政本位？如何处理学术权力与行政权力关系？这些问题不是一个纯学术问题，比单纯的教师晋升和聘任制度改革要复杂得多。

七、结语

无疑，北大改革方案已经在学术革新方面举起了一面旗帜：向没有流动的教师制度开刀，向"近亲繁殖"开刀。这理所当然地得到社会普遍关注和学术界的响应，并在大学中产生震荡。然而学术系统没有健全的评价体制给改革方案的推进增加了难度。需要指出的是，北大这次改革最终能否成功，在很大程度上还取决于"大环境"，即大的人才流动环境。目前，国内人才流动的成本仍然很高，无论是单位还是个人，都还无法接受过高的人才流动成本，这使得人才流动只能是局部的，而不可能一下大面积推开。因此，我们没有理由要求北大对改革方案百分之百地执行，它只要执行了其中的部分就是一个成功。只有有了起步，才可能有所进展。同样，我们也无法对北大的改革方案给出过高的预期。北大改革方案为我国高校新一轮人事制度改革拉开了序幕，它肯定会在大学中间引起连锁反应。但人事制度变革是所有变革中最核心的也是最复杂、最困难的变革，因此改革风险是非常大的。毕竟北大的地位和条件在国内是独一无二的，相信它会在全国高校人事制度改革方面作出表率。而且我们也相信，人事制度改革的成功是现代大学制度建设迈出重要一步的标志。

第四节　现代大学制度：艰难的博弈[①]

一、建设现代大学制度是一场革命

《国家中长期教育改革和发展规划纲要（2010—2020 年)》提出了建设现代大学制度的这一重大命题，这无疑是中国高等教育改革的一项重大举措，因为这意味着大学将面临一次制度的革命。

但这场革命从何而始呢？这场革命首先是从大学与政府的关系调整开始。传统上大学是政府的隶属物，缺乏应有的办学自主权，在具体办学中不能按照人才成长的规律来进行人才规格的设计和课程设计及教学计划安排，一切行动都需要听从政府的指令，在这一过程中大学已经不知道自己是否仍为办学的主体，因为政府扮演着直接的办学者的责任。事实上，目前大学的一切行动几乎都来自教育部的最高指令，大学在管理自己的事务方面很少有自己的创造性，这就形成了大学"千人一面"的现象。

要建立现代大学制度无疑要改变这种简单的命令执行关系，需要建立一种新的关系，这种新的关系要求大学与政府之间建立一个中介组织，缓冲政府对大学的直接指挥，从而给大学自主性发挥提供空间。没有这一缓冲机构，大学当然仍然会按照习惯听命于上级指挥，而且政府也不会对大学的领导方式进行创新。

二、建立中介组织是改变传统体制的枢纽

要建立一个具有高度公信力的专业的中介组织是对中国传统的高等教育管理体制的一大挑战。传统的高等教育管理体制习惯于直接的垂直式的领导，大学也习惯于听从上级分配下来的任务，至于这些任务对大学发展究竟有无作用并不需要大学担心。在大学承担任务的同时，上级部门也会分配给相应的经费，一般而言，大学对办学经费也不怎么发愁。所以，大学安于现状也没有多大的

[①]　本文原发表在《厦门大学报》2010 年 10 月 22 日第 4 版，收录在本书时有改动。

责任可以追究。如果大学能够创收赢利的话则对大学内部而言自然是一件好事，如果无法创收赢利的话大学内部虽然有抱怨但谁也不必承担什么责任。大学的一切行动几乎都是上级计划安排决定的，所以也不必担心计划是否得当的问题。

　　一旦让大学自主决定自己的行为，则会面临一个发展分析取舍的问题，这就需要大学进行独立判断，那么大学所面临的压力将是空前的，因为大学要为自己的行为负责。在传统的体制下，责任的承担人是政府，政府具有各种权威的地位，能够应对来自各方面的质疑。一旦让大学自己来承担责任，则要求大学的一切行为应该是深思熟虑的，这意味着大学决策需要科学化、民主化和专业化。所以，大学办学自主权确立后，真正面临挑战的是大学，而非政府。

　　当引入专业的中介组织进行大学办学水平评估的话，大学就很难获得传统体制的庇护。专业的中介组织将直接对大学的运行状况作出判断，一旦以它的评估依据作为经费分配的依据，就不可能采取传统的平均主义的分配模式，而效率模式必然是一个首选，不然专业组织建设的价值就难以体现出来。这就要求大学必须有一个合适定位，因为不同的定位所采用的评价标准是不一样的，显然定位越高其评价标准应该是越严苛的，这样大学是否愿意像现在这般一窝蜂地走"就高不就低"的发展路线就难于确定了。

　　过去，对大学的业绩也曾采纳一定意义上的专业判断，但这种专业判断并非是站在一个严格的科学的客观立场上进行的，常常出现委托人和评估人及评估对象之间的交易行为，在这样的交易过程中，真实的办学水平被掩盖了，所评价的对象基本是虚拟的或炮制的，所以评价就失去了有效性，这也是传统评价多饱受诟病的原因。一旦由独立的中介组织从事评价，则很难存在这种交易行为，否则就会受到政府作为监管人和大学作为直接的利益相关人双方面的猛烈攻击。显然，此时由于政府的地位更超脱，所以更能够把握质量关。目前，政府作为直接的办学者，它不可能非常客观地评价自己，那么作为政府工具的评价机构也不可能有自己独立的评价标准，而且它也不必为评价结果负责。

三、中介组织需要专业性和中立性

现在面临的最大困难是如何建立这样的中介组织，因为要建立一个中介组织首先要确定它究竟应该是专门的还是业余的，或是受哪一方雇用的。如果它被设定为一个专门的组织，必然要配备充足的专业人员，这些人员的开支则构成了一个问题。如果它是受托于政府，那就需要与政府签订明确的责任状，这个责任状使评价组织只对评价本身的公正性和有效性负责，而对评价结果不负责。评价组织必须保证自己的行为是中立的，所采取的评价指标体系是专业的、权威的，以此来保证评价本身的有效性。这就要求它必须有严格的规范性，而不能是随机性的。

目前，美国采用认证组织来进行评价，政府对认证组织采取认可制度。由于美国采取最低质量标准，所以不容易发生舞弊案件。而且评价结果与拨款之间没有关联，所以它还没有触及大学的重大核心利益。这也是美国大学的认证组织能够长期良好运转的前提条件。而英国则将质量评价与经费分配密切挂钩，这容易引起大学的紧张。对于质量评价指标而言也难以达成一致意见，如果所采用的指标过分客观的话，则会使人文科学项目受到影响。如果采取主观指标的话，则评价的公正性就难以保证。但不管怎样，英国的评价制度已经开始运转，尽管受到一些质疑，但是反对的声音似乎并不怎么强烈。目前，英国的大学质量保证局（QAA）的作用基本上得到了发挥，它显然是独立于政府的，也是独立于高校的，其可信性比较强。

四、我国大学制度面临两种选择

未来中国大学管理组织是走英国式的道路还是走美国式的道路显然是不明朗的。一般来说，对于公办大学而言，似乎采取英国模式更方便些；而对于民办大学而言，似乎采取美国模式更妥当些。这双重的组织之间可以存在一个相互竞争关系，但很难说它们可以直接搬用过来。如果采用英国模式，行业的自律性是一个关键问题。如果采纳美国模式，其经费独立性是一个很大的考量。是否通过会员交纳费用制来解决则是一个很大的疑问。这说明，未来中国大学改革要走的路还很长，而且建立现代大学制度也不是朝夕之间可以完成的。我们许下了十年的时间，这十年之间能够完成这一工程吗？我们需要拭目以待。

我们知道，建立现代大学制度最难办的事情是如何管住政府这只"闲不住的手"对大学进行直接调控，而大学一旦失去直接的命令指导后能否独立地走自己的路，这同样也是最需要考量的。或许真正问题的解决依赖于具有创造力的校长的出现。

第六章
中国大学模式特征与启示

第一节　论中国文化与中国大学模式
——对露丝·海霍 "中国大学模式" 命题的文化逻辑解析[①]

一、关于露丝·海霍教授 "中国大学模式" 命题隐含的难题

露丝·海霍教授提出了一个令中国学者精神为之一振的 "中国大学模式" 命题[②]，该命题的中心含义就是：中国大学的成功有赖于建立一个独特的中国大学模式，中国大学模式的独特性是由中国文化的特殊性所决定的；中国大学模式是在借鉴西方大学模式之后形成的，中国大学模式的形成过程是一个中西文化对话过程；中国大学模式不是对西方大学模式的替代，而是对西方大学模式的补充（王洪才，2010b）。该命题的独特意义就在于告诉中国学者：西方大学模式特别是美国大学模式不是唯一的，决不可神话，它们产生于西方文化，有自己的局限，决

---

①　本文原为参加 2011 年在江苏大学举办的 "大学经营" 国际论坛提交的论文并作大会发言，后发表在《华中师范大学学报》（哲社版）2012 年第 1 期，被《新华文摘》2012 年第 7 期全文转载，同时被《高等学校文科学报》文摘 2012 年第 2 期转载，收录在本书时略有改动。

②　中国学术界也曾提出过类似命题如 "中国特色社会主义大学模式" 等，但多是从 "中国特色社会主义" 概念中推演出来，缺乏实质内涵。海霍教授提出的命题具有实质性内涵。

不可到处套用，各国尚需要根据自己的国情、文化背景创造自己的大学模式。同时也告诉中国学者，中国有非常悠久、灿烂的民族文化，形成了自己的文化传统，这正是具有活力的中国大学模式生长的基础，抛开这一文化基础，就很难创造出具有自己特色的大学模式。此外还告诫中国学者，建设中国大学模式绝不是搞中国中心论，而是代表多元文化中的一元。海霍教授认为，中国大学模式的建设，必须走中西文化对话之路。只有在对话基础上产生的中国大学模式才具有生命力。这实际上在告诉我们，大学模式的形成，必须走开放路线，不能自我封闭起来，那样不仅不能实现对西方大学模式的超越，甚至根本无法达到西方大学的发达程度。为此，她对中国大学充满期待，对中国的大学校长充满期待，对中国学者充满期待。而且她也从中国高等教育大众化快速推进的步伐中、从中国政府建设"985"大学的魄力中、从中国民办大学发展的勃勃生机中、从中国大学在世界各地建立孔子学院的过程中看到了中国大学模式命题已经进入了实践操作阶段，此刻她不无善意地提醒我们要善于从中华文化传统中汲取智慧，并特别提到了中国古代书院所蕴含的中华文化精神。所有这一切都使我们体会到一个国际友人、著名比较高等教育学者所表达的良苦用心。

　　露丝·海霍教授的提示，不能不使我们有所警醒。在当下浮躁的社会风气中，学术界的功利主义思潮也甚嚣尘上，现在的大学行为几乎一切都围绕着排名转，大学排行榜不仅束缚了大学校长的视野，也深深地影响了学者的思维方式。在量化管理的压迫下，学者研究一切都以近期目标的实现为转移，很少去思考关乎国计民生的大课题，也很少为国家民族的发展前途进行设计，当然也很少有人去思考中国大学模式究竟是何意谓。因为在我们的思维模式中，一切以模仿西方特别是美国最具有感召力。所以，"言必称美国"已经成为一种流行的思维方式，甚至成为一种思维定式，并且在"与国际接轨"的声浪中我们已经失去了自我而不自觉，似乎真的不知道民族文化中还有哪些优秀的特长值得继承，似乎一切学术研究都不如 SCI 有说服力。可以说，以 SCI 为导向的学术排名已经成为当前大学的流行病，几乎没有大学能够超脱于这个排名之外。如此，为了排名或评估而不是为了真理发现已经成为当下学术的典型特征。如此，学术风格不仅不能缩短与世界一流大学的距离，相反，与建立世界一流大学的目标会越来越远。因为在这个排名背后，我们失去了自信，剩下的只有模仿，我们自动地走向了学术依附道路。试想，没有学术独立标准，如何能够创办一流大学？这也是"钱学森之问"造成的国人之痛继续加深的一个根本性原因。走学术独立的道路，就需要从建立中国大学模式出发，这正是露丝·海霍教授的"中国大学模式"命题所给予我们的重要启示。

但是，作为一个学术命题，我们必须探索该命题的具体内涵，特别是从中发现其对我们行动的指示内涵。在此，我们不得不说，露丝·海霍教授的"中国大学模式"命题的内涵尚有许多不清晰之处。正是这些不清晰之处，影响了人们对该命题的接受程度。

在露丝·海霍教授的"中国大学模式"命题中，第一个不清晰之处就是人们不知道它有无一个理想的模型，换言之，什么是实现中国大学模式的载体呢？是某个大学，还是某一类大学，或是全体中国大学？根据逻辑推论，似乎最优秀的大学应该最能够体现中国大学水平，因为这些大学与世界一流大学最为接近，它们理所应当成为实践中国大学模式的首位载体。但从现实看，虽然这些大学享有诸多优惠与特权，也更有资格去承担建设中国大学模式的重任，但在事实上，人们对这些大学的发展前景并不看好，因为人们发现这些大学只是在各种资源方面享有特权，占有优势，而未发现其在办学机制、办学理念方面有多少创造之处，特别是没有发现它们在健康的学术风气引领上发挥多大的作用。

当下，办学机制最活跃的仍然数民办大学，这些大学在市场的压力下充分地发挥了自己的创造性。然而民办大学也有自己的弊端，例如其管理机制不透明，影响了其社会信任度的建立，它们多数都还没有冲破家族办学的狭隘视野，在管理方式上仍然是采取短期目标制，缺乏一个长远的发展规划，这就限制了其发展潜力。另一个可怕的现象是，许多民办大学正在与公办大学趋同，正在失去其初创时期的办学特色。如果没有办学特色，一窝蜂走向升格道路的话，其原来的竞争优势也将丧失。

另一个颇引人瞩目的办学方式就是中外合作办学形式，这些大学在引进西方大学模式后，在与传统中国大学办学竞争中具有相当大的优势。显然，这些大学引进了西方大学的一些理念，包括西方大学的课程设置方式和教学管理方式等。不过，这些大学的主体是一种教学型大学，而没有从事科学研究。换言之，这些新的大学只是复制了西方大学模式。虽然它们根据本土要求进行了一些变化，但实质上本体仍然是西方的。从办学目的看，这些大学主要是为了满足人们对国外高水平大学教育的渴望而设置，并没有创造一种中西结合的大学模式的愿望。

孔子学院引起了国际学者的高度关注，而且被誉为中国大学模式崛起的象征。但实事求是地说，目前孔子学院还无法担当建设中国大学模式的使命。我们不怀疑孔子学院在传播中华文化方面的价值，在办学方式上也确实是一种创新，因为这是一种主动适应异域文化的办学模式，与在国内办学完全听从政府命令的办学方式截然不同。但无法否认，孔子学院的主体职能是从事语言培训，还没有达到发展学术的程度，也无法反映中国大学的学术进展。只有孔子学院在办学定位上从一般的语言文化传播转移到发展学术文化后，才可以说中国大学模式开始生长，因为到那时中国大学模式是靠学术竞争力生存，开始有别于其他国家的大学模式，特别是异于所在地的大学模式，能够提供一种普遍的学问并适用于当地社会经济文化发展要求。唯有此时，中国大学模式的生命力和竞争力才表达出来。显然，孔子学院距离这一目标还非常遥远。

第二个不清晰之处在于露丝·海霍教授所指的中华传统文化究竟是何意谓，也不知道中华传统文化怎样才能变成一种大学精神。换言之，我们不清楚当今中国大学与中华传统文化的结合点在什么地方。事实上，对中华传统文化认定非常之难。无人否认，中华传统文化中有许多优秀的东西，比如"天人合一"思想、"君子和而不同"思想、中庸思想、大同社会理想等；但也有许多糟粕处，比如三纲五常伦理道德，读书做官思想（即"学而优则仕"），鄙视生产劳动思想等；此外，还有许多是无法简单归类的，如果要对这些思想进行一一鉴定就异常困难，几乎是不可能的。

关于中华文化的阐释历来存在争议，因为大家对何者能够代表中华文化颇有争议。人们比较习惯于儒家正统说，理由是自汉朝以来，儒家学说一直是统治哲学，而且是科举取士的学习内容。但不少人认为中华文化之根是道家文化，理由是道家文化更具有形而上的品质。更有不少学者认为中华传统文化实质上是"儒外法内"，并认为这是历代统治者的一贯手法。人们一般都承认不存在一个纯粹的中华文化，认为中华文化中吸收了许多外邦文化的元素，如宋明理学就直接受到了佛教文化的影响；鸦片战争之后受西方文化影响尤甚，并产生了中体西用的思想；五四运动之后，作为西方文化代表之一的马克思主义思想在中国的影响日渐成为主导，并在新中国成立后成为主流文化。所以，到今天为止，我们几乎无法确认哪些是纯粹的传统文化，哪些是改造后的传统文化。这一说不清，成为露丝·海霍教授命题的一个悬案。如果不能解答这个问题，进一步追问就毫无意义了。

二、露丝·海霍教授"中国大学模式"命题的文化逻辑

关于"中国大学模式"命题本身的质疑，促使我们进一步思考"中国大学模式"命题所遵循的逻辑。我们不得不说，露丝·海霍教授提出的"中国大学模式"命题所遵循的是一种文化决定论逻辑。换言之，海霍教授认为决定一个大学模式成立的最终因素是文化。但文化因素究竟是一个前提因素，还是一个剩余因素呢？

如果文化是一个前提因素的话，那我们就可以确定，如果没有独特的文化就不可能创造出一种有自己特色的大学模式。如果是一个剩余因素的话，则是指大学模式成立需要诸多的条件，而且这些条件都是清晰可见的，但这些因素仍然不能彻底地解释大学模式成立的原因，此时文化就作为最后一个可能的因素出现。按照海霍教授的逻辑推论，我们发现，文化不仅是一个前提因素，而且也是一个剩余因素。根据学者的普遍意见，中华文化具有独立存在的品质，延续五千年的文明可以证明这一点。这为中国大学模式建立提供了可能。然而，当提到最终决定因素时，则面临着上述"中华传统文化的无法认证"的难题。

文化决定论者认为，文化是社会发展最终起决定作用的力量，文化的核心力量则是价值观。所以，不同文化就有不同的价值观。文化多元主义认为，不同价

值观不必然是冲突的，也可以是互补的，不同的价值观对维护世界文化的多样性而言是必需的。显然，文化多元主义反对西方中心主义的文化观，因为西方中心主义把西方文化奉为最优的，而其他文化则是劣等的，从而成为进行文化侵略的借口，甚至不惜发动武力征服。文化多元主义认为西方中心论谬误在于它是一种直线式的发展观，没有认识到世界发展的多极性，没有认识到不同文化各有优长。所以，文化多元主义主张多元文化进行对话，认为单一文化或封闭的文化并不利于文化发展。海霍教授作为一个在西方文化背景下成长起来的学者，很早就接触到中华文化，对中华文化非常钟爱，因此对传统的西方中心主义文化观持怀疑态度甚至是否定态度，故而她在大学模式问题上坚持多文明中心说，即认为各种文明都有自己的优势，都具有独特价值，应该展开对话，并在对话过程中发扬光大。与多元文明观相适应，她主张举办的大学也应该有多个模式，不同大学模式产生于不同的文化而各有其局限性，所以不同文化应建立不同的大学模式并展开对话。故而她主张各个大学模式之间不是封闭的，而是开放的、对话的，从而是相互促进的，如此就能够弥补某一模式的弊端。①

　　显然，露丝·海霍教授关于多元大学模式的这一判断是有根据的。我们知道，在美国大学模式之前有德国大学模式，在德国大学模式之前有英国大学模式，如果再往前追溯则可以追溯到早期的波隆尼亚大学模式和巴黎大学模式。② 这说明，大学模式不是唯一的，而是随着历史发展而变化的。但我们发现，各大学模式之间不是并行的关系，而是一种替代性的关系，即随着一个新的大学模式的兴起，传统的大学模式逐渐呈衰落趋势。如最早出现的波隆尼亚大学模式是一种"学生大学"模式，后来逐渐被新兴起的巴黎大学模式所替代，巴黎大学模式则是"教师大学"模式。在巴黎大学模式之后出现了牛津—剑桥大学模式，形成了古典大

---

　　① 对于美国大学模式的弊端，露丝·海霍教授没有明确指出，但我们认为美国大学模式的最大弊端是它容忍低劣的教育存在。另外，美国大学受市场机制影响太大也是其缺陷。

　　② 露丝·海霍教授没有说明经济与文化的伴生现象，我们认为，往往是经济发达地区才产生文化繁荣，也才有学术产生。无论是巴黎大学模式还是波隆尼亚大学模式，它们当时都是经济中心、文化中心。英国大学模式与英国领先的经济地位有关。德国大学模式也是与经济崛起有直接关系。后来的美国大学发展也与美国的经济霸主地位获得有直接的关系。

学模式。① 随着法国大革命的爆发，出现了法国大学模式，这个大学模式颠覆了传统大学模式，建立了完全不同于传统的大学校模式，而且大学也成为一种管理体制的名称，而非传统的大学的含义。② 直到今天，法国的大学区制度仍然受此体制影响。直到洪堡出任德国教育部长后，根据新的办学原则建立柏林大学，德国大学模式才开始出现。③ 而美国大学模式则是在结合了从殖民地时期遗留下来的英国大学模式和新近引入的德国大学模式之后再加上自己的实践经验，才创造出具有自己特色的大学模式。④ 无疑，在今天，美国大学模式是国际上主导性的大学模式，这也是国人"言必称美国"的主要原因。

根据上述大学模式相互替代的逻辑，建设中国大学模式就意味着要中国创造出一个超越美国大学模式的大学模式，否则就无法得到世界确认。那么，中国大学模式如何超越美国大学模式？或者说中华文化如何产生这种创造力？这是露丝·海霍教授面临的第三个难题。

而且，中国大学模式如果要超越美国大学模式，必定要具有美国大学模式的内在优势，同时还要具有美国大学模式所不具备的优势，这意味着中国大学模式在本质上仍然优于美国大学模式，否则就无法实现超越，那样中国大学模式也只是美国大学模式的变种而已。可见，无论是哪种情况，都似乎难以克服新的中心形成。换言之，一旦中国大学模式形成，必然形成对美国大学模式的替代，否则中国大学模式就没有实质意义。

这显然是露丝·海霍教授的多元文化逻辑面临的另一个难题。

关于露丝·海霍教授的"中国大学模式"命题尚有许多其他难题，其中最为

---

① 英国古典大学模式的特征是追求绅士教育，实行学院制、住宿制、导师制，大学以教学为中心，教学内容采用古典课程，把培养高雅的绅士风度作为办学目标追求。

② 法国大学模式的典型特征是建立了"大学校"这种专科性的高等教育机构，并实行高度的中央集权管理体制，大学教授由国家任命，大学内部实行自治。

③ 洪堡提出的新的办学原则即"教学自由"原则和"教学、研究相统一"原则。德国大学模式的特征是确立纯知识追求作为大学办学目标，哲学作为各学科之首，倡导研究性教学，大学由国家举办，教授享有学术自主权，大学实行自治。

④ 美国大学模式的特征是以社会服务精神为导向，改造英国大学模式的绅士教育为通识教育，改造德国大学模式对纯学术追求为研究生院教育，形成了一种多元办学模式特征。

突出的是建设"中国大学模式"除中华文化外还需要具备哪些条件和认定"中国大学模式"成立的标准。过去，我们在与西方一流大学进行比较时，往往习惯于用物质条件标准进行比较，这也是我国集中投资一批大学的主要理由。现在人们渐渐地倾向于认为经费不是最主要的差距，认为办学机制的差别特别是办学观念的差别才是根本性的差别。为此，大学进行了一系列改革，如教授聘任制、弹性学制、选修课程制等，但发现这些制度并没有预想得那么神奇，并没有从整体上改变中国大学的面貌，甚至还引发了一系列副作用，如教学与科研分离和对立情况尤其严重，弹性学制几乎成了摆设，课程选修制制造了一系列的低水平课程等。在大学办学理念上，呼唤了多年的学术为本、教授治学思想不但没有实现，反而大学行政化倾向有愈演愈烈之势。这一切都让中国学者不知道中国大学究竟该走向何处，从而也对露丝·海霍教授的"中国大学模式"预言产生怀疑。人们不禁要追问中国大学究竟缺什么？中国大学如何才能创造出真正的自己的风格？中国大学距离这一时刻究竟有多远？

我们不得不承认，中国大学状况距离建立中国特色的大学模式要求还很遥远。一个直接的现实是，中国各大学都没有自己的准确定位，都是以攀比作为办学方向；普遍缺乏自己的办学理念，不知道真正的学术意味着什么；大学校长并不知道自己的职责，他们都还是以服从上级命令作为大学办学的宗旨，并没有服务于学术发展的目标；大学教授不是学校治理的主体，而是治理的对象；学生虽然有了更多的表达权，但无法代表学术发展的主流。这一切都使人感到：中国大学还缺乏一种内在的精神，还没有成为一种独立的办学实体。

那么，中国大学最缺乏的精神是什么？一种大学精神？一种为真理而存在或为知识而知识的精神？如果真的如此的话，那中国文化中存在这种东西吗？

三、关于中国大学模式的中国文化突破点问题

我们认为，中国大学所缺乏的正是一种为知识而知识的对真理探求的精神，它正是学术独立存在的依据，离开了这种追求，真正的大学就不存在了。

中华文化充满了对至善的追求，追求至善就是中华文化对真理追求的表达。

儒家经典《大学》开宗明义就讲"大学之道在明明德，在亲民，在止于至善"，然后紧接着就提出了自己的一套追求真理的法门，即"格物""致知""诚意""正心""修身""齐家""治国""平天下"。可以说，中华文化基本上是以儒道为宗的，之后衍生出许多文化支脉。这些文化思想经过不断阐释、不断改造，最终形成了复杂的中华文化体系。所以，我们认为，露丝·海霍教授遇到的最大难题还不是前面的文化主义逻辑矛盾，而是关于中华传统文化精粹的认定。中华文化可谓浩瀚无垠，要想提炼出中华文化的要点可谓仁者见仁智者见智，莫衷一是。所以，要在此处获得突破，就是最大的难处。

中华文化确实具有一些公认的特征，如：（1）主张人与自然和谐，反对人与自然对立。此即"天人合一"思想的来源①。（2）主张中庸之道②，反对走极端路线，所谓"过犹不及"③。孔子的思想方法就是"叩其两端而求之"④。（3）主张"和而不同"，反对"同而不和"，前者为"君子"品性，后者是"小人"品性。⑤中华文化中的"和为贵"思想也与这种做人品格之间具有直接的联系。⑥（4）主张小处着手、大处着眼，所谓"修身、齐家、治国、平天下"。⑦强调"达则兼济天下，穷则独善其身"。⑧（5）崇尚"天下大同"，提倡"人不独亲其亲"⑨，形成一个大爱社会。（6）坚持务实主义，对于无法证明的东西采取存而不论的态度，

---

① "人法地，地法天，天法道，道法自然。"（《道德经第二十五章》）"诚者天之道也，诚之者，人之道也。"（《礼记·中庸》）汉儒董仲舒则明确提出："天人之际，合而为一。"（《春秋繁露·深察名号》）成为二千年来儒家思想的一个重要观点。

② 子程子曰，"不偏之谓中，不易之谓庸。"中者，天下之正道。庸者，天下之正理。"喜、怒、哀、乐未发，谓之中。发而中节，谓之和。中也者，天下之大本也。和也者，天下之达道也。致中和，天地位焉，万物育焉。"（《礼记·中庸》）

③ 《论语·先进》

④ 《论语·子罕》

⑤ 《论语·子路第十三》

⑥ 《论语·学而》："礼之用，和为贵。先王之道斯为美。小大由之，有所不行。知和而和，不以礼节之，亦不可行也。"

⑦ 《礼记·大学》

⑧ 《孟子·尽心上》

⑨ 《礼记·礼运》

即"子不语怪力乱神"①，所谓"敬鬼神而远之"②。（7）主张"博学之""审问之""慎思之""明辨之""笃行之"③，强调学思结合，经世致用，反对夸夸其谈，纸上谈兵，认为"坐而论道不如起而行"。（8）思维中带有神秘主义、直觉主义特点，最典型的就是道家的"名可名，非常名""道可道，非常道"思想。④（9）在思想中具有辩证思维特征，强调"福兮祸所伏，祸兮福所倚"⑤，认为一切都具有变化的可能，所谓"有无之相生也，难易之相成也，长短之相形也，高下之相盈也，音声之相和也，先后之相随，恒也"⑥。（10）具有形象思维特征，如"上善若水"。⑦ 中国书法、武术等传统文化无不与此相关。

与西方文化相比，中华文化展现出许多不同特点。如从思维方式上说，西方是理性主义占主导的文化，中国则是直觉主义占主导的文化；从行为模式上讲，西方是典型的扩张性文化，中国则是典型的包容性、内涵性文化；从价值观上讲，西方文化注重对外在世界的征服，中华文化则注重内在世界的和谐。这种本质性的区别是无法调和的，如果调和则失去了各自的特性。但两者却具有互补性，即如果一方吸收另一方的优点则会弥补自己的不足。这就表明中国不应该舍弃自身的优势而完全运用西方的模式来设计自己的路线，应该返回到自身，发挥自己的长处，吸收西方文化的优长来弥补自身的短处。这种互补性的存在，也是激发露丝·海霍教授提出"中国大学模式"命题的重要灵感源头。

但这种互补说却面临一个明显的困难：在一个经济全球化的时代，西方文化所产生的技术中心主义显然是独占鳌头，而强调人格修养的中华文化则明显处于弱势，这也是中华传统社会最终为西方社会的坚船利炮所击败的原因。

此外，中华文化在知识发展上的弱势也非常明显。如中华文化讲究中庸之道，

---

① 《论语·述而》
② 《论语·雍也》
③ 《礼记·中庸之十九章》
④ 《道德经·第一章》
⑤ 《道德经·第五十八章》
⑥ 《道德经·第二章》
⑦ 《道德经·第八章》

做事情不偏不倚，所谓过犹不及。这种辩证的思想也许就是中华文化的灵魂。但它同时也是中华文化缺乏形而上追求的根源，也是鄙视形而下学的原因。正因如此，中华文化中缺乏一种彻底探索的精神，因而逻辑学不发达，理论学科不发展，学术很难脱去经验特征。由于对形而下学的不屑，致使技术学科不发达。当下，人们深感这种文化传统对学术发展的束缚，呼吁学问要"上天、入地"，但受功利主义"读书做官论"思想的影响，要获得突破困难重重。

特别需要指出的是，传统中华文化中的直觉主义思维风格与知识本身所追求的精确性、客观性、可验证性是相悖的。西方大学非常注重理论思辨和实践验证，而中华传统文化对辩论尤其不屑，如孔夫子认为"巧言令色鲜矣仁"①，主张"君子讷于言而敏于行"②。老子则提出"善者不辩，辩者不善"的观点③。虽然中国历史上出现过春秋战国的"百家争鸣"和南宋时期的"鹅湖会"和书院的讲会制度，但文化总体态势并未改观。

面对这些林林总总的中华文化特点，我们究竟应该汲取哪一点为今日中国大学模式建设所用呢？

四、关于大学模式成立的基本条件

我们不否认建立中国大学模式的必要性，因为中国要建设一流大学就必须有自己的大学模式，不然那是不可能成功的。那么，一个独特的大学模式成立的标准是什么？

我们认为，一个独特的大学模式必须具有三个基本条件：（1）具有自己关于大学的核心理念，而且这个理念是具有独创性的，即必须是在反思批判过去的或传统大学理念基础上产生的；（2）有基础的大学模型，即这个理念具有实践载体，已经有一部分大学在实践施行；（3）这个大学模型能够被证明是普遍有效的，即能够解决实际问题的，也即有主张、有模型、有实际效果，这就构成了推动和推

---

① 《论语·学而》
② 《论语·里仁》
③ 《道德经·第八十一章》

广的条件，三者缺一不可。

如前所述，中国大学尚没有形成自己的核心理念，这是最大的问题所在。我们至今不能确认大学的真正精神是什么。因为中国大学一般不去追求纯知识，甚至不相信知识具有独立价值，这在很大程度是受传统中华文化的实用主义品格影响的结果。从古代的"学而优则仕"到今天的官本位思想严重，都可以看出知识价值的依附性存在。大学如果不追求纯知识，就意味着知识缺乏自我规定，学术缺乏自治能力，学术行为好坏只能依靠外部来评价。

我们认为，大学存在的前提就是首先要承认知识独立的价值，否则知识只作为工具而存在，这也是当前大学行政化趋势愈演愈烈的思想根源。对于这一点，国人似乎已经有很深的认识，但要在大学确立知识本位观却非常困难。在此我们就需要借鉴一下先进国家的经验，看是否国外大学模式都经历这一选择或过程。

几乎无人否认，美国大学模式是成功的，而且这也是美国大学发达的基础。美国大学具有创造性的理念就是社会服务精神。实践这一理念的原型大学就是美国19世纪后半叶建立的赠地学院。社会服务似乎使大学非中心化，这样社会需要就是中心，进而就开辟了高等教育的市场模式。所以，美国大学的市场风格非常突出。但市场风格并非美国大学的最核心特征。美国大学的核心特征来源于德国大学的纯学术精神，也就是大学独立、自治、学术自由的精神，这也是美国大学利用德国大学模式改造本国大学的动因。正是这个改造，整体地提升了美国大学水平。美国大学在吸收了德国大学精神后把它作为其精神内核，这就是今天美国研究型大学的原型。在美国，纯学术追求与社会服务精神有机结合起来，这样就形成了美国大学的开放性格，即没有向象牙塔学问方向发展。

美国大学也由于没有国家大学，大学可以自己选择和创造。所以，有比较保守的大学，如耶鲁大学比较固守英国大学的传统，对社会服务一项回应不怎么积极，但他们确实又作出了回应，所作出的回应区别于具有革新精神的哈佛大学。对于英国大学传统保留最多的则是普林斯顿大学，因为它更加强调传统的文理教育，在美国大学中独树一帜。

可以看出，美国大学模式并不是一个单一的模式，而是一个多元的模式，这个模式的成功之处首先在于其中有鲜明的美国本土成分，即都是为了适应美国社会的需要，虽然它们自我标榜不同，但确实都在以自己的风格来适应社会需要，只是社会服务的对象不同，从而适应了美国多元社会的发展。这也是美国大学最成功之处。美国大学第二个成功之处是在于把德国大学对纯学术追求的精神也吸收进来，并与美国本土风格形成了一种相反相成的关系，虽然它们之间始终存在着一股张力。美国大学的第三个成功之处则在于改造由殖民地时期流传下来的英国大学的绅士教育传统为适合美国大众需要的通识教育，并通过选修制和核心课程机制进行实践，从而将纯粹的学术追求与服务社会需要的实用追求有机地统一在通识教育理念之下。这种对立统一过程也是美国大学具有创造力的表现，美国不断地进行本科教育改革就是为了解决两者之间的张力，而且这也是美国大学多样化的内在逻辑。

因此，美国大学模式的创新理念就是社会服务精神，正是这一精神将不同的大学传统熔为一炉。实践的原型大学则是赠地学院，之后被美国大学广泛接受，这就创造出具有实用主义文化特色的美国大学模式。

五、中国大学模式建设的可能突破点

我们认为，中国丰富的传统文化遗产为中国大学模式建设提供了强有力的精神支持，而三十多年来中国经济的快速成长则成为中国大学模式建设强有力的物质支持。毫无疑问，一个成功的大学模式需要强有力的物质支持，尤其在初期，因为它需要培育一个适宜的环境。当这个新模式达到成熟程度之后就会形成与经济发展的良性互动效应。但一个新的大学模式必然是基于对一个全新问题的解答，中国大学模式解决一个什么样的全新问题呢？

我们知道，英国大学模式在传承古典文化方面是非常成功的，所以牛津和剑桥大学至今古风尚存；法国大学模式在培养国家干部方面也是非常成功的，至今"大学校"仍然是法国精英培养的摇篮；德国大学模式在发展科学方面是成功的，从而使德国在19世纪后半叶一直到"二战"期间都成为世界科学中心。美国大学模式在促进社会经济发展方面是成功的，无论是昔日的赠地学院还是今日的创业型大学。① 这些都是值得学习和汲取的。那么，中国大学模式的发展定位该是什么呢？

我们认为，中国大学发展所面临的全新问题是全球化和世界多极化背景以及中国社会经济发展成功转型的需要。当前国际形势纷繁复杂，需要中国大学为促进世界和平贡献智慧，而中国社会经济发展在进入中等发展国家行列后也进入了社会矛盾高发期，需要中国大学为社会和谐贡献力量。此时，传统中华文化中的和谐价值观的优越地位就凸显出来，而中国大学在该方面的独特优势也同时显现出来：中国大学最有资格把传统文化中的"和谐"价值充分挖掘出来与世界分享并使其成为中国社会发展的基本价值观，从而救济因现代化过分注重源自西方文化中的工具理性价值所造成的偏执。事实上，自20世纪初期以来就有不少西方学者在反思西方文化的危机，最著名的莫过于《西方的没落》作者斯宾格勒和《历史研究》的作者汤因比了。② 20世纪末叶兴起的后现代思潮则是对西方工具理性主义的反叛。其中不少学者试图通过中西文化融合来寻求对策，汤因比就是一例（范蔚文，2001）。中国大学在挖掘中华传统文化资源方面具有先天的优势，而且政府也鼓励大学把文化传承和创新作为大学的重要职能（北京日报，2011），这就为中国大学模式培育创造了有利时机。

显然，挖掘中国传统文化遗产需要进行创造性转换，因为简单地把古人思想转述过来是无法适应当代社会发展要求的。这个创造性转换必须由大学来完成，而且在与西方文化对话中完成，否则就是在走一条自我封闭的路线，是无法适应全球化局势发展要求的。而且中国大学正面临"大一统"思想的困惑，正需要走"和而不同"的发展路线，需要从传统文化中挖掘出促进大学个性化发展的动力，主动地反映社会经济发展的需要。我们知道，没有个性化，就没有优质化，就没有效率，就难以适应社会发展的多方面需求，也就无法适应个性的全方面发展需

---

① 美国创业型大学的代表之一是斯坦福大学，斯坦福大学创业成功不仅使其跻身世界一流大学，而且带动了硅谷的兴起，硅谷现象的出现成为世界科技革命的重要标志之一。

② 参见奥斯瓦尔德·斯宾格勒. 西方的没落 [M]. 吴琼，译. 上海：上海三联书店，2006；阿诺德·汤因比. 历史研究 [M]. 曹未风，等，译. 上海：上海人民出版社，1986。

求，当然也无法适应国际竞争态势的要求。我们认为，大学走个性化发展路线是大学提升自我内涵、提升自我品质的必然路径，唯有如此才能实现大学办学方式的超越，才能习得美国大学模式的精华，才能在国际学术竞争中立于不败之地。

在全球化局势下，多元文化之间特别需要建立一种和谐的关系，这正是中国大学的用武之地。弘扬中华传统文化，吸收西方文化精华，不仅有利于矫正西方中心主义的价值观，而且也为中华传统文化的创造性转化提供了机会。目前，"孔子学院"已经开始了这方面的尝试，但还远远不够，因为它需要背后所依托的大学的强有力支持和推进，而国内大学在该方面的准备显然不足。可以说，孔子学院的成功有赖于国内大学的学术方面支持，没有这一支持，孔子学院就只能是一种语言培训机构，难以担当文化交流和传播的使命。可喜的是，一批高校开始在传统文化挖掘方面作出自己的努力，如北京大学和山东大学建立了儒学高等研究院机构，这对促进传统文化再生提供了机制保障（吴光，2011）。

可以肯定，对中华传统文化价值的挖掘不是某一所或某一类大学的责任，而是全体中国大学的责任。中国大学应义不容辞地担负起弘扬民族优秀文化传统的责任，以此带动学术发展，成为中国学术实现超越性发展的动力，这一过程也必将促进中国传统文化实现创造性转换并形成一种新的大学精神。此时，中国大学将以这种新的气质傲立于世界大学之林，成为一种新的大学模式诞生的标志。无疑，这种新的精神气质将进一步促进中国大学与世界大学的交流，促进中国大学走向世界一流。

第二节　文化创新与现代大学制度建设[①]

一、现代大学制度建设本质是文化创新

建设现代大学制度是我国高等教育进入新世纪之后提出的一项重要的教育体

---

① 本文原为2012年江苏省高教学会年会特邀报告发言稿，后发表在《阅江论坛》2012年第5期。收录在本书时有较大修订。

制改革命题，它意味着我国大学制度要进行一次系统转变，必然要以先进的价值观念为导引并最终落实在行动模式建设上。我们知道，价值观念属于精神文化，行动方式则属于行为文化，而制度文化属于中间层次，是从观念过渡到行动的桥梁。由此可见，现代大学制度建设实质上开启了一项系统的文化创新工程。

从高等教育发展的历史看，世界上并不存在一种"标准的大学制度"，甚至也没有出现"现代大学制度"概念。历史上曾有过"现代大学"概念（弗莱克斯纳，2002），但它主要是相对于传统大学而言的，在多数情况下它是指德国大学模式之前的大学。而"现代大学制度"概念则是一个中国独创或具有中国特色的概念。在西方话语体系中，确实存在着"古典大学模式"和"现代大学模式"，前者以英国牛津大学、剑桥大学为代表，因为它们保留了更多的中世纪大学传统，后者则以德国洪堡柏林大学为代表，因为洪堡提出了以科研为中心的新的大学理念。这就是古典大学与现代大学的分野（王洪才，赵琳琳，2012）。但这并不意味着现代大学出现后古典大学就自然消失了，相反，它常常在教育改革中发挥着独特的作用，如今天美国大学的通识教育思想，很大程度上是继承了古典大学制度的做法。由此可以看出，我们所说的现代大学制度完全不同于国际上所说的有关现代大学实行的一些制度。

在我国，现代大学制度在很大程度上是指与过去在计划经济条件下形成的大学制度相对的、适应市场经济要求的新大学制度，因而它有非常强的针对性（袁贵仁，2000）。现代大学制度特别指大学要具有充分的自主权，能够面向社会独立办学，能够妥善地处理大学内部治理关系，包括处理学校行政与学术群体的关系问题和大学与学生的关系问题（王洪才，2007b）。尽管这些关系问题始终是大学治理中所面临的重要问题，但中国的问题有自己的国情特色。

目前，世界上存在着美国式大学制度、英国式大学制度，以及法国式大学制度和德国式大学制度。无疑，它们都不是唯一标准的现代大学制度，而是各具特色的大学制度。那么我们不能想当然地认为哪一种大学制度比较适合中国，因此，建立中国式现代大学制度仍然是一个需要不断求索的命题（王洪才，2010b）。诚然，建设中国的现代大学制度需要借鉴国外这些大学制度的成功经验，这种成功经验主要在于它们对于大学精神的理解。但我们学习它们的成功经验并不是把它们的具体做法搬来套用，而是要把它们建设大学制度的基本原则与中国的实际情况相结合，从而产生一种中国式大学制度。如果它能够满足大学发展的需要，那么它就是现代的大学制度。所以，现代大学制度建设绝不是一个简单的复制过程，而是通过向西方大学学习其大学制度中所蕴含的具有共通性的大学精神。而且对现代大学精神的认识也绝不是一个对西方大学精神的简单诠释和转述过程，而是在西方大学精神与本土文化精神相互激荡之后产生的新的大学精神，这一激荡过程就是一个文化创造或创新过程。没有一个文化创新过程，大学制度建设就是缺乏生命力的，从而也不是真正意义上的现代大学制度，因为现代大学制度必须具有适应性的特征（王洪才，2005a）。只有经历了文化创新过程，才能找到最适合中国大学发展的现代大学精神。因此，现代大学制度建设首先需要摆脱西化论或西方中心主义的影响，必须以民族文化发展作为出发点，寻找一种中西文化对话的途径和方法，这样才能找到最适合中国大学发展的道路。这一寻找过程就是中国大学模式的探求过程（王洪才，2012）。

从历史经验看，没有任何一项制度是可以直接移植过来而不加改造能够成功实行的，都必然要经过改造和创新，而这个改造和创新过程首先就是一次观念的更新。现代大学制度建设必然是在借鉴国际上先进的大学制度之后，把现代大学理念与中国高等教育实践进行有机的结合，这个结合过程就是尽可能地创造机会，使现代大学理念融入于中国的文化土壤。这一文化碰撞与融合过程，正是文化创新的实质。这也意味着，我们必须把传统文化的最优秀部分和西方文化的精粹部分挖掘出来，这样才能形成中西方文化对话的态势，否则，就不可避免地会坠入西方中心主义或者国粹保守主义的圈套。也只有在这个对话过程中，才能真正找到有中国特色的东西，从而为建设具有中国特色的现代大学制度提供营养。

改革开放以来，我们已经从西方学习了不少先进的制度，但学习方式是拿来主义式的，这样就容易犯头痛医头、脚痛医脚的毛病，结果出现了西方先进制度与传统大学制度之间不甚融合的局面，出现了许多在西方大学运转良好的制度而到了国内变成了摆设，甚至还使传统大学制度中落后的东西进一步得到强化。如在西方大学运转良好的大学教授会制度到了国内就成了摆设（潘懋元，2003），甚至还强化了大学行政化趋势。这也正是人们呼吁要建立现代大学制度的直接动因。再如在美国运转良好的选修制，到了我国大学后则出现了大量的"酱油课程"。西方以学生为中心的大学发展理念到了中国就变成学生放任主义。这说明，制度建设不从文化的深层进行思考往往是无效的，甚至是反效果的。

"以文化为本"，这一观念的确立正是我国人文社会科学界在长期探索后的一个经验总结。事实上，"文化"不仅是个性存在的根本，而且也是群体存在的条件，因为失去文化维系的民族是不可能有发展潜力的。文化经常在不自觉中影响着人们的思维方式和行为习惯，如果不尊重它，那么我们的各项行动就不可能顺畅。文化的惯性作用非常强，只有尊重它、因势利导才能获得它的推力，不然就会遭遇到阻力。我们建设现代大学制度的目的是为了实现大学治理，提高大学办学水平，最终为国民提供更多更好的教育服务，为人类贡献高水平的知识成果，为国民经济的持续健康发展提供原动力。传统大学制度抑制了大学的学术创造力，也抑制了教育质量的提高，从而不能为经济和社会提供强大的动力支撑，因此，就必须进行观念革新，创新制度设计，理顺大学内外部的各种关系。

要理顺大学内外部的各种关系，就必须寻找到承载它的文化基因，因为文化是我们行动的内在动力，它具有一种自发的能力，能够在不知不觉中引导人的行为。如果不从文化根源寻找，我们就很难找到现代大学制度建设的执行机制。过去常常从理论上推论得出了一些应然结论，但到现实中很难落实，其原因就在于脱离了文化母体，从而理论思考变成了无源之水。因此，要理清大学内外部之间的各种关系，就必须从文化的深处入手，抓住现代大学制度建设的根本。不然，我们关于现代大学制度的思考仍然是治标不治本的。

二、文化创新需要超越传统文化而趋向现代文化

显然，从文化中寻找到一个合适的切入点并非一件易事。首先是因为"文化"的内涵太丰富，人们很难从纷繁复杂的文化现象中找到最具有代表性的意义来。

据国外学者统计，目前关于文化的界定就有 200 多种①，到今天人们对文化认识的分歧仍无消除的迹象，以至于文化成为一个"剩余范畴"。当人们对一些社会现象无法解释时，都把它归入文化的范畴内。正是由于人们对文化的认识分歧太大，所以很难认清文化的本质，这样就很难寻求到合适的突破点。

对中华文化的认识同样遭遇这一难题。无人否认，中国在长达五千年的悠久历史中已经形成了自己的文化，文化既有一贯的脉络，同时又呈现出多元的特性。在秦汉之前，一直存在着多元文化的争持，并在春秋战国时期出现了百家争鸣的文化盛世。而在秦汉之后，儒家文化在封建文化中始终居于主导地位，而其他文化并没有放弃对它的挑战，同时又与它进行融合，形成自己新的品质。而且儒家学说也在与其他学派论争中吸收了对方的特质来巩固发展自己。如此，中华文化具有复杂性、多元性，其性格特征很难得以把握。

与西方文化相比，人们公认，中华文化深处有一种实用主义品质，注重现实，不注重理想，缺乏对超越的追求，这也是儒家文化的典型特征②；思维中缺乏逻辑性，直觉思维比较明显，形象思维比较突出③；文化中具有一种保守主义品格，缺乏鼓励冒险的意识，常常把生命保护放在第一位，明哲保身意识非常强烈④；言行方面重视行而忽视言⑤，从而忽视了理论思维的训练。此外，庸俗的实用主义文化也非常有市场，如有奶便是娘；人为财死，鸟为食亡；千里做官，就为吃穿；等等。

传统文化在遭遇外来文化的入侵之际也出现了强烈的变革倾向，如在佛教文化影响下开始对超越问题的追问，"存天理，灭人欲"就是这一探索的直接成果之一。遗憾的是，中国儒家学术探讨并没有超脱传统的"君子忧道不忧贫""正其

---

① 国外学者关于文化的定义 [EB/OL]. http：//www. people. com. cn/GB/paper81/6325/623504. html.
② 这从《论语》中"子不语乱力怪神"态度中可见一斑。
③ 如道家将世界本原归为道，"道生一，一生二，二生三，三生万物"（老子《道德经·第四十二》），这种直觉主义思维方式是很难捉摸的。
④ 子曰："笃信好学，守死善道；危邦不入，乱邦不居，天下有道则现，无道则隐。邦有道，贫且贱焉，耻也；邦无道，富且贵焉，耻也。"参见《论语·微子篇》。
⑤ "君子欲讷于言而敏于行"，参见《论语·里仁》。

义而不谋其利""明其道而不计其功"等比较实用的范畴。换言之，关于天理、人性之问始终都没有成为文化的主流或文化的根系，"经世致用"之说则是学问的中流砥柱。在思想上缺乏追问根底的情况下，人们只能靠强制的方式进行思想统一，这就是历代统治者惯用的手法。显然，这种统一是表面的而非内在的统一。这意味着，从中华文化传统中很难找到它的形而上的品性或文化的根系。

　　因此，一谈到中华文化，似乎就进入了瓶颈，难以突破。人们设想，既然现代大学制度从属于现代文化，那么是否可以从文化的现代性上寻求突破呢？这意味着需要认清现代文化的普遍特质，然后再寻求与中华文化的结合。这样就相对容易些，因为这就不需要从纷繁芜杂的文化现象中进行梳理，而可以从实用的角度提取中华文化。

　　现代文化有没有公认的品质呢？回答是肯定的。大家一致认为，现代文化是与现代社会相联系的，现代文化反映的是工业社会的特质，而传统文化反映的是农业社会的特质。现代社会的最显著特征是机械化大生产，讲究标准、效率，讲究个性、独立，讲究法治、民主，讲究分工、合作，讲究技术、理性，讲究教育、训练，反对道德主义，反对依附主义，反对人情主义，反对各行其是，反对神秘主义，反对愚民政策。而后者恰恰是中华传统文化的特质，也是为什么中华传统文化在现代化过程中一直面临着冲击命运的根源。

　　有人怀疑，现代文化是按照西方文化标本制定的，有人直接指它代表的是启蒙哲学，是西方反对神学统治的产物，因而不适用于中国①。这个质疑确实是有道理的。我们不得不同意，现代文化中的许多规定更适合西方文化，与中华传统文化差距比较大。但如果从生产发展的角度看，这些质疑就少很多，因为生产阶段是无法超越的。尽管这个说法仍然有唯物论或经济决定论的影子，但在现实世界中，不谈经济发展是说不过去的。

　　如果中华文化根子就是这种封建文化的话，我们该怎么进行转变，该怎样与

---

　　① 事实上，现代化确实是从启蒙运动开始的。在这里需要审问的是现代化是否具有普遍性价值，如果具有普遍性价值的话，那么启蒙思想也适用于反封建愚民主义。

中国现实要求进行结合？或者说能否运用强制的方式实现这种结合？事实上，短期内在经济领域是比较容易实现这种结合的，并且有许多成功的范例。问题是它有许多限制，即一旦超过了一定的历史阶段，这种强制方式就难以奏效，这也是为什么许多国家会走进现代化陷阱的原因。①

换言之，当经济发展达到一定水平后，人的需求层次就会发生变化，就从物质需求转向了精神需求，此时传统的运行机制不能满足人们的要求，这样社会发展就会出现巨大的问题。这个时期急需人文科学的繁荣和发展，从而提供丰富的多元化精神食粮以满足人们的要求，然而要实现这个发展，与传统的命令式体制就发生了冲突。实际上，这提出了一个政治体制改革命题。

历史上，中国进行了无数次的政治改革或变革，因为不变革就无法适应世界局势的变化。中华文化能否从行政主导的文化演变成科技主导的文化？② 从我党本身的吁求看，似乎认同这一价值③，但它常常被行政主导的文化所掩蔽。换言之，如果不改变行政的强势地位，科技就无法作为主导。科技主导的文化与历史上的"唯才是举"具有一脉相传的关系，尽管"唯才是举"在执行中非常困难，常常受到门第关系的影响，但它毕竟没有脱离行政主导的文化。换言之，"唯才是举"是用，而不是本。

中华文化的本体是道德中心主义④，"才"历来都被置于次要的地位。尽管人们理想的人才模式是德才兼备型的，但在"德"与"才"之间权衡时，"德"仍然是第一位的。而"德"本身有很大的主观属性即意识形态属性。传统的"德"并不讲究独立人格，而强调的是服从和效忠。这可能是中西文化最根本的区别。

① 如亚洲四小龙、拉丁美洲国家等在经济实现现代化之后，在政治走向现代化过程中都遭遇到现代化与传统文化的对峙状况。

② 行政主导的文化是中国传统文化的特色，这个特色的形成与儒家作为主导服务于封建专制需要有直接关系。而现代化则是以科技为主导的文化，这主要是在西方以理性主义文化基础上形成的。

③ 我国在结束"文革"后实行拨乱反正政策，提出了"尊重知识、尊重人才"的口号，这一口号也带动了我国科技和教育的发展和繁荣。

④ 如国学大师梁漱溟先生在《中国文化要义》中指出"中国社会是伦理本位的社会"。参阅：梁漱溟. 中国文化要义 [M]. 上海：上海世纪出版集团，2005.

于是，在中华文化中就出现了一个吊诡现象：一方面，人们非常崇尚"君子"人格，君子的品性是"和而不同"，但这种品格很难为用；另一方面，人们所鄙夷的"小人品性"则更容易见用和得势。出现这种现象，也是许多中国知识分子都面临"小人"与"君子"之间的内在冲突，即不知道选择哪一种人格品质才是理想的，因为选择君子品格虽然能够获得一些好名声，但无法获得现实利益，而选择小人品格虽然名声不好但容易获得许多实惠。这就是人们普遍遭遇到"理想"与"现实"之间冲突的境遇。

三、文化创新必须以坚守现代大学精神为基点

抛开人们关于传统文化种种难以理清的问题，我们将问题再进一步聚焦：是否存在一种现代大学文化？在对大学发展史进行回顾后我们发现了一个惊人的事实：在长达一千年的大学发展过程中，大学的文化传统几乎没有变！大学依然崇尚学术自由、大学自治和教授治校。中世纪大学从诞生之日起就开始追求大学自治，为了反对教会和王权干预而追求学术自由，为了实践学术自由而追求教授治校，而这一文化传统直到洪堡柏林大学出现后才正式定型，从而成为现代大学的精神支柱。无论何时，似乎要举办真正的大学就不可能脱离这三点。一旦没有这几点，所谓大学就不再是真正的大学，它可能会变成职业培训所，变成技术研究所，或经典编纂机构。① 换言之，大学之所以能够常青或具有活力的本质在于学术是自由的，这是大学的公理，没有这一点，大学就不成其为大学。

大学的传统是否发生过变化？确实，随着历史发展，大学传统曾发生过变化，但大学的精神实质始终没有变，所变化的仅仅是大学文化的表现形式，最典型的表现是大学治理结构发生了许多变化。因为大学为了实现自己的学术主张，不得不与外部势力达成妥协，所以，历来大学自治、学术自由都是有条件的，教授治校也是以多种面目出现的。

中世纪，大学必须尊崇教会作为权威，学术研究结论不得与宗教教义发生冲

---

① 如中国明清时期的翰林院和中世纪的修道院。

突，否则就会面临严格的惩罚，这就是学术与政治之间的界限。近代，大学教授必须宣誓效忠于国家，否则就被剥夺从事学术活动的资格，德国柏林大学也开创了这个传统。即使是在号称"自由的天堂"的美国，也曾出现过"忠诚宣誓"闹剧①，斯坦福大学在早期曾随意地开除教授②，这导致了美国"大学教授联合会"的建立③，从而成为学术自由的一柄保护伞。

今天，大学教授也必须忠诚于国家利益、民族利益和学术伦理，同时也必须保持自己的道德底线，一旦出现了与国家利益、民族利益和学术伦理及道德底线冲突的事项，其学术自由权利也就随之被剥夺了。

大学自治是与学术自由共生的，没有学术自由，就无所谓大学自治。大学自治就在于维护大学教授学术自由的权利。但大学自治也是相对的，大学从来都不是一个完全独立的实体。大学自治仅仅是在其章程规定范围内的自治，一旦超出了规定范围，这种自治就失效了。所以，大学必须时时刻刻小心地运用自己的自治权，避免因为越权行为而危及其生存资格。

大学自治说到底就是教授治校，当教授对学校发展拥有发言权的时候，才可能说大学是自治的。教授治校表现在大学教授有权管理学术事务、制定管理规则和维护学术质量。教授治校的最重要体现就是对校长的选拔权，换言之，校长任命必须经过教授同意，没有教授的同意，校长治理就缺乏现实的基础。这就是说，大学校长必须是大学教授的代言人，不仅仅是行政意志的代表，而且必须以维护教授的根本利益作为学校治理的基本方针（王洪才，2009）[32-42]。

当前，教授治校面临的争议最大，争议的焦点是现在学校管理已经变成了高

---

① 20世纪50年代的美国，麦卡锡主义盛行一时，这对大学的学术自由产生了严重影响，许多州立法要求大学教授要进行忠诚宣誓，否则以解聘相要挟。

② 当时斯坦福夫人主政斯坦福大学，经济学教授罗斯反对美国的铁路政策，因此惹恼了斯坦福夫人，斯坦福夫人决意要将罗斯开除。虽然当时校长反对和一批教授抗议，但无济于事，这导致了一批教授出走，成为斯坦福大学办学历史上第一次危机时刻。

③ 一批不满斯坦福夫人专制的教授离开斯坦福大学之后，担心罗斯事件也会在其他大学重演，所以决定组织大学教授联合会来保护学术自由权利。他们聘请当时著名的哲学家、教育家杜威出任首任会长，在成立之时发表了著名的《大学教授联合会宣言》，把学术自由作为捍卫的权利。美国大学教授终身制也从这个宣言才开始实践。美国学者称《大学教授联合会宣言》成了美国学术自由保护的宪法。

度复杂的事务，已经超出了教授的能力范围（赵蒙成，2011；杨兴林，2012）。这个说法似是而非，因为它混淆了直接治理和间接治理的概念。一般而言，教授治校是间接治理，即委托校长来进行治理，而校长来自教授，唯有如此，他才真正理解大学教授的根本利益所在。当然，教授一旦被委任为大学校长，其角色必然要发生转变，他要始终扮演一个调停者的角色，但维护教授的根本利益始终是其行动的出发点，否则大学的学术特性将不复存在。

国际上大学治理的通例是以教授治校为基础，校长治校是派生模式，而且校长治校的权力主要集中在行政事务上。目前，国际上校长的身份主要有三种：一是荣誉身份，如欧洲大学；二是校长主导但实行部分治理，如美国实行学术与行政分权；三是科层制的，这是中国存在的类型，而且也是人们诟病最多的。①

总体而言，美国的分权体制是人们所向往的，即校长主要职责是筹款，少对学术进行干预，只对部分关键事项实行控制，运用否决权。但美国的体制适用于董事会领导下的制度架构，如果没有董事会作为最高的决策权力机关，那么校长的分权体制也很难运行。

欧洲的校长荣誉制比较适合国家办学体制，校长不作为一级官僚出现，校长由教授推举产生，这样就避免了校长的强权。如此，校长就更在意自己的学术身份而非其校长身份。

我国大学校长制度改革则面临一个难题：即想取消校长的行政级别，但校长不是由教授推举产生的，想实现校长与教授会分权体制，但缺乏董事会的领导。所以，我国的体制是处于欧美体制之间的徘徊阶段，也许最终会倾向于美国的体制，因为美国的体制比较有效力，但前提是党委领导必须转化成类似于美国的董事会制度，不然就很难运作。

---

① 在英国和欧洲大陆，大学校长是一个荣誉职衔，一般由教授推举或聘请社会贤达人士担任，而负责学校行政事务的则是常务副校长。大学决策一般由教授评议会作出。美国实行的是董事会领导下的校长负责制，但校长权力是有限的，学术事务具体决定权力由教授会掌管，校长拥有否决权。在中国，大学校长权力的行使往往因人而异，很多时候是缺乏制约的。

四、社会参与治理是我国大学文化创新的突破口

大学要突破传统文化的桎梏，就必须把社会需求的满足放在第一位，换言之，大学必须以社会服务质量作为证明自己学术业绩的根本依据。如果没有这个关键步骤，就很难确立自己的独立地位。这是克服行政中心的唯一选择。但要注意，这里把满足社会需要放在第一位不是要一切听从社会的要求，而是要以保持学术的独立判断为前提。如果失去了独立判断力，大学存在的价值就消失了。

但问题的核心是社会需求的内涵。社会需求有多种，我们认为，第一位的当然是政府需求。① 在中国，大学不能适应政府的要求肯定是没有出路的。这与传统的机制没有分别。事实上，这一区别是根本性的。传统上，政府意志成为大学的唯一意志，一切都必须经过政府同意，大学仅仅是服从和执行机关，而不具有独立性。当政府需求成为社会的一种需求时，它的地位就发生了质的变化。当然，政府的需求不能以发布命令的方式来表达，否则就与传统的行政中心主义没有区别了。政府的需求必须以间接的方式来表达，如政府对社会公平的需求、对社会和谐的需求和对学术创新力的需求等都可以通过立法的途径来表达。换言之，政府的需求不应该是具体的，必须以抽象的形式出现，一旦以具体的方式出现就容易演变成命令。只有以抽象原则的方式出现，政府才可能拥有一种比较超脱的地位，不然就会陷入事务主义中。当然，要改变政府的作风很难，但无论如何都必须起步，否则，大学要获得一种独立的办学地位就没有希望。

大学生需求显然是最直接的社会需求，这是对大学办学质量的考验，大学必须回答自己该以什么样的方式来面对大学生对知识渴求的目光，必须时时刻刻思考该为大学生提供什么样的知识及以什么样的方式来提供，必须思考大学期望大学生应该拥有什么样的人格品质，以及如何使他们成为学术的后备人才以及社会的建设者。这一工作是具体的、繁杂的，也是大学作为一个教育组织的真正体现，

---

① 在这里，我们采用的是一种"小政府—大社会"的思想构架，认为政府意志从属于社会意志，从而反对传统的"政府意志高于社会意志"或"政府意志代表社会意志"等观念。但同时认为，政府意志是最具有力量的一种社会意志。

大学的办学特色也是由此体现出来的。

大学同时必须回应产业界的人才需要，必须思考如何培养合格的人才和提供高质量的智力服务，包括如何对产业界提供智力咨询和技术服务。社会对大学生的欢迎程度以及大学与企业之间建立的联系程度是检验大学对产业界需求的回应效果。大学不再是象牙塔，不能再搞封闭性学术，必须回应现实的经济发展需要，而且这一回应过程也是提高人才培养质量的重要抓手，尽管回应经济界需求与人才培养并不等同，但它们之间的关联非常密切。

大学还必须回应社区的需求，大学必须与所在社区建立一种良性的关系，提供力所能及的智力服务和其他方面服务，比如向社区开放运动场馆，为社区提供终身教育项目，参与社区发展规划等。大学拥有丰富的智力资源，大学应当成为社区发展的智囊。

为此，大学必须确立"学术为本"的理念，构建良好的学术运转机制，在此基础上才可能有效地满足社会需求，才可能建立与社会的良好关系。所以，确立"学术本位"，意味着必须把"知识创新"作为办学的最高目的，即把达成对世界的真正认识作为大学的根本使命。

要实现知识创新，就必须尊重学术自由，尊重每个学者学术自由探究的权利，保证学者对学术治理的权利，使学术活动按照学术本质要求进行。学术的本质就是忠诚于事实，一切从实际出发，一切从发现矛盾出发，一切以矛盾的解决为旨归，尊重每个人对事实发现的权利，尊重每个人对事实的理性阐释能力，尊重每个人平等参与有关事实真伪的理性辩论权利，在学术界反对身份等级限制和学术霸权。

构筑大学与社会、大学内部的行政与学术之间良性关系是现代大学制度建设的内在要求，这些都要求大学必须建立"学术为本"的文化，必须通过创新观念来使"知识价值至上"的理念深入人心。① 只有当人们形成了自觉地维护知识尊严的行为习惯的时候，大学才会成为真正以学术为本的组织。

---

① "知识价值至上"，即把求知作为人生的根本意义。或者说，知识构成人生意义的本体。

为此，大学文化中形成一种社会共治理念就是不可缺少的，这也是对抗行政专权的唯一有效办法，因为目前还没有一种力量能够真正与行政力量抗衡，唯有社会力量共同参与大学治理才能平衡行政力量。事实上，在我国大学要实现这个社会共治理念还有漫长的路要走。

第三节　坚持科学发展观，提升大学治理水平
——论正确处理大学发展中的几个基本关系[①]

一、关于政绩与学术的关系

对于大学，大学发展是否坚持了科学发展观，首先表现在大学校长是否具有正确的政绩观上，因为大学校长的政绩观直接影响到他的办学指导思想，而办学指导思想的正确与否直接关系到大学能否健康、可持续和协调地发展。因此，大学校长的政绩观也是他大学办学理念的反映。所以，大学理念的创新最后体现在他对政绩观的创新理解上。

人们都批判急功近利的办学方式，要求大学不能只顾眼前利益而必须照顾到长远发展需要，但问题是怎样做才是不急功近利、顾及长远发展要求呢？怎么才是兼顾了眼前利益和长远利益呢？这说起来容易，但实践起来并不简单。

也许有人会说，顾及长远发展需求无非是要求学校发展要有一个准确定位，应该有一个战略发展目标和远景计划，并且能够根据现实和可能来确定发展步骤。确实在原则上是应该这么做，但针对具体问题如何来体现这个原则呢？比如，谁都知道，大学应该以"学"为主，而不是以钱为主，即学为体，钱为用。但现实的问题是，这两者很多时候是不能区分开的，而且在发展方式和手段上也是有不同选择的，并没有一个理想的现成模式可供照搬照用。

众所周知，学校发展必然需要钱。钱是基础，没有钱就很难请来名师和名学

---

① 本文原发表在《清华大学教育研究》2006年第2期，题目为"坚持科学发展观，促进高水平大学的发展"，收录在本书时有较大改动。

者。这是许多人办一流大学的逻辑。所以，大学校长就需要去搞钱。在这里，"搞钱"实际上就是为了"搞学"。但搞钱的路数有很多，而有的搞钱方式却会使大学的注意力转移，如一些大学搞办班（研究生课程班、学位班和自考班等）招生，因为这是最容易的搞钱方式，它在一定限度内并不妨碍学术，但过多过滥显然是妨碍学术的。这个时候就变成了以钱为主了。怎么科学地来把握这个度呢？

当然，谁都希望最好的方式是兼顾，即学术能够带来钱，钱又能够促进学术。但这个关系也只能在一定范围内成立，而且要求校长必须具有高超的艺术才能把握。稍有偏颇就超出它的适用范围，就会变成此消彼长的关系了。因为在"学"与"钱"的相互作用过程中，双方都有一个最大化的问题，只有在双方彼此克制并设法照顾到对方的时候，才能形成相互促进的关系。当两个目标分离进行时，很少不产生相互干扰的，最后必然出现以某一方面为倚重的结果。说到底，兼顾的方式最为重要的是对钱的欲望持克制态度。不然，大学也成了以营利为目的了，而在这种目的的作用下，学术只是工具，不是目的，必然越来越浅薄化。

所以，在评价大学发展时，资本雄厚固然能够说明大学的实力，但关键要看这钱是怎么来的。如果是靠大学进行简单的市场交换和经营行为（如办班收学费）而来的话，这些钱毕竟是小钱，而且也不会长远；如果遵循社会分工原则，钱是由外界资助而来的，那么钱代表了大学的社会影响力，代表了社会对大学的支持力度，代表了社会对大学的信任。这时钱是大钱，并且可以持久，因为它代表了大学与社会发展之间的和谐关系，代表了一种良性互动。因此，钱是学术实力的反映，是大学发展与社会需要有机结合的结果。

故而，在关于钱的来源上，我们主张应该由大学募集而来，而不是大学靠文凭交换而来。在国外，尤其是美国大学校长的主要职责是为大学募集资金，而不是发动大家去办班赚钱。因为这种手段是初级的，是大学处于不发达时期不得已才采用的。在目前的中国，这种直接依靠市场交换来获得的经费渠道在很大程度上是滥用社会对大学的信任，是靠计划指标的庇护而获得的特权，是一种分解学术声望的行为，应该被制止。

因此，大学校长在筹集资金的选择上就有一个价值取舍问题：是依靠社会分工，还是依靠小农经营。前者是走提高学术品质、赢得社会支持之路；后者则是为钱而钱，学术成为手段。对于大学的长远发展而言，大学的资金募集不可能完全走市场化的道路，而必须走大学与社会相互合作的道路。市场化道路即大学自己去组织市场，而大学与社会合作的道路即大学主动为社会服务，社会给大学支持。这是大学发展观上第一个选择。这个选择是解决大学的依靠和面向的问题，无疑，这需要大学校长作出正确的抉择。

二、关于质与量的关系

大学发展观上第二个选择是进行质与量的选择。质与量的选择，也就是人们常说的"强"与"大"的选择。在大学发展道路上，有的大学选择了规模扩大作为大学发展的取向，有的则选择了层次提高作为大学发展的取向。其实，质与量的关系并不对立，是采取以质的方式发展还是采取以量的方式发展，关键是看社会需要。毫无疑问，有的时候社会需要大学扩大规模以培养更多更广领域所需要的人才，有的时候社会更需要去提高学术层次和学术品位，满足社会对更高层次的人才需求和科研成果的需求。问题是看大学是在什么情况下进行选择。

因此，无论选择"质"的发展方式还是选择"量"的扩展方式，对于大学校长而言都代表"强"。一般而言，强与大是不可分的，大表示强，强才能大。但强也是表示高，质高才是强。因此，将这两者截然分开是没有道理的。问题的关键是看大学对自我发展的把握，看大学是在什么样的动机下选择质还是量。当社会强烈要求扩大规模的时候，这是你强大的表现，也是社会对你的信任。但社会对你的真实状况并不了解，自己应该最了解自己。当你认识到自身并没有能力扩大规模时，那么这时扩大了规模，大反而是弱的表现。当你有充分能力扩大规模时，你扩大规模则顺应了时代发展要求，就会变得更强大。这时强与大便统一了起来。

现在的问题是，无论是选择扩大还是选择不扩大（有人把它形容为"做大"还是"做强"，其实这不是同一命题）都不是大学自主自愿的行为，而是在形势的逼迫下作出的被动选择，并且很多时候是在赶风潮，似乎存在这样一种大学发展逻辑：大了必然强，小了一定弱。显然，这采用的是一种最直观的评价尺度，也是纯粹量的评价尺度。而许多学校领导人都信奉这个逻辑，特别是一些地方和中央的教育主管部门领导也信奉这种逻辑。那么在这种奇怪的逻辑下，大学只有办大的问题，而不存在办强的问题。而试图通过大走向强则不一定能够成功，因为这其中不存在必然的关系。大，可能走向强，这需要管理跟上去，投入跟上去。如果没有这两个基本的前提条件，大可能就是弱，就可能是大学内部运转不灵。

我们知道，即使对企业而言，规模越大就越会产生难以管理的问题，规模扩大要求管理理念的更新。而大学管理比企业管理复杂得多，因为大学里并不一概信奉权力决定一切的逻辑。大学的知识生产过程比企业的产品生产过程复杂得多。企业的生产过程和生产产品具有明显的可测性，而且可以进行规范化管理；而大学的生产过程和产品则不具有明显的可测性，它更依赖于教师的自觉性，无法实行统一标准和统一规范。大学在管理目标上也具有很大的不确定性，它要求大学管理具有很大的创造性。大学的教学与科研工作也都需要很大的创造性，并且要求大学管理能够对教学与科研活动形成激励作用。因而，当大学的管理不能产生激励效应时，大学管理就是无效益的，最需要激发创造性。

有人认为，大学合并之后能够产生聚合效应，实现学科交叉和融合，大学教师之间产生更大的合作效应。但这一主张恰恰忽视了大学教师劳动的特殊性。我们知道，大学教师的劳动复杂性还在于他们主要靠个体的智力劳动为主，劳动之间的协作完全遵循自愿的原则，也即是依靠相互尊重的逻辑进行分工协作的。而且教师的合作是不受地域限制的，因此希望将教师集合在一起就能够产生互补效应的想法是非常幼稚的。此外，学科齐全并不等于综合水平就高。我们知道，在美国大学中，州立大学的学科最齐全，学校规模也最庞大，但其实力很难与比它规模小得多、学科门类也少得多的一些私立大学相比。排在美国前20名的大学主要是私立大学，很少有公立大学。最典型的一例是美国的加州理工学院，它的规模很小，本科生规模不到千人，研究生人数与本科生相仿，但它非常著名，是公认的世界一流大学。

在中国，对大学"大"与"强"关系的认识受到了某些政策导向的左右。在大学合并热的时候，规模越大得到的资助越多，享有的特权越多。但可以预见得到，这种政策的优势是暂时的，而且这种优势也是外部的。而大学发展是一个长期的事情，它主要依靠大学内在的动力。学校规模越大，要求的资源就越多，进行管理的成本就越高，因此发展起来就越困难。也许最大的困难在于学校内部很难实行统一的政策。如果大学内部没有统一的政策，就会与原先的分而治之没有本质区别。而且随着学校规模的扩大，学校的声望资源就会面临越来越多的质疑，举措不慎，就可能使声望严重受损，从而导致社会认同困难。在这种情况下，"大"不仅没有变"强"，反而变得更为衰弱。

大学只有在坚持自己的特色、进一步扩大自己发展基础的情况下，才能变"大"为"强"。"强"代表有发展潜力，有竞争力、有特色。当已有特色的学科发展基础扩大之后，学科发展就会更具有活力，发展方向也会变得更为多样，就可能从中遴选出更具有发展潜力的发展方向，同时在学科内部也会产生相互竞争的氛围，出现必要的学科发展张力，刺激学科强大。

所以，无论是质的提高还是量的扩展，都应该是大学自主自觉的行为，而不是外部干预的结果。科学发展观应该是建立自主发展的基础上，没有自主发展的任何发展都是盲目的发展，都是不成功的发展，都不能持续，也无法顾及长远。

三、关于自然科学与人文社会科学的关系

对于大学校长而言，也许最难的问题是如何科学客观地评价大学发展的问题。对强和大之间关系的争论就是典型一例。如果以大代表强，这很容易判别，但反过来就很难。如何用质来表达强？什么样的标准是公认的科学标准？科学的标准是否是一个统一的标准？显然，科学界并不存在一个完全统一的标准。没有统一的标准又该怎么办？如果掌握不好，最终还得靠数量决定，即依靠论文的数量、引文的数量和经费的数量来评定座次。这仍然进入量的误区。如何评价大学发展问题，是个世界性的难题，它同样也摆在了中国大学校长面前。从根本上说，仍然是坚持什么样的发展观的问题。

我们认为，所谓强，就应该是领先——不仅在国内，而且在国际。但怎么看待领先？当然，领先首先是学科发展领先，是科研水平领先，这种领先是获得了国内外同行的认同，以及在同行中能够发出一种令人关注的新声音，这种声音既是对目前研究水平的概括，又是对未来探索方向的一种回答。此外，这种回答还特别关注眼前迫切需要解决的现实问题，而且这种解答对人们非常具有启发性。当这种回答被迅速地转变成现实生产力时，那么这种领先地位就被确证了。显然这是从科研水平而言的。这是否意味着衡量大学水平关键是看科研水平呢？

不管承认与否，这个标准是国际上公认或者是默认的标准。也就是说，唯有在这个维度上，同行是可评价的，而其他的标准是无法比较的。

那么，只有在相同或相近科研领域才能对不同大学的科研水平进行评价。如果是截然不同的科研领域，就没有共同话语，就缺乏交流基础，也就很难进行评价。

在自然科学领域，容易找到共同的话题。因为对自然的认识进展总体上是可测量的，也即有一个客观的维度。但对社会科学而言，找到共同话题的机会就比较少了。尽管也存在一些根本的相同的话语领域，但这些都是在总体层次上的，而无法进入具体层次，因为这涉及价值预设。问题的另一个关键是社会科学和人文科学的成果表现方式比较单一，不像自然科学可以以客观的实物来显示自己的成绩。那么社会科学发展进展如何评价呢？

此外，还有一个关键的问题是：社会科学研究能否摆脱总体性的思维方式而采取具体的可验证的思维方式。这涉及社会科学对象的本质问题——社会科学研究的对象是否可以彼此完全区别开来。我们发现，社会科学研究的对象大多具有混合的特性，很难具体地区分开来。研究对象无法完全独立出来，这就使得研究它、把握它非常困难，最终测量也是非常困难的。社会科学的不同学科往往是对同一项活动的不同解释。社会活动虽然被分为不同部门，但作为事物背后的意义却是联系在一起的，是一个整体，所以就很难发现一个唯一正确的解释。正如我们找不到纯粹的教育活动一样，我们很难找到纯粹的其他活动。这样评价教育是困难的，评价社会科学的进展也是困难的。这就提出了一个问题：我们是否必须与别人进行比较才知道我们的进步？如果我们不进行比较怎么能知道我们获得了进步？

一种可以设想到的评价方式是关于自我发展的度量方法，即通过研究领域的展开、研究视野的开阔程度来确定。对于研究者来说，视野开阔自然代表一种上升，即使仅仅是一种研究范围的拓展也是有意义的。对于学校而言，学科领域的扩展自然也是一种进步的显现。对于社会来说，学术关注领域的扩大也是一种进步，因为知识领域的扩大意味着无知的局限在缩小。在国际上，那么对话的空间就更大了。

显然，视野的扩展并非某一原理或定律简单地扩大其推广适用范围。它必然是在寻找新的激活点、寻找新的意义，或者说是将世界逐渐地纳入一个系统之中，使整个世界变得有意义了或具有了内在的联系。这对知识的进步是有作用的。知识进步的方式就是对既有结论的进一步验证或推翻，产生了新的认识，这些新的认识表明知识的深度增加了、解释的范围扩大了、解释更具体了，而不只是停留在表面的层次。这种认识深化的过程就是知识进步的过程。

这个过程不仅适用于社会科学，也适用于自然科学。自然科学也并非表现为纯然逻辑的或直线式进步的，它也是会经过迂回曲折的。这意味着我们的认识往往只是关注一定的侧面，无法去覆盖整体全部，所以我们总能够发现认识的局限性，并试图弥补它。这个弥补过程不是一个简单的替代过程，而是一个相互竞争的过程，在竞争过程中可能会出现一个更具有综合性的理论，使传统的具有争议性的理论归于统一。科学进展很多是通过这种方式进行的。也即当你的理由有道理时，并不能否定站在你对立面的理由没有道理；当你要证明你的理由正确时，你要给以一定的限定条件，离开了这些条件，你的理由就难以成立；当你的条件不能再扩大时，那么你的理由就是有局限性的。社会科学领域中经常存在多种解释，即存在多种理论，它们彼此之间是难以相互统属的，但它们各有自己的解释范围。这时你无法进行合并，如果强行合并，就会出现不伦不类的结果。这种情况同样也存在于自然科学领域内。如对于光的性质至今仍然没有定论，现在人们

277

只知道光线具有波粒二重性。

这些告诉我们，无论是自然科学研究还是社会科学研究，发展首先意味着范围的加宽（这是内生性的，并非是由规模扩大而扩大了外延，这时加宽也是加深的意思），其次出现了具有竞争性的学说。当你能够在一个领域内提出新的观点和看法的时候，就意味着你的研究在某些方面达到了领先的水平。能否达到一种绝对的优势水平，目前看来是不可能的。因为任何研究都是有局限性的，这些局限往往是由于选取的角度不同或预想中的问题不同。很多时候，可以经常运用不同方式来解决同一问题。对于社会科学而言，看待问题的角度不同，解决问题的方式就不同。在这个意义上，也可以说几乎不存在共同的问题。

因此，看待研究进步是非常复杂的事情。我们只有在不断扩大交流中才知道自己的进步，也才知道自己的局限。国际化能够促进我们打开视野，通过获得一种研究思路的突破来促进问题得到局部解决。我们不能指望将问题完全解决。

四、关于教学与科研的关系

在大学发展问题上，自然还涉及对教学水平的认识，也即大学的强弱与教学水平有直接的关系。因此，提高教学水平、提高教学质量已经成了人们共识。但什么标志着教学水平确实提高了，仍然是一个令人困惑的问题。当一个老师教课具有魅力的时候，能够吸引学生听课，他能够将复杂的理论变成通俗易懂的内容，特别是他的讲解能够与学生的愿望达成某种一致时，学生是乐于听他讲解的，这似乎代表教学水平高。但这往往又有几种情况：一种是教师的科研水平非常高，他讲授的课程也非常受欢迎。这是任何人都会表示支持的情况。可以说，在大学教学中，教师能够将科研与教学完全统一起来的，至少是科研与教学互不妨碍的情况是非常少见的。我们知道，科研水平高，是以一定的时间投入为代价的，这样使他不可能用很大的精力去钻研教学。而且，科研内容与教学内容是不一致的。目前，人们所追求的都是一些专门知识，他不可能围绕他的教授内容开展非常广泛的研究，如此他的研究也很难进入深层，也很难达到领先的水平。所以，只有在他专攻的领域，他才可能是左右逢源的。但问题是，他所专注的部分并非是学生普遍感兴趣的，那么它的教学效果就受到了局限。对于他没有进行深入研究的领域，他无论采取怎样的方式，都注定不可能是效果最好的，因为他缺乏充分的发言权。因此，只有在研究范围与教学范围完全对应的情况下，才可能产生一种神奇的效果。即使如此，仍然有一个限定条件，就是教师必须擅长将他的抽象思维转变为容易为学生接受的形象思维，他非常清楚他的对象不是对事物的认识和把握，而是一种传递，这种传递是建立在一种思维绝对不等质的水平上的传递。当他的这种意识非常明确的时候，他才能将其科研与教学任务统一起来。

我们在现实中往往会遇到这样的情况：即便他的教学内容与他的科研对象是完全统一的，他也仍然无法将两者统一起来。原因是科研惯常使用的是逻辑思维，所运用的工具是抽象术语，采用的是书面化语言和叙述方式，而教学大量使用口头语言，同时要求不能出现大量生僻的概念术语，逻辑思维虽然是必要的，但不一定占主导地位。如此便经常出现教学语言与科研语言不相一致的地方，也就是说科研与教学是冲突的。所以在大学里经常出现这样一种情形：教师的科研水平很高，也取得了公认的成就，但其教学水平令人不能恭维。原因是：科研是一种以自我的独立思维为特征的思维活动，而教学则是一种以他者为中心的思维活动。在教学上，教师应该是居于客体的地位，而非主体的地位。这就是人们经常说的教学是双边活动的意思，而不是教师单边的活动。当不是教师的单边活动时，就要求他摆脱主体的地位，否则主体的地位会束缚他的思维，形成以我为主的思维方式。而在科研中教师的思维是无拘无束的，思维可以是非逻辑的、跳跃式的，但这种方式不能应用于教学活动中。教学不是一种单边的逻辑，而是一种多边的逻辑，特别是必须以情境的条件来改变教学设计。

有一种善于煽情的教师，他们比较善于调动学生的参与，学生往往认为这些课程是最好的，但其中知识含量是多大往往不得而知。必须承认，这种教师是善于形象思维的，也是善于语言表达的，但他们的科研水平并不能获得人们称赞。从知识的深度和广度而言，这些教师都是不足的，因为他们本身探索的不足，或许是因为他们的思维方式不适宜于进行抽象的逻辑思考，故而他们很难有很好的科研成果问世。这部分教师却非常善于知识传播，即以学生理解知识的方式进行教学，所以比较适合学生的口味，很受学生欢迎。

现在的问题是：学生欢迎是否是评价教学水平的最根本标准。探讨这个问题涉及一个更为根本的问题：教学目的是为了知识传授还是为了学生的发展。因为这两者并不完全统一。知识传授是指最新知识的传授，而不是将一些固定知识的传授，这也许就是大学教学与中小学教学的根本差异所在。中小学教学的知识基本上是成熟的，而大学的知识则有一个有待进一步去完成的特点。如果教师将这种知识看成是既成的，那么显然是在误人子弟。这就要求教师必须有相应的知识广度和深度才能完成这个任务，即没有科研作为基础的教学是不适合的。当以学生发展为目的的话，知识只是工具，采用什么样的知识则可以由教师进行选择，并且以学生的兴趣为中心。也即当学生不参与你的教学时，他就不可能通过你的教学获得发展。那么你的第一步就是要让学生对你的讲授内容感兴趣。这时你当然就不能选择最深的也即代表学科发展前沿的知识进行传授，而必须选择难易适中的，这样就是以学生的接受能力为标准，即适度的才是好的。这不仅要求教师要对知识脉络非常清晰，而且要经常地研究学生的接受程度，否则就是不可能的。同时，这也要求教师加大对教学的时间投入，与学生分享更多的时间。

这样的教学虽然表面上迎合了学生的发展，但并没有为学生提出一个客观的标准即努力地向科学前沿接近，而是迁就了学生的标准，按照他们能够接受的限度来进行教学。当然，学生在压力不大的情况下比较能够获得全面发展，不需要过分的投入。当以外在客观标准来要求学生时，就意味着学生必须投入更多时间。

这就需要对学校的层次进行划分。当学校以科研为中心任务时，或者说要办成研究型大学时，教学应该以外在的客观知识目标为标准，所选择的学生也应该是非常优秀的，是具有发展潜力的，能够在教师带领和激发下达到对前沿知识的掌握。反之，如果是教学型大学，应该以学生的发展为中心，也就是说教学目标是对比较成熟的知识的传授，而不需要去追赶知识的前沿。因此，不同学校的发展定位不同，应该决定其对教师的选择不同。

所以，教学水平的高低是很难具体评价的。一般认为教师的学术水平高教学质量一定高是一个谬论。所谓教师学术水平高，主要是就教师的科研水平而言的。这也是要求教授给本科生上课的主要理论根据。事实上，在专业课和基础课方面，从事科研的教师能够将课程内在的深度挖掘出来，但这是否就是学生所需要的和能够接受的就不得而知了。因此，对教学水平的评价不能运用一些简单化的方式来进行，而必须考虑影响教学效果的多重因素。

五、关于理论与实践的关系

在大学发展理念上，关于理论知识与应用知识的关系问题也是需要讨论的。我们传统上分为培养理论人才和应用人才，这样的区分实际上是对人才规格和类型及层次的区分，但无形中也把实践应用的人才培养称之为低档次的人才培养，这与当前对高职层次的认识是一脉相传的。事实上，并不存在纯理论与纯应用的划分，只存在理论层次的区分和应用对象的区分。因为谁都不希望培养出的人才只懂一些理论而不知道实践操作。即使专门从事理论研究的人才，也应该是一些实践应用能力非常强的人才，因为只有这样，他才能在实践中发现问题，才能促进他进行理论思考。

如果将应用型人才理解为进行了相当技能训练并可以直接进入生产现场的高级技工，这是一种根据工作的需要而进行的制度安排，无可厚非。毕竟随着高等教育大众化趋势的进一步延伸，必然要有大量的人才直接进入生产第一线，这些人不能只是理论上知道是什么而不会具体操作，他们必须能够实际从事这些工作，才能知道理论的与实际的有多大差距。技术和技能是比较成熟的知识和技巧，这些是工业生产线上所不可缺少的，也是保持生产效果所必需的。当知道生产原理或技术原则后，可能对技术技能的掌握更有利些，如果没有理论知识的传授，只进行单纯的技能培训，那是在培养操作工，不是高等教育的任务。问题是现在的理论教学与实践技能的培养是脱离的或脱节的，甚至可以说从教学方案设计方面就出现了问题。

在传统的培养方案中，毕业生的未来工作基本是确定的，所以在技能培养方面是有针对性的。理论上进行一些通用的理论知识教学，这些教学无非是一些专业知识、原理。由于实践环节的缺乏，理论知识大部分都是书本知识的灌输。而实践操作技能是比较具体的，与理论知识之间关系不大，所以在理论与实践之间存在着"两张皮"的现象。何况，理论教学与技能教学完全是由不同的人来进行的，因而这样的教学设计也不可能考虑到什么衔接性。

目前，几乎所有高校都没有很好地解决理论与应用之间的关系问题。从现实情况看，学生越来越注重学习的实际效果，即更重视知识的应用价值，或者说更多的学生倾向于成为应用人才，而非学科型人才，这对于研究型大学特别对传统的文理综合性的研究型大学而言是一个严峻的挑战。目前，几乎所有大学的培养方案都是学科型的，这肯定不能适应学生的发展要求，特别是不能适应高等教育大众化趋势的需要。大学要改变这种局面，必须重新定位，并从办学方式上进行改革。其根本的出路只能是：更加开放，将社会应用技能人才引入大学教学队伍中。而传统上只注重科研的办学方式不可能适应高等教育大众化的要求。解决好这一问题，也是大学理念的重要革新。

六、结论：科学发展观是对大学校长能力的考验

有理由相信，上述这些基本问题是高校发展中普遍面对的问题，而不是单单某个高校才遇到。这些问题的出现，首先考验的是大学是否具有把握自我发展能力，因为只有自主办学的大学才能真正思考这些问题；其次是考验大学校长是否具有通识的智慧，即考验大学校长能否识别这些问题所牵涉的各种复杂关系；再次也是考验大学校长是否具备面对复杂局面的治理才能，因为能知并不代表能行；最后也是对中国大学发展总体上是否具备适宜的发展环境的考验，在这些环境中包含了社会舆论、学校内部的期盼和各种外部政策是否协调等。大学校长只有坚持科学的发展观，树立正确的政绩观，才能较好地处理好这些问题，才能够引领大学步入一条健康、协调和可持续发展道路。这一切无疑都呼唤大学校长的办学理念进行不断创新，行为方式不断更新。

第四节　现代大学制度建设的根本在于创造[①]

一、现代大学制度建设需要长期的努力

建设现代大学制度，是我国在新世纪确立的教育改革发展的重要任务和目标，目前已经在多所高校积极地进行现代大学制度建设的试点工作。可以设想，现代大学制度试点工作是一场涉及面非常广的教育改革实验，很难取得速效。为此，我们必须树立长期奋斗的思想，不要希望在一朝一夕间建成完善的制度。

现代大学制度建设从总体上而言就是一场声势浩大的教育改革实验探索。因为现代大学制度建设的目的就是要把我国大学带上一条高水平发展的轨道，使我国大学尽快地接近世界一流大学的发展水平，为此就需要系统地调整各方面的关系，建立一种长效的发展机制，从而动员各种力量来支持大学改革发展，促进大学水平的迅速提升。然而，这场改革探索注定是充满艰辛的，因为我们并没有一个现成的现代大学制度样板可以套用，一切都需要我们自己建构，我们需要从认识现代大学制度的本质着眼，从制定具体的行动目标入手，需要综合地分析实现目标所面临的障碍，周密地制订行动计划和步骤，创造性地进行实践操作，这样才能逐渐地接近理想的目标。可见，这一切都绝非易事。

二、"生产力标准"是判定现代大学制度的根本标准

目前，人们对建设现代大学制度还存在着不小的困惑，如对现代大学制度建设究竟能够达到什么样的目标并不十分清楚，对于现代大学制度究竟代表什么也缺乏比较一致的认识，这样就阻碍了现代大学制度建设推进的力度。事实也如此。如果不能清晰地阐述现代大学制度是什么的话，那么，议论现代大学制度就容易陷入空谈，甚至成为一种奢谈。今天，许多人仍然存在一种误解，即认为现代大学制度就是指西方大学制度，特别是美国的大学制度，这样的话就很容易落入

[①]　本节原发表在《中国高等教育》2012 年第 24 期。

"西方中心主义"或者叫"唯美派"的思维中去。这一看法的实质就是不承认具有中国特色的现代大学制度探索。之所以如此，其原因就在于我们无法对现代大学制度予以清晰的规定。当我们"以生产力发展作为标准"时，我们就容易跳出"西化论"的误区。所谓"生产力标准"，就是以大学制度是否适合我国社会经济发展需求为依据，特别是以能否适合培养创新人才的需要为依据进行判断。如果大学制度能够有效地适应培养创新人才的需要，那我们就说它是现代的大学制度，否则就是落后的大学制度。因此，现代大学制度就是适合中国经济社会发展需要的大学制度。

传统的大学制度是因循计划体制而来的，仍然是束缚我国大学发展的主要原因。虽然自改革开放以来我国大学制度已经在许多方面进行了改变和调整，但骨子里没有脱去传统计划体制的本质，所以我们常常把这种传统体制下的大学制度作为现代大学制度思考的对立面。但我们不是反对传统大学制度中的一切，而是只反对其中不适应社会经济发展需要的方面。如人们所反对的"大学行政化"就是传统体制对大学发展束缚的典型表现，而且它也是我国提出建设现代大学制度的直接动因和着力要解决的问题。

传统计划体制的影响还表现在许多方面，比如大学缺乏主动自觉意识，仍然有一种"等靠要"的思想；大学缺乏一种创造精神，一切还等待上级发布命令指示去执行；大学办学缺乏自己的明确定位，仍然存在着很强的攀比意识，因而大学办学缺乏特色；大学不能为教授们创造良好、宽松的学术氛围，还在运用简单的量化考核方式和"一刀切"的办法来引导大学教师重量不重质；大学还没有把培养创新人才放在工作首位，陈旧的教学观念和课程内容及灌输式的教学方式仍然充斥着大学课堂；大学生还处于一种被动的学习状态，他们缺乏对新知识探求的需求……这一切都制约着我国大学办学水平的提高，阻碍了我国大学向世界一流大学的迈进步伐，也影响了大学在中华民族伟大复兴进程中的作用发挥。

三、现代大学制度建设的本质在于创造

努力去改变落后的大学办学状况，正是现代大学制度建设的核心使命！如何

改变？关键在于培养大学的自主创造精神，在于创建一个使大学教授们潜心于科研与教学的学术活动平台，在于创造一个激发大学生自觉成才的校园氛围，这就是现代大学制度建设的具体任务。为此，就必须重新梳理大学与政府的关系、大学与社会的关系、大学与教授的关系、大学与学生的关系——这就是现代大学制度建设的基本轮廓。究竟该建立一个什么样的合理关系呢？这一思考正是制定大学章程要做的工作。

大学如果不能清晰地界定大学的任务和使命的话，就无法处理好它与外部及内部的各种关系。大学的根本使命就在于发展学术，实现知识创新，通过教学科研活动服务于社会经济建设各方面的需要。大学正是在有效地应答社会发展需要的过程中实现了知识创新和学术发展。为此，大学就必须具有主动反映社会需要的机制。这一机制必然是自主的、自律的机制，是一种能够反映大学内在学术创造需求的制度规范和组织构架，在这种组织构架中，充分反映大学教授的基本需求，把保护他们的学术创造精神放在第一位，激发他们投身知识探索和知识传播的热情，这就是大学制度规范建设的核心内容。唯有如此，大学制度建设才是成功的，也才可能说我们的大学制度属于现代大学制度。

因此，现代大学制度建设本质上是一种创造，它不可能按照一个现成方案进行复制，它也不可能有既定答案，而只有适合知识创造和知识传播的制度才是有效的，才符合现代大学制度的内在规定。这就要求我们必须摆脱拿来主义的接受意识，摆脱依靠上级指示精神办事的惰性习惯，摆脱那种缺乏独立创造的思维定式，特别是摆脱那种依靠外部评价的被动依附性格，要形成一种适应新世纪社会经济发展需要的创造动力，形成一种依靠内在潜能激发进行学术创新的自主意识，形成一种为了学术创新贡献一切的学术首创精神，形成一种自我约束的机制和为了学术创新提供全方位服务的文化品格。只有到此时，现代大学制度建设才是成功的。

所以，从根本上说，现代大学制度建设是一次创造性实验，而且它首先是一次文化创新。

结　语
现代大学制度——一个世纪性话题[①]

一、现代大学制度应从洪堡算起

早在《国家中长期教育改革和发展规划纲要（2010—2020 年)》（以下简称《纲要》）颁布之前，关于现代大学制度学术界已经有许多议论，但核心是改革传统办学体制，适应市场经济体制要求，寻找合理的大学办学关系模型（袁贵仁，2000)。《纲要》颁布之后，人们最关心的是在我国如何建设现代大学制度问题，但这不意味着以前探讨的问题已经得到解决。事实上，《纲要》的颁布更加促进了人们进行理论探讨的兴趣，因为要进行现代大学制度建设，首先就必须在理论上阐述清楚何谓现代大学制度（王洪才，2005c)，否则关于现代大学制度建设就缺乏一个明确指向。毋庸置疑，我们在讨论"现代大学制度"这个命题时首先面临的问题是什么是现代大学制度（王洪才，2007b)，其次我们要问的是"现代大学制度"是已经存在的还是未来建构的方向（王洪才，2005a)，再次必然要问"现代大学制度"的典型标志是什么（王洪才，2006)，最后必然要问我国目前的大学制度究竟算一个什么样的制度。这些都是关于现代大学制度的基本问题，如果

---

① 本文原发表在《复旦教育论坛》2011 年第 2 期，收录在本书时略有改动。

回避这些问题，那么就不可能谈清楚什么是现代大学制度。

关于现代大学制度的认定有几种观点，最典型的一种就是认为自洪堡柏林大学以来的大学制度就是现代大学制度（别敦荣，2004），换言之，洪堡创立了现代大学制度的原型，沿着洪堡创立大学的思路进行大学制度设计都是现代大学制度。这个说法在学术界有比较高的认同度，因为洪堡创立柏林大学后确实开创了一个时代，德国大学成为世界高等教育的中心，世界各地都向德国学习大学经验。我国最早引进的大学制度实际上是假道日本传来的德国大学制度，之后经过了美国模式的改造，后来又经过了苏联模式的改造，今天似乎再向美国模式靠拢。如果以这个逻辑进行推导，那么当今最先进的大学模式已经不是德国的，而是美国的了。那么反映现代大学制度实质的似乎也应该是美国的大学制度。

为什么德国大学模式并不能成为一个永恒的大学模式？原因在于德国大学模式的产生具有其特殊性，它产生在一个特殊时期，具有一个特殊的国情（博伊德，金，1985）[327-332]，这个国情当然是不可复制的，这就决定了德国大学模式是不可复制的。那么，别国学习德国大学模式也只能学习其中的一部分，而不可能全盘照搬。美国大学在学习德国大学模式时就只学习了教学与科研相结合的制度，这个制度要求实现学习自由和研究自由。这其实也是德国大学模式的精髓所在。美国在学习这一制度后就成功了，创造了适合其本土要求的研究型大学，其标志是约翰·霍普金斯大学的创立，它带动了美国一批大学设立研究生院，促进了美国大批高校从学院转制为大学设置，其中包括哈佛大学（舸昕，1998）[324-326]。日后实践证明，美国大学学习德国大学模式是成功的，原因在于它在学习德国大学模式时并没有丢掉其本土的特色，于是创造了适合美国本土要求的美国大学模式。从今天美国大学仍然在引领世界高等教育的潮流看，显然美国大学模式是成功的。可以说，美国大学模式经历了一个世纪的努力才获得了成功，它已经领导了世界高等教育潮流将近半个世纪。①

---

① 如果从赠地学院建立算起，美国高等教育到 20 世纪 60 年代才逐渐成为世界高等教育的霸主，用了差不多整整一个世纪的时间。

二、美国大学模式是现代大学制度建设的主要参照系

我国大学已经模仿了外国大学模式长达一个多世纪的时间。[①] 虽然我国在 1993 年制定第一部《中国教育改革和发展纲要》时就提出了建立世界一流大学的目标，但这个目标并不清楚，因为我们真的不知道一流大学究竟是何标准。到 1998 年我国提出"985 工程"时，建立世界一流大学的目标仍然不是非常明确。因为此时虽然心目中已经有了一流大学的模糊影子，如美国老牌的哈佛大学和耶鲁大学，再有就是以硅谷闻名的斯坦福大学，之后就是以工程技术闻名的 MIT 和以"西部的哈佛"著称的加州大学伯克利分校，后来就有以"小而精"著称的普林斯顿大学和加州理工学院，其他的如哥伦比亚大学、芝加哥大学等著名大学似乎都还不在话下。可以看出，这些大学多半是不可模仿的，因为它们绝大多数都是私立大学，而我国主要的大学都是公立大学，显然这样的学习没有什么结果。在这些美国大学中，唯一的公立大学就是加州大学的伯克利分校，而这所大学也几乎是无法模仿的，因为它所占据的天时地利是无与伦比的。特别是加州大学的办学自主权是极大的，加州大学的发展也得益于加州大学体系设计，得益于一个发达的高等教育体系设计，这一点是不可比的（克尔，2001）[130-153]。

今天，似乎除美国之外我们就没有其他可模仿或可参照的对象了，因为在我们的印象中欧洲老牌的著名大学都渐渐落伍。造成这一心理定式的不仅是由于现在世界高等教育的重心在美国，而且是由于现在世界上的重大科学奖项如诺贝尔奖获得者也多数出自美国的大学。世人公认，世界主要的科学奖项基本上代表了大学的世界水平，而美国大学能够独占鳌头，也不能不令世界各国大学臣服。所以，至今美国大学仍然是世界留学的第一选择。尽管美国近来不断地受到经济危机的冲击，但美国大学作为世界大学的领导地位似乎并未受到影响。我们不得不说，美国不仅拥有世界一流的大学，而且拥有世界一流的发达的高等教育体系。

---

① 我国建立最早的西式大学有多种说法，典型的有两种：一是从 1898 年京师大学堂算起，另一种是从 1895 年的北洋大学堂算起，但无论哪一种算法都已逾百年。

可以说，美国大学之所以卓越，很大程度上是因为其发达的高等教育体系使一流大学能够专注于知识创造，使高等教育的其他功能可由其他高等教育系统分担，这样美国大学在实现大众高等教育功能的同时也保证了精英高等教育功能不致受到损害（特罗，1999）。这就是美国高等教育体系优越性所在。美国高等教育体系的特色就是多样性，并且通过竞争来保证其多样性，因为没有特色就不能生存，有了特色就有多样性。当然，美国高等教育最根本的特色是自治，它没有一个统一的中央设计，各地高等教育都可以展现自己的特点，表达自己的意志，并在自己与社会的互动中进行调整。这就是美国高等教育体系的特色，从而可以使不同的高等教育机构应对不同的高等教育需求（博克，1985）[1-26]。

美国高等教育体系的特色使每个大学的自主性得以充分发挥。大学必须能够自主，必须能够独立地回答社会对大学提出的疑难问题，大学也正是在回答这些疑难过程中才获得了发展。大学应该主动地寻求自己的发展方向，而不应该被指定该如何发展。大学自治，这正是美国大学的活力所在。显然，如果大学不能主动地考虑社会的需求，那么大学发展就是盲目的，也不可能达到领先的程度。大学正是在创造性地解答社会需要的困惑中获得了自己发展的动力，并在解答这些困惑的过程中发展了知识。我们认为，知识发展永远是与实际问题的解答联系在一起的，知识绝不是空想的、杜撰的。这给我国大学发展的一个重要启示是：大学必须面对社会需求，绝不能关起门来举办，那样是不可能出现世界一流大学的。

美国大学制度设计使大学保持了创造性。在美国，大学教授拥有充分的自主权，他们通过教授会组织进行学术事务的管理，除非在涉及财务等问题上需要综合平衡外，教授会的决定是绝对的。也就是说，在大学里，学术是中心，在学术事务上教授说了算，教授通过教授会组织来表达自己的意见。每个系科有自己的教授会，学院层次也有自己的教授会，学校层次当然也有教授会，这些机构都负责学术事务的决策。这个设计要求每个教授都担负有参与社会服务的义务，而不能关起门来只搞自己的学问。因为学术事务是整个学术人的事务，如果学术人不积极参与，不发表意见的话，就不能实现学术自主，就只能由外行进行学术决定了，那样的话学术就彻底地丧失了自主能力。行政部门是负责提供保障条件的，是提供相应的服务的，他们的工作是辅助性的，而不是决定性的。所以在大学里，学术事务就是要由学术人员自己来决定。表面上看，似乎教授只是治学，而从实质看这就是在实行教授治校，因为大学的核心事务就是学术，治学本身就是在治校。虽然在最后综合平衡环节是由以校长为首的行政系统负责，但教授拥有对校长遴选的决定权，换言之，教授委员会决定校长的基本人选，校长出自教授会推荐的名单，这意味着，如果校长的治理主张不能获得教授会认可的话，校长是无法当选的，即使当选其行政也是无效的，甚至会被教授会罢免，尽管最终罢免权是由董事会行使。这就说明，在美国大学，教授不仅治学，而且治校，但不是直接治校，而是通过校长组成的行政系统来进行。这样就保证了大学能够以学术为本，不会出现高于学术价值的其他价值（魏士强，2003）。

三、现代大学制度建设需要以学术价值为本

我国建立现代大学制度远没有这么简单，我们必须处理一系列的复杂问题。在我国，要建立一个合适的内部治理结构需要调整大学与外部的关系。我国大学面临的最突出问题就是行政化色彩太重，学术价值不具有本体价值，只是一种工具价值，换言之，学术价值不独立严重制约着大学创造性的发挥。目前，中国大学的行政系统不是服务性的，而是主导性甚至是主宰性的，由于这个价值趋向的原因，才导致大学行政化现象越来越严重。现代大学制度架构就是首先要确立学术价值与行政价值等基本的关系，即究竟是以学术为本还是以行政为本。因为大学作为一个学术组织，学术活动必须以个体主动性充分发挥为前提，必须给予学术人员充分的自由，所以就不能过多地进行行政限制。这就要求大学必须还原学术为本的特色，不然，大学只能导向越来越严重的行政化。

说到根本，就是大学校长应该由谁来选择的问题。如果校长由大学教授举荐，校长的施政纲领必须由大学教授会同意，这样才能形成学术与行政之间的制约关系。没有这个基本的制度设计，校长就可能只听上级的命令而不关心基层的实际需要。此外，要健全各级的学术委员会组织，使其充分行使在学术事务上的发言权。而且大学的权力也不能集中在上层，要下放学术决定权，目前特别是要加强

中层学术机构在学术事务上的决定权。我们设想，在学术事务越来越复杂的今天，完全下放到基层虽然有助于实现学术民主，但不利于学术效率的提高。而集中在上层就容易导致管理的简单化、无效化，所以比较适合的治理模式是实行中位管理。中位管理其实是实现民主与效率之间的平衡（王洪才，2008）。

我们设想，在大学上层，校务委员会应承担类似董事会的角色，负责学校主要事务的决定。党委会应担负类似监事会的角色，对学校重大事项的决策进行监督。学术委员会则应是学校的最高学术决策机构。校长办公会则是行政系统的决策机构。各个学院则具有相对独立的功能，并非一种单纯的行政机构的设置，而是行使学术自主权的基本单位，换言之，各个学院应该表达自己的独立意见。各个职能处室则负责综合协调服务工作，将各个学院不能独立承担的工作统整起来，实现规模效益原则。同时，这些行政单位负责与外部的联络，处理各个学院不便于独立处理的事宜。但要注意，这些处室不是代替各个学院作出决定，而是重在反映各个学院的意志，通过争取各种条件实现各个学院的意志和整合各个学院的意志为一个整体的意志。这就是大学的内部关系处理原则。

在大学外部，国家教育主管部门需要给大学充分的自主权，特别是在财政拨款上给大学以自主权，使大学能够保证日常办学的正常运转，而要减少专项拨款，避免大学决策把全副精力都用于争取拨款上而无法安心于日常的事务上。特别是这些专项拨款越多，漏洞就越大，腐败就越多，官本位意识就越被强化，大学就越来越行政化，学术人员就越来越不安心于学术。此外，各级政府还要减少各种名号的奖励刺激等，因为这些奖励刺激使得人心浮躁，诱惑人们相互攀比和急功近利。在决定校长人选上，特别要尊重教授的意见，反映教授的声音，使教授对校长的任命具有决定性的一票，要使校长职位变成一种荣誉而不是一种荣耀，是一种职责而不是一种权力。在此可以借鉴欧洲大学的做法，淡化校长权力，使校长不成为权力集中地，从而淡化大学的行政色彩。

四、明确学术权利是现代大学制度建设的起点

显然，要建立中国的现代大学制度是一个漫长的过程，需要一个摸索阶段。

　　其中，最艰难的一步是大学教授的学术权利的保护问题。如果教授不明确自己的学术权利，就无法提出自己的独立主张，当其权利受到侵害的时候也不能得到有效、及时的救济。当教授不知道自己基本权利的时候，就不可能有效地参与学术决策，也不可能在学术决策过程中有效地自律，当然也就无法监督学术决策的过程，自然难以抵挡行政权力的侵蚀。所以学术权利立法是第一步，也是最根本的一步，这一步解决了，其他问题就都容易解决了。学术权利明确了，大学地位和组织性质也就明确了。目前，大学组织仍然是一种行政化色彩非常浓厚的学术组织。所以，建立中国的现代大学制度需要从完善学术权利立法起步。

　　而且我们认为，我国探索现代大学制度的过程就是探索中国大学模式的过程。因为探索现代大学制度的目的就是要探索最适合我国国情的大学发展制度，也就是要创建一个具有中国特色的大学发展模式。这个发展模式既不能脱离中国发展的实际，也不能完全无视国际高等教育发展的实际，它注定是中国特色的大学发展模式，因此可以简称为中国大学模式。

附　录
阶段性成果发表情况

一、期刊发表的成果

（一）CSSCI 发表的课题成果论文

1. 王洪才，张继明. 高等教育强国与现代大学制度建设 [J]. 厦门大学学报，2011（6）：119－127.

2. 包水梅. 专业学位研究生教育——跨越式发展背后的尴尬及其化解 [J]. 中国高教研究，2011（9）：41－45.

3. 王洪才. 教育失败、教育焦虑与教育治理 [J]. 探索与争鸣，2012（2）：65－70.

4. 王洪才. 论中国文化与中国大学模式 [J]. 华中师范大学学报，2012（1）：144－152.

5. 王洪才. 高等教育研究的两种取向：本质主义与非本质主义 [J]. 高等教育研究，2012（2）：35－41.

6. 王洪才. 教育学：人文科学抑或社会科学？ [J]. 教育研究，2012（4）：10－17.

7. 王洪才. 从本质主义走向非本质主义：中国高教研究 30 年回顾 [J]. 现代

大学教育，2012（2）：1-6.

8. 王洪才，赵琳琳. 现代大学制度：缘起、界定与突破［J］. 江苏高教，
2012（3）：31-33.

9. 包水梅. 中美学术型博士研究生课程修读之比较研究［J］. 江苏高教，
2012（5）：84-88.

10. 包水梅. 我国研究型大学教育学院的发展战略探析［J］. 学术论坛，2012
（8）：219-224.

11. 包水梅. 哈佛大学"教育领导博士"学位的创设及其培养方案研究［J］.
学位与研究生教育，2012（8）：64-70.

12. 王洪才. 大学创新性教学的本质与实践策略［J］. 中国高等教育，2012
（12）：13-15.

13. 王洪才. 大学治理的内在逻辑与模式选择［J］. 高等教育研究，2012
（9）：24-29.

14. 王洪才. 再论现代大学制度结构特征［M］// 中国教育政策评论. 北京：
教育科学出版社，2012：44-55.

15. 王洪才. 古代书院制度与现代大学精神［J］. 大学教育科学，2013（1）.

16. 王洪才. 西南联大成功与校长角色定位［J］. 社会科学战线，2013（11）：
195-201.

17. 王洪才. 论高等教育"适应论"及其超越［J］. 北京大学教育评论，2013
（4）：129-150.

18. 王洪才，解德渤. 纪念毛泽东：一位解放教育学的先驱［J］. 复旦教育论
坛，2013（6）：5-11.

19. 包水梅. 我国研究型大学中教育学院的创建及其发展研究［J］. 教育科
学，2013（1）：39-45.

20. 包水梅. 论"潮课"与高校公选课的人本逻辑［J］. 大学教育科学，2013
（3）：34-36.

21. 包水梅. 台湾建设世界一流大学之政策研究［J］. 现代大学教育，2013

（3）：78 – 88.

22. 包水梅. 高等教育多学科研究的困境解读与反思 ［J］. 高等教育研究, 2013（5）：46 – 52.

23. 包水梅. 美国研究型大学教育学院的发展路径及其启示 ［J］. 高教探索, 2013（3）：69 – 76.

24. 包水梅. 中美高等教育学硕士研究生培养制度比例研究 ［J］. 研究生教育研究, 2013（2）：91 – 95.

25. 包水梅. 大学发展战略规划的逻辑研究 ［J］. 国家教育行政学院学报, 2013（2）：43 – 47.

（二）其他期刊发表的论文

1. 包水梅. 中美高等教育学博士研究生培养制度的比较研究 ［J］. 高校教育管理, 2011（4）：59 – 67.

2. 包水梅. 我国拔尖创新人才培养的困境及其根源与出路 ［J］. 现代教育管理, 2012（8）：83 – 90.

3. 包水梅. 作为方法论的高等教育多学科研究解读 ［J］. 现代教育科学, 2012（5）：1 – 8.

4. 王洪才. 国际化与本土化：中国大学模式的艰难选择 ［J］. 高等理科教育, 2013（5）：1 – 6.

二、博士论文

1. 谢素蓉. 高校教师专业发展的实证研究 ［D］. 厦门大学, 2011.

2. 李青合. 大学自我管理能力的实证研究 ［D］. 厦门大学, 2011.

3. 张继明. 2013. 学术本位的大学章程建设探索 ［D］. 厦门大学, 2011.

三、论文的学术反响

1. 王洪才. 论中国文化与中国大学模式——对露丝·海霍 "中国大学模式"

命题的文化逻辑解析［J］. 新华文摘，2012（7）：123 - 127；高等学校文科学术文摘（2）：76 - 78.

2. 王洪才. 教育学：人文科学抑或社会科学［J］. 新华文摘，（17）：123 - 126；人大·教育学文摘［J］. 2012（4）：39 - 40.

3. 王洪才. 论中国古代书院与现代大学精神［J］. 新华文摘，2013（8）：116 - 118.

4. 王洪才. 教育失败、教育焦虑与教育治理［J］. 高等学校文科学术文摘，2012（4）：158 - 159；教育科学文摘［J］. 2012（3）：5 - 7.

四、论文获奖情况

1.《教育学：人文科学抑或社会科学》（原载《教育研究》2012 年第 4 期）一文获得厦门市第九届社会科学优秀成果一等奖、福建省第十届社会科学优秀成果二等奖；

2.《大学排行榜：现状·困境·展望》（原载《复旦教育论坛》2007 年第 6 期）一文获得厦门市第八届社会科学优秀成果一等奖。

参考文献

阿尔特巴赫. 2006. 大学排行榜之困 [J]. 周岳峰，译. 世界教育信息（6）：28 - 29.

北大新闻网. 2003. 北京大学教师聘任和职务晋升制度改革方案（征求意见稿）[EB/OL]. (2003 - 07 - 18) [2012 - 12 - 28]. http：//news. eastday. com/epublish/gb/paper245/1/class0245 00003/hwz982161. htm.

北大新闻网. 2003. 北京大学教师聘任和职务晋升制度改革方案（第 2 次征求意见稿）[EB/OL]. (2003 - 07 - 18) [2012 - 12 - 28]. http：//news. eastday. com/epublish/gb/paper245/ 1/class024500003/hwz982148. htm.

北京日报. 2011. 胡锦涛在清华百年校庆大会上的重要讲话 [EB/OL]. (2011 - 04 - 25) [2011 - 12 - 28]. http：//www. bj. xinhuanet. com/bjpd_ sdzx/2011 - 04/25/content_ 22604972. htm.

别敦荣. 2004. 我国现代大学制度探析 [J]. 江苏高教（3）：1 - 3.

博克. 1991. 美国高等教育 [M]. 乔佳义，译. 北京：北京师范学院出版社.

博克. 2001. 走出象牙塔：现代大学的社会责任 [M]. 徐小洲，陈军，译. 杭州：浙江大学出版社.

布鲁贝克. 2001. 高等教育哲学 [M]. 王承绪，等，译. 杭州：浙江教育出版社.

蔡元培. 2003. 我在北京大学的经历 [A] //杨东平. 大学精神. 上海：文汇出版社.

查理. 2012. 近代大学模式：法国、德国与英国 [J]. 张斌贤，等，译. 大学教育科学（3）：81 - 91.

沉冰. 2010. 众多大学领导成腐败"硕鼠"说明啥 ［EB/OL］. （2010 – 06 – 25）［2012 – 12 – 23］. http：//views. ce. cn/view/gov/201006/25/t20100625_ 21550558. shtml.

陈岱孙. 2006. 国立西南联合大学. 序 ［A］. 西南联大北京校友会. 国立西南联合大学校史 ［C］. 北京：北京大学出版社：2.

陈洪捷. 2002. 德国古典大学观及其对中国大学的影响 ［M］. 北京：北京大学出版社.

陈鹏，刘献君. 2006. 我国公立高等学校法人治理结构的缺陷与完善 ［J］. 教育研究 （12）：45 – 50.

陈平原. 1998. 大学之道——传统书院与二十世纪中国高等教育 （2） ［EB/OL］. （1998 – 12 – 13）［2012 – 12 – 24］. http：//www. literature. org. cn/Article. aspx？ id = 70887.

陈旭峰. 2010. 从社会学视角看大学生就业难问题 ［J］. 教育学术月刊 （12）：71 – 84.

陈至立. 2005. 坚持教育公益性，不能搞"教育产业化" ［EB/OL］. （2005 – 12 – 26）［2012 – 12 – 23］. http：//news. 163. com/05/1226/07/25SMPOC30001124T. html.

大场淳，杨九斌，吴坚. 2011. 法人化与日本大学治理：变革、效果与挑战 ［J］. 教育学术月刊 （4）：90 – 92.

代林利. 2007. 牛津大学治理结构的形成与演变 ［J］. 现代大学教育 （4）：35 – 40.

单敏. 2008. 解读联大：大学校长的视角 ［EB/OL］. （2008 – 07 – 31）［2012 – 09 – 08］. http：//cg. yunnan. cn/21scientist/html/5/255. htm.

邓洪波. 2007. 八十三年来的中国书院研究综述 ［J］. 湖南大学学报：社会科学版 （3）：31 – 40.

丁钢. 1995. 书院精神与中国现代大学的民族性 ［J］. 高等教育研究 （3）：17 – 22, 61.

董云川. 2002. 现代大学制度中的政府、社会、学校 ［J］. 高等教育研究 （5）：28 – 32.

杜维明. 2010. 以儒家核心价值观对话西方 ［EB/OL］. （2010 – 01 – 12）［2010 – 08 – 12］. http：//sspress. cass. cn/news/7044. htm.

樊立宏，张文霞. 2011. 教授争当处长的无奈 ［N］. 光明日报，2011 – 08 – 03 （15）.

范蔚文. 2001. 汤因比与历史研究 ［N］. 人民日报，2001 – 01 – 13 （8）.

方耀楣，张瑞平. 2011. 去行政化：回归大学教育本位 ［J］. 教育理论与实践 （6）：3 – 5.

费瑟斯通. 2000. 消费主义与后现代文化 ［M］. 刘精明，译. 南京：译林出版社.

弗莱克斯纳. 2001. 现代大学论 ［M］. 徐辉，陈晓菲，译. 杭州：浙江教育出版社.

傅剑锋，等. 2008. 中科大校长朱清时：高校评估该停了 ［EB/OL］. （2008 – 04 – 24）

[2010 - 12 - 28]. http：//www. sciencenet. cn/htmlnews/200842412946965 205801. html.

傅剑锋，等. 2008. "高校评估该停了"——专访中科大校长朱清时 [EB/OL]. (2008 - 04 - 23) [2010 - 12 - 28]. http：//www. infzm. com/content/6192.

甘永涛. 2007. 英国大学治理结构的演变 [J]. 高等教育研究 (9)：88 - 92.

舸昕. 1999. 从哈佛到斯坦福：美国著名大学今昔纵横谈 [M]. 北京：东方出版社.

龚放. 2010. 大学"去行政化"的关键：确立大学行政管理的科学性 [J]. 探索与争鸣 (11)：71 - 75.

顾建民，刘爱生. 2011. 超越大学治理结构——关于大学实现有效治理的思考 [J]. 高等教育研究 (9)：25 - 29.

顾人峰. 2004. 现代大学制度的核心——教授治学与校长治校 [J]. 理工高教研究 (3)：15 - 16.

广少奎，刘京京. 2012. 冲突与缓和：西南联大内部矛盾论析——兼论"联大精神"实质 [J]. 高等教育研究 (4)：93 - 98.

哈斯金斯. 2007. 大学的兴起 [M]. 梅义征，译. 上海：上海三联书店.

韩水法. 2002. 大学制度与学科发展 [J]. 中国社会科学 (3)：77 - 78.

韩延明. 2001. 蔡元培梅贻琦之大学理念探要 [J]. 高等教育研究 (3)：90 - 93.

韩映雄，石梅. 2010. 论高等教育强国建设中的海外办学——以孔子学院为例 [J]. 比较教育研究 (10)：40 - 44.

郝文武. 2009. 新读书无用论的根源及其消除 [J]. 中国教育学刊 (9)：34 - 36.

贺国庆. 1998. 德国和美国大学发达史 [M]. 北京：人民教育出版社.

洪德铭. 1997. 西南联大的精神与办学特色（上）[J]. 高等教育研究 (1)：10 - 16.

洪明. 2009. 现代新儒学教育流派研究 [M]. 广州：广东教育出版社.

胡钦晓. 2007. 解读西南联大：社会资本的视角 [J]. 高等教育研究 (1)：98 - 104.

胡适. 1993. 胡适教育论著选 [M]. 北京：人民教育出版社：193.

胡适. 2003. 回顾与反省 [A] //杨东平. 大学精神. 上海：文汇出版社：11 - 12.

华伟，许纪霖. 2003. 再论北大改革：一次历史性跨越 [EB/OL]. (2003 - 07 - 14) [2006 - 06 - 16]. http：//special. dayoo. com/2003/node_ 1232/node_ 1242/2003/07/14/105817308840703. shtml.

黄福涛. 2003. 外国高等教育史 [M]. 上海：上海教育出版社.

黄福涛. 2008. 外国高等教育史［M］. 2 版. 上海：上海教育出版社.

吉登斯. 1998. 现代性与自我认同：现代晚期的自我与社会［M］. 赵旭东，方文，译. 北京：生活·读书·新知三联书店.

纪宝成. 2010. 高校去行政化真正含义是按教育规律办教育［EB/OL］.（2010 – 03 – 09）［2010 – 09 – 20］. http：//edu. dbw. cn/system/2010/03/09/052391794. shhtml.

蒋国华. 2004. 大学排行榜释疑［J］. 中国高校科技与产业化（10）：15 – 16.

蒋梦麟. 2003. 北大之精神［A］//杨东平. 大学精神. 上海：文汇出版社：13 – 14.

金. 1985. 西方教育史［M］. 任宝祥，吴元训，译. 北京：人民教育出版社.

南方科技大学动工［EB/OL］.（2008 – 04 – 01）［2012 – 10 – 28］. http：//news. sina. com. cn/c/2008 –04 –01/154113669172s. shtml.

凯尔纳，贝斯特. 1999. 后现代理论：批判性的质疑［M］. 张志斌，译. 北京：中央编译出版社：1 – 43.

康宏. 2012. 美国院校认证标准的价值研究——以中北部协会为例［J］. 大学：学术版（3）：67 – 71.

克尔. 1987. 大学的功用［M］. 陈学飞，等，译. 南昌：江西教育出版社.

克尔. 2001. 高等教育不能回避历史：21 世纪的问题［M］. 王承绪，译. 杭州：浙江教育出版社：130 – 153.

克尔. 2008. 大学的功用［M］. 高铦，等，译. 北京：北京大学出版社.

克拉克. 2001. 探究的场所：现代大学的科研与研究生教育［M］. 王承绪，译. 杭州：浙江教育出版社.

兰云，蔡言厚. 2003. 完善"中国大学排行榜"的若干建议［J］. 现代大学教育（3）：109 – 112.

李兵，李文艺. 2010. 对中国古代书院教育科举化原因的思考［J］. 湖南大学学报：社会科学版（2）：25 –28.

李福华. 2008. 大学治理的理论基础与组织架构［M］. 北京：教育科学出版社.

李军，阳渝. 2006. 大学治理结构面临的问题及目标模式［J］. 高等农业教育（12）：15 – 18.

李江源. 2001. 略论计划体制下我国大学制度的特性［J］. 高教探索（2）：9 – 12.

李立强. 2010. 人民大学校长：现在取消高校行政级别将贬低教育［EB/OL］.（2010 – 03 – 07）［2011 – 01 – 22］. http：//news. sina. com. cn/c/2010 – 03 – 07/032319806469. shtml.

李满龙. 2008. 如何看待当前的"国学热"现象——访中共中央党校哲学部教授、中国实学研究会秘书长王杰博士 [EB/OL].（2008 – 05 – 04）[2010 – 01 – 27]. http：//www. cntheory. com/news/Llltwllw/2008/54/085410711D1IK25AC549F976GF4EJ. html.

李猛. 2003. 如何改革大学——北京大学人事改革草案逻辑的几点研究 [J]. 学术界（5）：45 – 64.

理查德. 2004. 著名大学是如何产生和可持续发展的 [A] //教育部中外大学校长论坛领导小组. 中外大学校长论坛文集（第二辑）. 北京：高等教育出版社：49 – 60.

梁钟荣. 2009. 深圳全球海选南方科技大学校长始末 [EB/OL].（2009 – 09 – 19）[2011 – 06 – 12]. http：//www. 21cbh. com/HTML/2009 – 9 – 19/HTML_ UAHVAAVPYX1C. html.

刘海峰. 1995. 论书院与科举关系 [J]. 厦门大学学报：哲社版（3）：104 – 109.

刘海峰. 2004. 论西部地区的"高考移民"问题——兼论科举时代的"冒籍"现象 [J]. 教育研究（10）：76 – 80.

刘敬忠，荀卫芳. 2011. 简析西南联合大学办学突出的原因 [J]. 河北大学成人教育学院学报（1）：68 – 69.

刘楠，侯怀银. 2011. 21 世纪初我国现代大学制度研究：进展与趋势 [J]. 大学：学术版（1）：13 – 20.

刘延东. 2009. 平等合作 创新发展 推进中外人文交流与合作——在第四届孔子学院大会开幕式上的主旨演讲 [EB/OL].（2009 – 12 – 23）[2010 – 02 – 12]. http：//www. zcom. com/rollnews/65346/htm.

刘云杉，王志明，杨晓芳.2009. 精英的选拔：身份、地域与资本的视角——跨入北京大学的农家子弟（1978—2005）[J]. 清华大学教育研究（5）：43 – 59.

刘志平. 加拿大多伦多大学安大略教育研究院许美德（Ruth Hayhoe）教授在我院作报告 [EB/OL].（2007 – 05 – 30）[2010 – 09 – 10]. http：//che. xmu. edu. cn/news/hqjj/2007530110711. html.

罗荣渠. 1993. 现代化新论：世界与中国的现代化进程. [M]. 北京：北京大学出版社.

罗燕，叶赋桂. 2005. 2003 年北大人事制度改革：新制度主义社会学分析 [J]. 教育学报（6）：14 – 22.

吕艳. 2010. 我国区域高等教育发展水平对区域创新的影响分析 [J]. 中国高教研究（10）：24 – 27.

麻天祥，姚彬彬，沈庭. 2012. 中国宗教史 [M]. 武汉：武汉大学出版社.

马陆亭. 2009. 大学章程要素与地位的国际比较 [J]. 教育研究 (6)：69-76.

马陆亭. 2011. 制定高等学校章程的意义、内容和原则 [J]. 高校教育管理 (5)：1-6.

毛泽东. 1923. 湖南自修大学创立宣言 [J]. 新时代 (创刊号).

梅贻琦. 2003. 就职演说 [M] // 杨东平. 大学精神. 上海：文汇出版社：235-237.

潘懋元. 2003. 大学不能跟着排名走 [N]. 中国教育报，2003-04-18 (3).

潘懋元. 2012. 大方向与可行性 [EB/OL]. (2003-06-26) [2012-12-28]. http：//news. xinhuanet. com/newscenter/2003-06/26/content_ 938049. htm.

彭江. 2005. 国内关于现代大学制度的研究综述 [J]. 现代大学教育 (2)：52-58.

钱穆. 2004. 文化与教育 [M]. 桂林：广西师范大学出版社.

乔东. 2008. 西南联大对我国创建世界一流大学的启示 [J]. 清华大学教育研究 (2)：87-91.

邱磊. 2008. 加拿大多伦多大学教授 Ruth Hayhoe（许美德）教授来我校作报告 [EB/OL]. (2008-09-17) [2010-09-10]. http：//news. ouc. edu. cn/news/Article/Class3/2008-09-17/20080917181347. html.

曲铭峰，龚放. 2011. 哈佛大学与当代高等教育——德里克·博克访谈录 [J]. 高等教育研究 (10)：1-18.

人民日报. 2010. 南方科技大学筹办3年半仍未获教育部正式批复 [EB/OL]. (2010-10-20) [2010-12-28]. http：//news. 163. com/10/1020/02/6JDI2T6D00014AED. html.

深圳商报. 2009. 南方科大全球选聘校长尘埃落定 [EB/OL]. (2009-09-14) [2012-12-28]. http：//news. sina. com. cn/c/2009-09-14/064916292366s. shtml.

深圳商报. 2010. 南方科大选校长大事记 [EB/OL]. (2009-09-14) [2010-12-28]. http：//szsb. sznews. com/html/2009-09/14/content_ 776429. htm.

施晓光. 2001. 美国大学思想论纲 [M]. 北京：北京师范大学出版社.

舒圣祥. 2010. 大学"带头"取消行政级别是"贬低教育"？ [N]. 羊城晚报，2010-03-08 (5).

舒圣祥. 2009. 朱清时：鲶鱼抑或烈士 [EB/OL]. (2009-09-18) [2010-12-28]. http：//comment. dbw. cn/system/2009/09/18/052117449. shtml.

斯宾格勒. 2006. 西方的没落 [M]. 吴琼，译. 上海：上海三联书店.

宋晓阳，胡青. 2006. 特殊的社会阶层：欧洲中世纪大学与教师 [J]. 求索（5）：125－127.

眭依凡. 2001a. 论大学学术权力与行政权力的协调 [J]. 现代大学教育（4）：7－11.

眭依凡. 2001b. 学术自由理念与大学校长治校 [J]. 清华大学教育研究（3）：13－18.

眭依凡. 2003. 大学庸俗化批判 [J]. 北京大学教育评论（1）：32－38.

孙贵聪. 2006. 英国大学特许状及其治理意义 [J]. 比较教育研究（1）：12－16.

孙培青. 2000. 中国教育史（修订版）[M]. 上海：华东师范大学出版社.

汤因比. 2000. 历史研究 [M]. 刘北成，郭小凌，译. 上海：上海人民出版社.

特罗. 1999. 从精英到大众高等教育转变中的问题 [J]. 王香丽，译. 外国高等教育资料（1）：1－22.

王炳照. 1997. 中国古代私学与近代私立学校研究 [M]. 济南：山东教育出版社.

王处辉. 2003. 论大学排名的科学性与严肃性问题 [J]. 宁波大学学报：教育科学版（5）：1－6.

王洪才，赵琳琳. 2012. 现代大学制度：缘起、界定、突破 [J]. 江苏高教（3）：31－33.

王洪才. 2010b. 对露丝·海霍教授"中国大学模式命题"的猜想与反驳 [J]. 高等教育研究（5）：6－13.

王洪才. 2003a. 论高教的四元结构理论 [J]. 江苏高教（1）：19－22.

王洪才. 2003b. 论构建现代教育制度的基本思路 [J]. 清华大学教育研究（6）：17－23.

王洪才. 2004. 大众高等教育论 [M]. 广州：广东教育出版社.

王洪才. 2005a. 论现代大学制度建设的价值导向 [J]. 复旦教育论坛（3）：21－26.

王洪才. 2005b. 高水平大学校长生成机制导论 [J]. 国家教育行政学院学报（8）：31－36.

王洪才. 2005c. 现代大学制度的内涵及其规定性 [J]. 教育发展研究（11）：41－44.

王洪才. 2006. 论现代大学制度结构特征 [J]. 复旦教育论坛（1）：32－38.

王洪才. 2007a. 大学发展阶段与大学校长选择 [J]. 江苏高教（1）：22－25.

王洪才. 2007b. 论现代大学制度的雏形 [J]. 中国高等教育（13、14）：33－35.

王洪才. 2008. 论大学内部治理模式与中位原则 [J]. 江苏高教（1）：5－8.

王洪才. 2009. 大学校长：使命·角色·选拔 [M]. 上海：上海交通大学出版社.

王洪才. 2010a. 大学"新三大职能"说的缘起与意蕴 [J]. 厦门大学学报：哲社版（4）：5－12.

王洪才. 2011a. 现代大学制度：世纪的话题 [J]. 复旦教育论坛（2）：24－26、34.

王洪才. 2011b. "去行政化"与"纪宝成难题"求解 [J]. 高等理科教育（2）：1-6.

王洪才. 2011c. 南方科技大学：一次现代大学制度的试验 [J]. 高校教育管理（5）：29-34.

王洪才. 2012. 论中国文化与中国大学模式——对露丝·海霍"中国大学模式"命题的文化逻辑解析 [J]. 华中师范大学学报（1）：144-152.

王冀生. 2000. 建立有中国特色的现代大学制度 [J]. 高教探索（1）：11-15.

王冀生. 2002. 现代大学制度的基本特征 [J]. 高教探索（1）：13-18.

王建梁. 2005. 大学自治与政府干预：英国大学——政府关系的变迁历程 [J]. 清华大学教育研究（6）：16-20.

王善平. 2011. "SCI 核心期刊"政策推进还是阻碍了中国科学的发展 [J]. 新华文摘（16）：121-125.

王天一，夏之莲，朱美玉. 1993. 外国教育史（上）[M]. 2 版. 北京：北京师范大学出版社.

王银霞. 2006. 大学排名失真及对策探析 [J]. 中国电子教育（4）：9-12.

王玉凯. 1998. 中国行政制度改革 20 年 [M]. 郑州：中州古籍出版社.

韦伯. 1998. 学术与政治 [M]. 冯克利，译. 北京：生活·读书·新知三联书店.

魏士强. 2003. 美国大学校长的选拔及其特定 [J]. 中国高等教育（17）：41-42.

文东茅. 2005. 家庭背景对我国高等教育机会及毕业生就业的影响 [J]. 北京大学教育（3）：58-63.

文胜利. 2006. 从西南联大的办学经验看我国的一流大学建设 [J]. 现代大学教育（5）：95-100.

闻黎明. 2007. "跑警报"：西南联合大学战时生活研究之一 [J]. 史学月刊（7）：49-54.

邬大光，等. 2010. 高等教育强国的内涵、本质与基本特征 [J]. 中国高教研究（1）：4-10.

吴光. 2011. 当代儒学发展的新方向 [EB/OL]. （2011-05-20）[2011-11-20]. http://www.news365.com.cn/jy/201105/t20110520_3041810.htm.

吴锦旗. 2011. 抗战时期西南联大教授群体的和而不同 [J]. 南通大学学报：社科版（3）：77-82.

吴秀文. 2006. 西南联大的管理特色及其启示 [J]. 现代教育科学（2）：45-47.

西北师范大学. 2008. Ruth Hayhoe（许美德）教授将来我校作学术报告 [EB/OL]. （2008-05-20）[2010-03-01]. http://www.nwnu.edu.cn/Article.do_id=376.html.

西南联合大学北京校友会. 2006. 国立西南联合大学校史 ［C］. 北京：北京大学出版社：36 - 37.

肖鸣政. 2004. 高校排名问题及其管理学研究 ［J］. 东北师大学报：哲学社会科学版 (4)：121 - 130.

肖应红. 2004. 我国高校学术权力弱化的问题及对策 ［J］. 重庆工商大学学报：社会科学版 (4)：154 - 157.

新华社. 走进牛津大学：学院制导师制上的卓越学府 ［EB/OL］. (2011 - 04 - 26) ［2012 - 09 - 28］. http：//www. ukuni. net/oxford/news/23253. html.

熊庆年，代林利. 2006. 大学治理结构的历史演变与文化变异 ［J］. 高教探索 (1)：40 - 43.

熊庆年. 2003. 制度创新与一流大学建设 ［J］. 清华大学教育研究 (3)：37 - 41.

许美德. 1999. 中国大学 1895—1995：一个文化冲突的世纪 ［M］. 许洁英，译. 北京：教育科学出版社.

许美德. 2007. 圆满：一个加拿大学者的中国情愫 ［M］. 周勇，译. 北京：教育科学出版社.

阎明. 2000. 教育部为何对高校排名说不 ［J］. 北京统计 (8)：27.

杨东平. 2003. 现代大学制度的精神特质 ［J］. 中国高等教育 (23)：15 - 16.

杨东平. 2010. 关于"钱学森之问"的遐思 ［J］. 大学：学术版 (1)：90 - 93.

杨倩. 2009. 加拿大多伦多大学许美德教授与查强教授作精彩学术报告 ［EB/OL］. (2009 - 06 - 06) ［2010 - 03 - 10］. http：//che. xmu. edu. cn/news/hqjj/200966122855. htm.

杨望志，熊志翔. 2004. 现代大学制度的基本特征 ［J］. 佛山科学技术学院学报：社会科学版 (1)：77 - 82.

杨兴林. 2012. 关于"教授治校"与"教授治学"再思考 ［J］. 高等教育研究 (4)：46 - 51.

杨于泽. 2010. 虚心倾听"海龟"教授的炮轰 ［N］. 中国青年报. 2010 - 11 - 10 (2).

姚加惠，张亚群. 2004. "强强联合"的成功典范——西南联大管理模式及其成因探析 ［J］. 现代教育科学 (2)：34 - 37.

叶隽. 2007. 德国排行榜单与现代大学理念的失落 ［J］. 同济大学学报：社会科学版 (2)：13 - 17.

叶铁桥，李雪莹. 2009. 大学教授感叹高校考核指标多 盼获更多自主权［EB/OL］. (2009 - 03 - 25)［2010 - 10 - 10］. http：//www. jyb. cn/high/gjsd/200903/t20090325_ 257846. html.

叶通贤，周鸿. 2008. 西南联大的办学思想及其对我国现代大学改革的启示［J］. 高等教育研究（3）：89 - 93.

易社强（John Israel）. 2012. 战争与革命中的西南联大［M］. 饶佳荣，译. 北京：九州出版社.

易云. 2009. 高校要去行政化 专访南方科技大学（筹）校长图［EB/OL］(2009 - 10 - 12). ［2012 - 12 - 28］. http：//learning. sohu. com/20091022/n267635733. shtml.

游成梅，李文中. 2003. "中国大学排行"问题分析及评价指标体系的构建［J］. 北京化工大学学报：社会科学版（4）：41 - 45.

于化民. 2008. "一二·一"运动与西南联大教授会［J］. 史学月刊（6）：50 - 62.

余碧平. 2000. 现代性的意义与局限［M］. 上海：上海三联书店.

俞可平. 2000. 治理与善治［M］. 北京：社会科学文献出版社.

袁东. 2011. 博洛尼亚进程：建立共同的欧洲高等教育空间［C］//大学建设的国际视野：教育部、国家外国专家局"高校领导赴海外培训项目"文集. 北京：高等教育出版社：38 - 44.

袁贵仁. 2000. 建立现代大学制度推进高等教育改革和发展［J］. 中国高等教育（3）：21 - 23.

袁祖望. 2007. 西南联大成就辉煌的教育逻辑［J］. 高等教育研究（3）：95 - 99.

张伯苓. 2003. 四十年南开学校之回顾［M］//杨东平. 大学精神. 上海：文汇出版社：248 - 260.

张岱年. 1982. 中国哲学大纲：中国哲学问题史［M］. 北京：中国社会科学出版社.

张建新. 2008. 从西南联大教授与当今教授看现代大学制度的建立［J］. 学园（2）：24 - 30.

张俊宗. 2004. 现代大学制度：内涵、主题及主要内容［J］. 江苏高教（4）：14 - 16.

张男星，王春春. 2012. 如何理解与守护大学精神——访山东大学校长徐显明［J］. 大学：学术版（6）：4 - 17.

张韦韦. 2011. 中国式"大学联盟"［J］. 教育与职业（7）：30 - 35.

张维迎. 2004. 大学的逻辑［M］. 北京：北京大学出版社.

张翼星. 2011. 蒋梦麟在中国现代教育史上的作用与贡献［J］. 现代大学教育（6）：47 - 51.

张银霞. 2012. 新管理主义背景下西方学术职业群体的困境 ［J］. 高等教育研究 (4)：105－109.

张应强，高桂娟. 2002. 论现代大学制度建设的文化取向 ［J］. 高等教育研究 (6)：28－33.

章柳泉. 1981. 中国书院史话：宋元明清书院的演变及其内容 ［M］. 北京：教育科学出版社.

赵成，陈通. 2005a. 现代大学治理结构解析 ［J］. 天津大学学报：社会科学版 (6)：470－474.

赵成，陈通. 2005b. 治理视角下的大学制度研究 ［J］. 高等教育研究 (8)：18－22.

赵蒙成. 2011. "教授治校" 与 "教授治学" 辨 ［J］. 江苏高教 (6)：1－5.

赵敏. 2001. 从牛津大学的导师制看我国施行本科生导师制的必要性 ［J］. 南京航空航天大学学报：社会科学版 (3)：80－82、86.

赵曙明. 1992. 美国高等教育管理研究 ［M］. 武汉：湖北教育出版社.

赵文华，高磊，马玲. 2004. 论现代大学制度与大学校长职业化 ［J］. 复旦教育论坛 (3)：35－39.

赵文华. 2002. 建立现代大学制度，加快我国研究型大学建设 ［J］. 上海交通大学学报：社会科学版 (2)：87－90

赵亚辉. 2009. 井冈山大学教师论文造假事件调查 ［N］. 人民日报，2009－12－30 (6).

赵宇新. 2011. 当代美国高等教育评估历史与制度 ［J］. 大学：学术版 (10)：53－63.

郑师渠. 1997. 晚清国粹派文化思想研究 ［M］. 北京：北京师范大学出版社.

中共深圳市委组织部. 2011. 关于公开推荐选拔南方科技大学（筹）副校长等领导干部的公告 ［EB/OL］. (2011－04－29) ［2011－10－28］. http://www. szlh. gov. cn/main/zwgk/zwdt/rsrm/171723. shtml.

中国高校报网. 2009. 国际著名比较教育专家许美德教授做客 "新世纪论坛" ［EB/OL］. (2009－06－03) ［2010－03－01］. http://www. cunews. edu. cn/Article/huanan/zhaosheng/200906/42328. html.

中国青年报. 2008. 朱清时称中科大坚持八年不扩招，顶的压力非常大 ［EB/OL］. (2008－11－06) ［2012－12－28］. http://learning. sohu. com/20081106/n260477096. shtml.

中国人民大学校报. 纪宝成校长出席 2009 年高等教育国际论坛并发表演讲 ［EO/OL］. (2009－10－28) ［2010－01－12］. http://ruc. cuepa. cn/show_ more. php? tkey = &bkey = &doc_id = 233108.

中国新闻网. 2012. 2011 年全国高等教育毛入学率达 26.9% ［EB/OL］. (2012－08－31)

[2012 - 12 - 28]. http：//www. edu. cn/gao_ jiao_ news_ 367/20120831/t20120831_ 836897. shtml.

钟秉林. 2010. 关于大学"去行政化"几个重要问题的探析 [J]. 中国高等教育 (9)：4 - 6.

周光礼，叶必丰. 2004. "学术权力"与"行政权力"之争的行政法透视 [J]. 武汉大学学报：人文科学版 (4)：56 - 61.

周光礼. 2003a. 大学自主性与现代大学制度 [J]. 大学教育科学 (4)：1 - 4.

周光礼. 2003b. 学术自由实现与现代大学制度的建构 [J]. 高等教育研究 (1)：62 - 66 .

周光礼. 2010. 走向高等教育强国：发达国家教育理念的传承与创新 [J]. 高等工程教育研究 (3)：66 - 77.

周棉. 2008. 西南联大的校园氛围与闻一多精神之养成 [J]. 北京大学学报：哲学社会科学版 (1)：136 - 141.

周棉. 2011. 中国留美学生与国立西南联大 [J]. 清华大学教育研究 (3)：112 - 119.

朱德米. 2007. 大学治理：自主、控制与责任 [J]. 同济大学学报：社会科学版 (3)：1 - 5.

朱光亚. 2002. 关于西南联合大学 [J]. 云南师范大学学报：哲社版 (4)：1 - 2.

朱汉民，等. 2011. 古代书院的办学经验及借鉴——纪念书院改制 110 周年 [J]. 大学教育科学 (4)：3 - 14.

朱建华，罗琴. 2011. 云南大学副教授：教师全心全意投入教学是自我毁灭 [EB/OL]. (2011 - 05 - 22) [2011 - 12 - 30]. http：//china. rednet. cn/c/2011/05/22/2264095. html.

索　引

后　记

　　课题研究过程也是一段心路历程，它反映了课题研究者的心灵寄托和价值追求，对于人文社会科学工作者尤其如此。现代大学制度是一个非常宏大的命题，因为它关系到中国大学的未来，关系到中国社会经济的发展潜力和中华民族在21世纪乃至更远的将来的前途命运，所以这个课题研究意义重大。我们把现代大学制度研究的目标定位在对中国大学模式的探索上，我们希望，随着对中国现代大学制度的探索，逐渐形成一种适应中国社会经济发展的大学办学模式，使中国社会经济发展具有无穷的潜力，使中国的每个公民都能够在这种大学办学过程中受益无穷，同时也对世界各国大学产生巨大的影响力，吸引世界各地的学子来中国求学并把中国大学模式传播出去，从而使中华民族在世界发展中具有强大的影响力，进而提升中国的国际地位。

　　显然，对中国大学模式的探索是一个漫长的历程，它并非是在某个时间段就可以完成的，因为在很大程度上这是一个不断建构的过程。这个建构过程正如许美德教授所言，是一个中西文化对话的过程，是一个中国大学不断开放、不断吸收西方大学先进经验、不断融入中华文化土壤中并不断创新的过程。中国大学模式建设过程就是不断革除现在大学体制弊端的过程，也是使大学办学不断与社会经济发展需求更加适应的过程，这是大学领导人、执政党和政府以及全体大学人共同创造的过程。事实上，每一个中国人都应该成为中国大学模式的建设者，无论是从哪个角度出发，不管是对国外先进经验的借鉴，还是对国内大学办学中落后保守弊端的批评，或是从经济社会发展对大学提出的要求出发，抑或是作为一个受教育者提出自己的教育诉求，这些都对中国大学模式的建设是有益的。"海纳百川成其大"，中国大学模式建设也必然要把各种有益的力量汇集起来，最终形成一个具有世界竞争力的中国大学办学模式，向世界贡献中国人的智慧和创造。

作为中国高等教育研究队伍的一员，我自然感到身上的担子重大。凭着自己对学术批评的勇气和对理想信念的执着，我勇敢地走向了中国大学模式探索之路。我不惧自己力量的微弱和地位的卑微，敢于与国际上著名的比较教育学者暨中国高等教育问题研究专家许美德教授展开对话，希望能够在中国大学模式探索道路上走得更远。然而，对中国大学模式的探讨不是仅凭理想和勇气就能成功的，必须付出艰苦的努力，特别是智慧的创造，必须用理念指导行动。因此，我抱着一颗"位卑不敢忘忧国"的赤子之心，在平凡的教学科研岗位上开展默默的探索工作，逐渐地形成了自己的研究团队，也形成了一定的社会影响，并得到了许多同行的认可和支持，从而使现代大学制度研究形成了一个系列，并获得了良好的社会反响，也最终形成了一个关于中国大学模式的设想。这一设想是一种开放的设计，希望得到学术界批评，并希望借此使探讨更加深化。

必须指出，本书尽管是我多年来研究成果的汇集，但也凝结了团队研究的智慧。我的研究成果大部分都在我开设的博士研讨班上进行讨论验证，我也多次在我的沙龙上阐述我的思想。2011 年秋季学期和 2012 年秋季学期，我组织了两期博士生"现代大学制度"专题研讨班①，在研讨班上我鼓励同学们从各个方面对现代大学制度进行探讨以丰富现代大学制度的内涵。经过这一集体讨论过程，我的许多设想得以验证和传播。我特别想说，厦门大学高等教育发展研究中心这个平台使我受益良多，因为凭着厦门大学高教研究的声望，吸引了国内外许多一流学

---

① 首期博士研讨班同学有张继明、孟艳、李慧、尹宁伟、刁瑜、刘文霞、郭雷振、谢冉等及冒澄、苏茂才等老师。第二期博士研讨班同学有张继明、孟艳、包水梅、贺芬、张晓报、陈梦、张立娟等。

者来校交流访问，如许美德教授多次来厦大交流讲学，这也给了我充分了解她学术思想的机会，并促成了我与她的学术对话。可以说，一个适宜的学术氛围对学术研究是绝对重要的。

我组织研究生进行了多次有关现代大学制度的专题探讨。在《纲要》颁布不久，我就组织了一次学习《纲要》精神的专题研讨，这次的讨论成果发表在《复旦教育论坛》2011年第2期上，我的博士生徐魁鸿、谢素蓉、李青合和硕士生向桂君参加了这次研讨并撰写了论文。在此之前，我指导了一批硕士生和博士生从事现代大学制度专项研究，如张继明的"大学信息公开制度研究"，付佼的"民办高校董事会制度研究"，余瑞玲的"大学生创业机制研究"，张静的"创业型大学制度研究"，高馨的"大学生社会实践制度研究"，张雪莲的"中外办学合作机制研究"，郁军态的"大学辅导员制度研究"，傅丽玉的"独立学院制度研究"，李淑娥的"高职双师型教师制度研究"，关红辉的"大学生评教制度研究"，张柯冉的"多学科研究中心制度研究"，曹艳丽的"大学生导师制研究"，匡德花的"美国社区学院认证制度研究"，辛东亮的"大学生入学选择影响机制研究"，杨灵菊、莫玉婉、陈亚丽和陈娟等从"研究生培养制度"的不同侧面进行的研究，缪莹的"大学校长办公室规范管理研究"等，向桂君的"美国著名大学校长办学思想研究"，周兴国的"留学制度对大学教师发展影响的研究"。徐魁红的博士论文是"社区学院制度研究"，邹海燕的博士论文是"应用型研究生培养机制研究"，谢素蓉的博士论文是"大学教师专业发展研究"，李青合的博士论文是"大学生自我管理研究"，张继明的博士论文是"大学章程建设研究"，李慧的博士论文是"中美研究生培养制度比较研究"，孟艳的博士论文是"应用型本科课程建设研究"，包水梅的博士论文是"学术型研究生培养机制研究"，这些都是现代大学制度更具体、更深入的研究。所有这些研究都有助于推进开展现代大学制度研究。

在课题研究过程中得到了许多校外专家的帮助，如我的师弟赵文华教授，我在天津时的老朋友宋秋蓉教授，我的长期合作伙伴陆根书教授，以及在现代大学制度研究方面很有造诣的张应强教授和我的新同事别敦荣教授，他们的研究专长为我的深入研究提供了无私帮助，我在这里表示真诚的感谢。

在厦门大学高等教育发展研究中心的研究团队中，潘先生一如既往地给予了关心和支持，刘海峰教授也给予了精神的鼓励，史秋衡教授提供了比较细致的指导，特别是邬大光教授在繁忙的行政事务之余也给予了关心，去南非孔子学院任院长的谢作栩教授还不远万里嘘寒问暖，从而给了我不少精神的激励。这一切都使我感到"道不孤，必有邻"。

我特别享受学术探讨的具体过程，因为正是在与同行进行学术交流和与同学进行学术答问中使自己的研究渐入佳境。为此，再次感谢这些好友和同伴，是你们的陪伴使我的学术生涯充满了传奇。

最后，我要感谢教育科学出版社的大力协助，因为有了你们的帮助，才使我的学术探讨事业能够为广大的学术界所知悉。

作者于厦门龙虎南里

2013 年 1 月 6 日

出 版 人　　所广一
责任编辑　　刘明堂
版式设计　　杨玲玲
责任校对　　贾静芳
责任印制　　曲凤玲

图书在版编目（CIP）数据

　中国大学模式探索：中国特色的现代大学制度建构／
王洪才著. —北京：教育科学出版社，2013.12
　ISBN 978 - 7 - 5041 - 8171 - 8

　Ⅰ. ①中…　Ⅱ. ①王…　Ⅲ. ①高等教育—教育制度—
研究—中国　Ⅳ. ①G649.22

　中国版本图书馆 CIP 数据核字（2013）第 304074 号

中国大学模式探索——中国特色的现代大学制度建构
ZHONGGUO DAXUE MOSHI TANSUO——ZHONGGUO TESE DE XIANDAI DAXUE ZHIDU JIANGOU

出版发行　　教育科学出版社

社　　址　　北京·朝阳区安慧北里安园甲 9 号　　市场部电话　010 - 64989009
邮　　编　　100101　　　　　　　　　　　　　编辑部电话　010 - 64989419
传　　真　　010 - 64891796　　　　　　　　　网　　址　http://www.esph.com.cn

经　　销　　各地新华书店
制　　作　　北京金奥都图文制作中心
印　　刷　　保定市中画美凯印刷有限公司
开　　本　　170 毫米×228 毫米　16 开　　　　版　　次　2013 年 12 月第 1 版
印　　张　　20.75　　　　　　　　　　　　　　印　　次　2013 年 12 月第 1 次印刷
字　　数　　306 千　　　　　　　　　　　　　定　　价　49.00 元

如有印装质量问题，请到所购图书销售部门联系调换。